Абель Полезе

Дневники Скопус и (не)логичность академического выживания

Краткое руководство о том, как разработать собственную стратегию и преодолеть библиометрические оценивания, конференции и завышенные ожидания в академии

Abel Polese

Dnevniki Skopus i (ne)logichnost' akademicheskogo vyzhivaniya

Kratkoye rukovodstvo o tom, kak razrabotat' sobstvennuyu strategiyu i preodolet' bibliometricheskiye otsenivaniya, konferentsii i zavyshennyye ozhidaniya v akademii

Абель Полезе

ДНЕВНИКИ СКОПУС И (НЕ)ЛОГИЧНОСТЬ АКАДЕМИЧЕСКОГО ВЫЖИВАНИЯ

Краткое руководство о том, как разработать собственную стратегию и преодолеть библиометрические оценивания, конференции и завышенные ожидания в академии

Abel Polese

DNEVNIKI SKOPUS I (NE)LOGICHNOST' AKADEMICHESKOGO VYZHIVANIYA

Kratkoye rukovodstvo o tom, kak razrabotat' sobstvennuyu strategiyu i preodolet' bibliometricheskiye otsenivaniya, konferentsii i zavyshennyye ozhidaniya v akademii

Bibliografische Information der Deutschen Nationalbibliothek
Die Deutsche Nationalbibliothek verzeichnet diese Publikation in der Deutschen Nationalbibliografie; detaillierte bibliografische Daten sind im Internet über http://dnb.d-nb.de abrufbar.

Bibliographic information published by the Deutsche Nationalbibliothek
Die Deutsche Nationalbibliothek lists this publication in the Deutsche Nationalbibliografie; detailed bibliographic data are available in the Internet at http://dnb.d-nb.de.

Originally published as: *The SCOPUS Diaries and the (Il)logics of Academic Survival. A Short Guide to Design Your Own Strategy And Survive Bibliometrics, Conferences, and Unreal Expectations in Academia*, ISBN 978-3-8382-1199-2, in 2018.

Translated into Russian from the English original by Zumratkhon Sanakulova, Shugyla Kilybayeva, Azamat Nurshanov.

ISBN-13: 978-3-8382-1899-1
© *ibidem*-Verlag, Stuttgart 2023
Alle Rechte vorbehalten

Das Werk einschließlich aller seiner Teile ist urheberrechtlich geschützt. Jede Verwertung außerhalb der engen Grenzen des Urheberrechtsgesetzes ist ohne Zustimmung des Verlages unzulässig und strafbar. Dies gilt insbesondere für Vervielfältigungen, Übersetzungen, Mikroverfilmungen und elektronische Speicherformen sowie die Einspeicherung und Verarbeitung in elektronischen Systemen.

All rights reserved. No part of this publication may be reproduced, stored in or introduced into a retrieval system, or transmitted, in any form, or by any means (electronic, mechanical, photocopying, recording or otherwise) without the prior written permission of the publisher. Any person who does any unauthorized act in relation to this publication may be liable to criminal prosecution and civil claims for damages.

Printed in the EU

Оглавление

Предисловие. О критериях построения и развития карьеры и репутации в науке и как была задумана данная книга 7

Писать, создавать, прокрастинировать, отправлять заявки 25

Публикация, ведение переговоров, реклама, консолидация . 57

Рост: восхождение, расширение, преумножение 89

Станьте заметным: узнаваемость, видимость и обретение славы 135

Обретение ещё большей славы 183

Поиск своей ниши, обретение баланса, позиционирование 203

Нетворкинг, общение, путешествия, переезды 233

Финансирование, расходы, заработок и другие денежные вопросы 255

Вывод: о проблемах разработки академических стратегий .. 279

Послесловие русской версии «Дневники Скопус» 283

Предисловие.
О критериях построения и развития карьеры и репутации в науке и как была задумана данная книга

> «Качественные показатели учитывают индивидуальность и творческий потенциал каждого работника интеллектуального труда. Если измерять качество количественными показателями, тогда ученые – просто цифры»
> (из разговора с Артемом...)

Во многих регионах мира, и практически во всех дисциплинах, ученые подвергаются все большему давлению в вопросах публикации статьи в журналах, индексируемых базой Scopus или Web of Science. «Это хорошо или плохо?», – спросили меня во время семинара.

Ни то, ни другое. Я рассматриваю это, как результат длительных изменений в сфере высшего образования в последнее время. Когда-то давно университеты были настолько малонаселенным миром, что вам не обязательно нужно было иметь докторскую степень, чтобы работать преподавателем, не было особой необходимости спрашивать, кто лучше. Ученые были известны благодаря авторитетной статье или книге по определенной дисциплине. Тогда это был другой мир, мир, который мне нравится представлять романтически медленным, с меньшим количеством поездок и выбросов углекислого газа, в котором сарафанное радио выполняло функцию, которые сейчас, частично перенял интернет. Раньше считалось, что Ученые образованнее других, и автоматически получают верные и качественные результаты.

Что произошло, что изменило этот идиллический сценарий? Что ж, сценарий может быть идиллическим для преподавателей, но не обязательно для студентов или людей, которые хотели поступить в университет, но не смогли по ряду причин. Многое изменилось, и появились организации, специально предназначенные для исследования развития университетского сектора. В двух словах, можно наблюдать две тенденции. Одна из них – это демократизация высшего образования и, следовательно, идея о том, что оно должно быть доступно практически каждому, желающему повысить свою квалификацию. Другая – спрос на университетские степени для повышения конкурентоспособности на рынке труда, и это глобальная тенденция.

При экспоненциальном росте спроса предложение быстро адаптировалось, и университетский сектор радикально изменился. Увеличилось количество университетов по всему миру, а также разнообразие предложений, что привело к появлению новых степеней и специальностей, которых раньше не существовало. Еще более быстрый рост наблюдается в областях, которые, как считается, позволяют относительно быстро получить хорошую работу после получения ученой степени. Аналогичным образом, вырос спрос на дипломы университетов, которые считаются «лучшими».

Это также означает, что потенциал университетов генерировать деньги значительно возрос в зависимости от страны и соответствующей дисциплины. Знаменитые и престижные университеты пользуются большим спросом и могут навязывать свои собственные стандарты, цены, условия. Чем ниже показатель «шкалы престижа», тем сложнее это сделать. Университетский сектор взаимодействует с растущим числом акторов на государственном и международном уровнях и оказывает на них влияние.

Несмотря на это, восприятие университетского сектора, по-видимому, предполагает, что средства на исследования и сектор высшего образования сократились. Я часто слышу от коллег, что финансирование университетов сократилось, но это запутанное утверждение. Различные тенденции в разных регионах мира или даже внутри одной и той же страны, показывают, что процент государственного финансирования университетов снизился. Фактически, государственные расходы на университеты в некоторых случаях увеличились. Однако, если количество университетов в стране растёт, то доля денег, выделяемых каждому университету, в среднем уменьшается. Аналогично, если количество университетов остаётся прежним, но они становятся больше, чтобы принять больше студентов, им требуется больше преподавателей и администраторов, их бюджеты становятся больше, а доля бюджета, которая может быть оплачена из государственных средств, становится меньше.

Эта тенденция не означает, что настали плохие времена для университетов. Те, кто способен дифференцировать источники дохода или просто найти хороший канал для получения доходов, могут жить лучше, чем раньше. Но в целом сектор меняется, а вместе с ним и правила игры, поэтому ряд участников оказываются в переходном периоде, скажем, в тяжёлом положении, пока они не найдут новый способ получения стабильного дохода и нового равновесия.

Когда ресурсы становятся дефицитными, они распределяются с большей осторожностью внутри сектора, а также внутри одного и того же университета, факультета или кафедры. Хотя может быть использован ряд критериев для проведения конкурса, основным официальным критерием, используемым на данном этапе, является «академическое качество» в широком смысле. Деньги, а значит, власть и престиж, достаются университетам, факультетам, кафедрам, учёным, которые заслуживают их и измеряются с помощью набора стандартов академической успеваемости. Это включает преподавание, результаты исследований и другие критерии, используемые для оценки университета. Однако на самом деле все сводится к нескольким пунктам, среди которых, на мой взгляд, главным является эффективность исследований.

Когда кому-то нужно решить, куда поступить, в дополнение к вопросу: «Что бы я хотел изучать?», важный вопрос, который задаст будущий студент или их родители: «Что вы собираетесь делать после окончания?». За университеты и дисциплины, которые дают более хорошие перспективы на рынке труда, будут бороться большее количество людей. Однако на восприятие того, как диплом повлияет на вашу работу на рынке труда, в значительной степени влияет престиж университета, который часто определяется его рейтингом по результатам исследований, таким как его известность в средствах массовой информации или количеством лауреатов Нобелевской премии, преподающих там, независимо от того, насколько хороши преподаватели, или как часто их заменяют их помощники, потому что они путешествуют по миру, чтобы выступать на конференциях повсеместно.

Таким образом, из двух основных критериев, используемых для распределения средств, один – это результаты исследований, а другой, по крайней мере частично, является косвенным заключением результатов исследований.

Таким образом, эффективность исследований становится решающей на макро- (какие университеты финансировать больше) и микро- (какой факультет или ученого поддерживать больше) уровнях. Когда спонсорам нужно согласовать критерии, чтобы решить, выделять ли деньги тому или иному университету, той или иной дисциплине, они будут смотреть на «качество» результатов исследований. Университеты или дисциплины, которые обеспечивают «лучшее качество» или оказывают большее влияние на общество, заслуживают больше денег. Но как объективно измерить качество? А также, что происходит с университетами или дисциплинами, которые не попадают в зал славы университетов, финансируемых государством?

Как измерить качество? Как правило, нужен «контролёр» или оценщик, эталон и некоторые показатели, будь то качественные или количественные. Однако, при тех темпах, которыми развивается сфера высшего образования, контроль качества действительно является сложной задачей. Наука появилась в виде небольшого круга людей, работающих над вещами, которые были непонятны для остального мира. Контроль качества осуществлялся через сарафанное радио, восприятие и ряда более простых критериев, чем у нас есть сейчас. Однако контролировать качество в сообществе, где вы знаете практически всех по имени, проще, чем контролировать качество в воображаемом сообществе из нескольких сотен тысяч ученых, даже больше, если предполагается, что теоретически единый стандарт может быть применен ко всем дисциплинам.

Конечно, существуют общепринятые качественные критерии, такие как присуждение Нобелевской премии, национальных научных премий и других видов признаний. Но это для ограниченного меньшинства учёных, которые выделяются и вносят видимый и ощутимый вклад в научный мир. А как насчёт остальных простых смертных и не лауреатов Нобелевской премии? А как насчёт дисциплин, чей вклад в развитие мира имеет решающее значение, но не столь заметен и, не говоря уже о том, осязаем? Философия помогает людям мыслить и быть критичными, но не существует Нобелевской премии по философии или надлежащего рынка труда для выпускников философии.

Мы говорим здесь о ситуации, когда мы должны измерить производительность масс, более образованных, но все ещё академических масс, и найти причину сказать: «А лучше, чем Б».

Во многих случаях ответ был один: «Scopus или Web of Science, большая часть логики, которую я использую для понимания Scopus здесь, может быть применена к Web of Science.

Scopus или «Скопус» – это база данных академических журналов, которые, по крайней мере официально, проходят рецензирование и обеспечивают высочайшее научное качество в мире. До недавнего времени единственной доступной базой данных была Thomson and Reuters Web of Science (WoS, также известная как ISI). Однако Scopus завоевал консенсус в отношении того, что он более инклюзивен, и заполнил нишу, которую ISI по какой-то причине оставила незакрытой. Журналы по гуманитарным и социальным наукам недостаточно представлены в базе данных ISI по сравнению со Scopus. В результате, ряд государственных организаций обратились в Scopus или использовали Scopus совместно с ISI в качестве показателя качества и дополнительной базы данных для оценки качества академических достижений.

Принцип простой – если журнал входит в базу Scopus, это означает, что он прошёл проверку качества. Это является гарантией того, что будущие публикации в данном журнале будут соответствовать аналогичным научным стандартам и, следовательно, будут хорошего качества. Если ученый публикуется в журнале, индексируемом Scopus, разумно предположить, что его результаты хорошего качества. Чем выше рейтинг журнала в Scopus, тем выше предполагаемое качество его статьи. Таким образом, если вы публикуетесь в топовом журнале согласно рейтингу Scopus, вы публикуете топовую статью. Это предположение иногда подтверждается даже без прочтения статьи.

Немедленный и логичный ответ стран, желающих повысить свой научный авторитет, прост. Они попросили своих ученых уделять приоритетное внимание журналам Scopus. Это может быть приемлемо для молодых ученых, которые растут с этим мифом и которых можно назвать «поколением Scopus». Но как насчет ученых, которые не давали приоритет базе Scopus в течение двадцати или тридцати лет, строя карьеру по другим принципам? Как перенаправить свою профессию в короткие сроки, которые предоставляют государственные власти?

Второе и более важное: Scopus, безусловно, является отличной попыткой классифицировать качество академической продукции, но, скорее всего, создаст фетиш, чем рекомендации по карьере. Карьера учёного, его репутация и удовлетворённость не могут зависеть исключительно от статей Scopus. Есть журналы, которых нет в базе данных, но которые читают все. Должны ли мы сразу перестать ориентироваться на них, чтобы посвятить время статьям Scopus? Наука также состоит из деятельности по распространению информации, и иногда неакадемическая статья, скорее всего, привлечет больше внимания, чем академическая статья. Далее в этом направлении Scopus представляет собой базу данных для журналов.

Как насчёт книги или книжных глав, которые сейчас в некоторых странах почти ничего не значат? Может быть, нам стоит прекратить писать книги? В некоторых случаях глава является вкладом в коллективную книгу, которая может способствовать значительному прогрессу научных знаний. Во многих других случаях это способ быть частью команды, работать с людьми, с которыми вы всегда хотели работать, работать под руководством редактора, который является признанным исследователем в вашей области. Если мой академический гуру пригласит меня внести вклад в книгу у первоклассного издателя, могу ли я ответить: «Извините, но входит ли она в базу Scopus?». Кроме того, подумайте о ситуации, когда вас просят опубликовать статью в новом академическом журнале, который стремится к качеству, инновациям и соответствует тому, как вы видите научный прогресс. Вполне вероятно, что журнал пока не включён в Scopus, но ему необходимо выжить, развиваться и завоевать авторитет. Сейчас у вас есть моральный выбор: делать то, что вам говорят, или делать то, во что вы верите. Многие люди упоминают о работе в академических кругах, чтобы иметь возможность сохранять определённую степень свободы. Но если Scopus становится вашим главным фетишем, является ли это настоящей свободой?

Как заметил мой друг, читая эту книгу: «...только мёртвая рыба плывёт по течению...». Делайте свой собственный выбор, но помните одну вещь: академические круги были рождены для того, чтобы производить людей, способных мыслить автономно и вносить свой вклад в формирование мира, а не подчиняться бюрократическим правилам.

В этой книге рассматриваются стратегии академической карьеры. Книга задумана мной, как ответы на вопросы, которые все еще витают в воздухе, хотя, казалось бы, есть стандартные и (полит)корректные решения.

Моя цель – это помочь продумать свою карьерную стратегию, оставаясь при этом в здравом рассудке. И это несмотря на миллионы вещей, которые вы должны сделать, чтобы получить академическое признание. Вместо того, чтобы говорить, что делать, я расскажу о некоторых доступных вариантах или способах выполнений задач и вещей, которые необходимы для продвижения академической карьеры.

Мы все знаем, что ученым необходимо публиковать и рецензировать статьи, искать финансирование, посещать конференции, налаживать сотрудничество, участвовать в мероприятиях по распространению информации среди общественности. Слишком много – это сколько? Какое количество усилий следует приложить к каждому из этих видов деятельности? Каково идеальное соотношение затрат и результата? Сколько нужно работать над статьей? Являются ли пять статей в год хорошей целью? Будете ли вы пытаться публиковаться в журнале номер один в мире по вашей дисциплине или достаточно журналов среднего уровня?

Очевидный ответ заключается в том, что только вы в состоянии оценить и все это зависит от вашего отношения и мотивации к выполнению данных обязательств. Только вы можете знать, сколько времени, нервов, усилий и недосыпания вам потребуется для выполнения той или иной задачи. Только вы знаете, с каким стрессом вы можете справиться. Следовательно, ваша главная задача состоит не в том, чтобы опубликовать статью, а в том, чтобы остаться в здравом разуме и избежать эмоционального выгорания, чтобы иметь возможность продолжать работать и публиковать больше научных работ в течение нескольких лет.

Мы постоянно находимся под давлением с разных сторон: университет, министерство или учреждения, контролирующие качество, непосредственный руководитель. У нас также есть другие обязательства перед коллегами, приглашающими нас участвовать в проектах, милыми редакторами журнала, которые руководят проектами, которые нам так нравятся, милыми людьми, которые оплатили наш проезд и проживание для участия в замечательной конференции в отеле рядом с пляжем и теперь пытаются собрать специальный сборник, для которого они любезно просят вас отправить свой доклад, даже если он не принесёт никакой пользы вашей карьере. Общее понимание науки заключается в том, что расплата за ограниченную сумму денег, которую вы можете заработать за некоторыми исключениями – это степень свободы, которую вам не предоставляют другие рабочие места, она даёт вам большую свободу и позволяет вам делать то, что вы хотели бы делать. Но многие ли из нас пользуются этой свободой?

В конце концов, академическая карьера сопряжена со стрессом не из-за давления, которое вы получаете от своего непосредственного руководителя, а из-за давления, которое вы оказываете сами на себя. Из-за целей, часто нереалистичными или чрезмерно амбициозных, которые вы ставите перед собой добровольно, каждый раз, когда вы отвечаете «да» на приглашение, и из-за разочарования, которое вы испытываете, потому что не достигли своих целей, которые казались реалистичными, когда вы их ставили.

Много написано о том, что нужно делать, чтобы продвигаться по академической карьере. Моя проблема с этими подходами заключается в том, что они просто оказывают дополнительное давление на начинающих учёных, которые погружаются в «вы должны делать это, это и это», не раскрывая скрытых, а иногда и тёмных механизмов, стоящих за этим. Неспособность понять динамику, постичь некоторые из открытых секретов науки может задержать ваше карьерное развитие или даже сделать задачу невыполнимой. Эта книга – попытка взглянуть критическим, а иногда и циничным взглядом на вещи, которые считаются ключевыми в академической карьере, но в отношении которых мы часто придерживаемся стандартных и стандартизированных ответов. Например, ответ на вопрос: «Как опубликовать статью в рецензируемом журнале», обычно состоит из предложений о том, как стандартный или хороший рецензент посмотрел бы на вашу статью. Моя проблема с этим заключается в том, что вещи редко происходят в том стандартизированном виде, в котором они описаны. В процессе рецензирования много искажений: рецензенты обычно задерживают публикацию, некоторые из них критикуют вас деструктивно, журнал получает слишком много материалов, чтобы должным образом обработать вашу статью, и вы можете получить бесполезные комментарии, сопровождаемые письмом с отказом примерно через двенадцать месяцев после отправки. Вы делаете все правильно, согласно книгам, и все идёт наперекосяк. Как справиться с этим? Как избежать такой ситуации?

Думать стратегически о своей карьере, на мой взгляд, означает осознавать наиболее распространённые искажения в науке (каким образом все может «пойти не так») и действовать соответственно, чтобы добиться того, чего от вас ожидают. В конечном счете, стратегия для меня означает способность находить компромисс между тем, что от вас ожидают или просят делать, и тем, что вы хотели бы делать, что сделало бы вас счастливым и довольным. Это включает в себя способность рисковать и делать то, за что вы не получите ни денег, ни официального признания от своего работодателя, но потому, что вы чувствуете, что получите от этого что-то ещё. Личное удовлетворение, дружба, дополнительное время для себя или своей семьи, сон также являются частью вашей карьеры, поскольку они позволяют вам лучше концентрироваться на том, что вы делаете, и делать это с любовью. Вы могли бы работать меньше и работать лучше, если бы понимали, ради чего действительно стоит работать и во что вкладывать время. Но, чтобы сделать это, вы должны быть в состоянии различать, что вы должны делать, чтобы выжить и, следовательно, сохранить свою работу, и что, по вашему мнению, вам нужно делать, но на самом деле не является обязательным или привносит что-либо в ваше профессиональное развитие на данном этапе, поэтому вам лучше пропустить это, по крайней мере, на этот раз.

Полагаю, что в основном читателями этой книги будут исследователи или люди, знакомые с наукой и ее стандартами. Что ж, это не научная книга, а книга о том, как стратегически мыслить о карьере в науке. Её конечно же можно прочитать от начала до конца, а можно выбрать любой интересующий вас вопрос или тему и начать читать оттуда. Затем можете вернуться в начало или конецпока вам это больше не понадобится или вы просто не устанете от нас – книги и меня.

Книга поделена на разделы, которые, на мой взгляд, являются одними из наиболее важных аспектов в академической карьере:

- **Письмо (написание)** – раздел посвящён самому процессу написания и подходам написания работ, которые будут читать люди из академического сообщества.
- **Публикация** – следующий логический шаг, но в другой мир. Понимание этого процесса, помогает понять, почему «хорошие» статьи могут отклонить, когда «менее хорошие» статьи могут довольно легко попасть в журнал.
- **Продвижение карьеры** исследует, как вы можете укрепить свою репутацию и вырасти от младшего сотрудника до более высокого академического статуса.
- **Стать заметным** выделяет два процесса. Первый – создание письменной или другой работы. Второй – усилия, которые надо предпринять, чтобы сделать её известной, стать заметным и оценённым учёным.
- **Нахождение своей ниши,** подчёркивает тот факт, что вы не можете всегда и везде быть знаменитым, но должны идентифицировать свою публику и завоёвывать её. Для этого нужно осознать свои преимущества и использовать их, чтобы прийти и занять определённое место на академическом Олимпе.
- **Нетворкинг** (англ. *networking* – приобретение нужных связей) признает тот факт, что невозможно продвинуться в карьере, просто сидя в библиотеке или лаборатории и описывая свои результаты. Вам также необходимо устанавливать контакты с людьми, начинать сотрудничество и взаимодействовать с заинтересованными сторонами.
- **Финансирование** выделяет возможные стратегии привлечения финансирования, что становится все

более необходимым, когда вы являетесь исследователем и решаете, действительно ли хотите это делать и как.

В каждом разделе содержится ряд вопросов или тем, по которым я делюсь своим опытом и позицией. Я попытался развить каждую тему и ответ на неё в пределах примерно одной страницы формата А4. Однако некоторые темы неизбежно длиннее. Каждый вопрос является самостоятельным в том смысле, что не нужно читать другие вопросы, чтобы понять ответ. Некоторые темы упоминаются более одного раза, а ответы даются более чем в одном разделе. Я подумал, что на вопрос можно ответить с разных точек зрения и что каждая может помочь понять один из аспектов данной темы. Например, публикация может использоваться для профессионального роста или для создания нетворкинга, но с другими целями, и ответ, охватывающий все возможные последствия публикации, был бы слишком сложным или длинным.

У меня нет причин скрывать, что за свою карьеру я в основном общался с учеными из области социальных наук в широком смысле этого слова. Получив степень бакалавра по экономике, я получил степень магистра европейских исследований и степень доктора антропологии. У меня нет опыта публикации в журналах по техническим наукам или патентовании новых открытий. Но в свободное время я читаю работы по биологии, генетике и психологии. Я также был стипендиатом «Scottish Crucible» и членом «Global Young Academy». Обе организации отбирают учёных из разных дисциплин, чтобы рассматривать исследования и науку, как единое целое, а не как состоящие из множества дисциплин. Они полагают, и я верю, что исследовательская политика едина и что ученые выиграют, если объединятся, независимо от их дисциплины, стремясь к диалогу с финансируемыми и исследовательскими центрами, а также с широкой общественностью. Благодаря этому опыту у меня была возможность работать плечом к плечу с химиками, диетологами, специалистами в области ИКТ, биологами, врачами и коллегами из других дисциплин, которые сформировали подход, разработанный мной в этой книге.

Несмотря на разный уровень развития отдельных дисциплин и стран, механизмы, лежащие в основе издательской индустрии, и долгосрочные цели каждого ученого очень похожи:

- продолжать заниматься исследованиями и развивать карьеру;
- оказать какое-то влияние на академическое сообщество и, возможно, на общество;
- обрести баланс в работе и личной жизни.

Как мы это делаем, зависит от нашей собственной стратегии. Итак, это баланс между вышеупомянутыми тремя целями. В конечном счёте, некоторые Ученые могут пожертвовать одним или несколькими аспектами ради работы над другими на определённом этапе карьеры. Для удовлетворения личных амбиций могут возникнуть краткосрочные цели, например, стать знаменитым, заработать больше денег, и средства достижения целей могут отличаться в зависимости от выбранной стратегии.

В дополнение к своим целям, обязательные виды деятельности исследователя очень похожи независимо от места проживания и сферы деятельности. Мы все работаем в определённой среде, которая формируется целями и ценностями учреж дения, в котором мы работаем, и мы все регулярно проходим атт естацию или проверку государственными органами, контролирую щими академическую успеваемость наших учреждений. Таким образ> ом, от нас требуется на базовом уровне:

- выполнять качественные исследования и публиковаться по возможности в сильных журналах (определение наилучшего журнала меняется в зависимости от того, где вы работаете);

- вносить свой вклад в преподавательскую деятельность в зависимости от вашей позиции и роли в команде;
- заниматься повышением квалификации. Этот кластер является наиболее неясным, поскольку он в основном зависит от позиции ваших государственных институтов по ряду направлений деятельности. Это также зависит от амбиций вашего университета и кафедры. Я попытался подробнее остановиться на тех, которые, по моему мнению, наиболее распространёнными.

Таким образом, полагаю, что эта книга может быть полезна ученым из широкого спектра дисциплин, которые задумались о своей карьере, что они делают, как делают, и по-другому взглянуть на развитие мира науки. Как сказал мой друг, большинство вещей, написанных в этой книге, интуитивно известны большинству учёных. Однако мне потребовалось время, чтобы систематизировать эти знания, добавить свой личный опыт и поразмыслить о смысле того, что мы делаем, почему мы делаем это определенным образом и можно ли это сделать по-другому.

Идея этой книги была задумана во время трёхдневного воркшопа по написанию и изданию научных работ в Центре региональных исследований в Ереване, при финансовой поддержке Академической Швейцарской Кавказской Сети (Academic Swiss Caucasus Network). Семинар был организован моим другом Микаилом Золяном, записан, а затем переведён в длинный документ, который некоторое время оставался забытым на моем компьютере. Дальнейший импульс этой идее пришел, когда меня попросили прочитать серию лекций для Лаборатории социальных инноваций в Университете Миколаса Ромериса в Вильнюсе. Я благодарю Андрюса Пуксаса, который пригласил меня по литовской программе финансирования приглашённых профессоров.

В попытках найти тему, которая ещё не была освещена и предложить студентам что-то новое, я начал разрабатывать ежедневные семинары, основанные на темах, которые легли в основу этой книги. Ещё одна серия семинаров по издательским стратегиям была организована моим другом Амией Кумар Дас в Тезпурском университете и позволила мне ещё раз поразмыслить над этой идеей.

Однако поворотным моментом стало выступление в Винницком медицинском университете, организованным моей близкой подругой и коллегой Татьяной Степурко в 2016 году. После лекции ко мне подошёл Олег Власенко, проректор по научной работе этого университета, и вежливо попросил экземпляр моей книги, которую я только что презентовал в его университете.

Этой книги не было ни в моем списке публикаций, ни даже в моих планах. Но могла бы быть. Я вернулся к своим записям, чтобы сделать документ более читабельным. Первоначальная идея состояла в том, чтобы внести некоторые поправки, а затем опубликовать их. Советы, содержащиеся на этих страницах, были высоко оценены большинством участников моих семинаров, поэтому я подумал, что требуется минимальное редактирование. Однако, чем больше я этим занимался, тем больше понимал, что для достижения лучшего эффекта мне нужно было деконтекстуализировать примеры, расширить круг людей, с которыми я общался, привести больше примеров из моей профессиональной жизни и опубликовать их в виде руководства.

Этому чрезвычайно способствовал положительный и восторженный отклик, который я получил от Криса Шона из издательства «ibidem Verlag». Он был настроен позитивно с самого знакомства и, что было чрезвычайно важно для меня, согласился продать книгу по минимально возможной цене, сделав ее доступной практически для любого. Он даже дал свое разрешение на то, чтобы некоторые части книги были доступны бесплатно онлайн, что повысит её узнаваемость и позволит людям прочитать её, а затем решить, хотят ли они её купить.

Количество книг и инициатив, посвященных стратегии выполнения исследований, растёт. Однако, помимо записей в блогах и конференций, большинство книг о том, как прожить свою академическую карьеру, которые я встречал, продаются по непомерно высоким ценам. Какой смысл ориентироваться на аудиторию молодых учёных или учёных из регионов с более низкими показателями, поскольку у них меньше шансов получить доступ к таким знаниям, и продавать их по цене, которую они не могли себе позволить? Я считаю, что большим преимуществом этой книги является ее доступность, и моя главная цель состоит в том, чтобы люди и коллеги научились немного лучше ориентироваться в системе.

Упомянутые выше люди оказали непосредственное влияние на жизнь этой книги. Все они были чрезвычайно полезны, в разной степени и в разные моменты. Некоторые из них показали мне свой способ ведения дел и заставили меня обнаружить, что существует не два, а множество способов одинаково успешно решать одни и те же проблемы. Некоторые другие предоставили мне отзывы, формальные или неформальные, во время семинаров, дискуссий или по различным черновикам рукописи. Однако за то, что вы поделились со мной анекдотами, историями, эпизодами, разочарованиями, которые заставили нас смеяться и размышлять о тёмных сторонах науки и человеческой природы в целом, я хочу выразить свою благодарность также следующим людям, упомянутым в случайной последовательности, поскольку я не могу вспомнить ни одного критерии для расположения их в определённом порядке, ведь я все равно человек с хаотичным мышлением:

Майкл Джентиле, Хен Банг Шин, Гюль Берна Озкан, Алена Леденева, Доннача О'Бичайн, Андреа Грациози, Ванни Д'Алессио, Джереми Моррис, Питер Ратленд, Джон Дойл, Рико Айзекс, Эйлин Коннелли, Рустам Уринбоев, Татьяна Степурко, Олег Власенко, Андрюс Пушкаш, Микаэль Золян, Елена Дарьяния, Мария Казакова, Клавс Седлениекс, Кетеван Куцушвили, Арнис Саука, Николас Де Педро, Кристиан Джордано, Николас Хайоз, Марчелло Моллика, Роб Кевлихан, Амия Кумар Дас, Лициния Симао, Филиппо Менга, Ракель Фрейре, Каролина Стефанчек, Стефано Брагироли, Раджан Кумар, Адриан Фов, Вика Акчурина, Алессандра Руссо,

Франческо Страццари, Стефано Бьянкини, Родика Яноле, Диана Лежава, Эрхан Доган, Бруно Де Кордье, Хейко Плейнс, Илона Баумане, Денис Волков, Сосо Салуквадзе, Раджан Кумар, Эрхан Доган, Филиппо Менга, Джина Мзурек, Рут Нейланд, Колин Уильямс, Джорджио Комаи, Валери Ланге, Флориан Бельтер.

В конечном счете, эта книга является результатом не только моих академических размышлений, но и бесед и размышлений, которые возникали также при выполнении неакадемических задач и разговорах с предпринимателями, работниками НПО, государственными служащими и всеми, с кем я пересекался, чтобы поделиться мнением, выпить чашку чая или просто свободно поговорить о жизни. Количество людей, которые вдохновляли меня в жизни настолько велико, что я предпочитаю не благодарить никого конкретно. Те, кто регулярно обсуждал со мной стратегию в разных уголках мира, знают это, и я знаю это. Именно им я также обязан тем, как сформировалось мое отношение и умонастроения, а также многими размышлениями, которые вы найдете на следующих страницах.

Я также хотел бы поблагодарить:

Участников всех различных семинаров, которые оставили свои отзывы, критические замечания моим словам или просто за то, что они терпеливо выслушали то, чем я хотел поделиться.

Пресловутого рецензента 2. Мы все знаем почему.

Программу издания книг факультета гуманитарных и социальных наук Дублинского городского университета, благодаря которой я получил частичную финансовую поддержку для завершения работы над этой книгой.

Моих детей, которые сидят рядом со мной сейчас в самолёте, пока я пишу это предисловие, и утверждают, что не имеют никакого представления о какой стратегии или книге, идёт речь. Но которые стали очень искушёнными стратегическими мыслителями всякий раз, когда хотят получить то, что, по их мнению, нужно, или просто хотят. И я тоже учусь у них.

Любого, кто презирал, оскорблял, предавал, безоговорочно критиковал, покровительствовал, нападал или молча ненавидел меня. Тех, кто говорил за моей спиной или пытался ударить ножом в спину, к счастью, пока только аллегорически. Эти люди послужили отличным мотиватором подумать о моих собственных ошибках, отношении к определенным ситуациям, о том, почему некоторые вещи сработали не так, как я хотел, и, в целом, о моей стратегии в жизни и карьере. Иногда я винил себя за то, что оказался в таких ситуациях, но ещё чаще я понимал, что проблема была не во мне, а в них. Я благодарен за каждое беспокойство, разочарование, обман, к счастью, не так много, но достаточно, чтобы задуматься, с которыми мне пришлось столкнуться и пережить.

Я не думаю, что есть плохие люди, а только плохие моменты и периоды, которые в конечном итоге побуждают людей действовать так, о чем они могут однажды пожалеть. Я посвящаю эту книгу всем людям, с которыми я общался в течение своей карьеры, независимо от того, оставило ли это общение у меня сладкий или горький привкус. Если я нахожусь там, где нахожусь, то только благодаря этим переживаниям, которые я в конечном счёте пережил. Если кто-то когда-либо причинил мне боль, это должно было случиться, и я счастлив особо отметить любое лицо, которое я помню за моими (к счастью, немногочисленными) мрачными моментами. Я также надеюсь, что эта книга подтолкнёт их к размышлениям о карьере, жизни, что они, в конечном итоге, смогут найти способ пережить любые трудности, через которые им пришлось пройти и которые заставили бы их вести себя на определенном этапе их жизни так, чтобы это не обязательно соответствовало моим ценностям и тому, во что верю я.

Без негативного опыта, который я пережил с вами, у меня не было бы достаточной мотивации превратить свою профессиональную жизнь в книгу, которая наполовину стратегическая, наполовину автобиографическая и которая позволила бы мне поразмыслить о том, кто я такой и куда хочу идти дальше.

Бангкок, август 2018 года

 # Писать, создавать, прокрастинировать, отправлять заявки

Абстракт является самой важной деталью в академическом мире. Способность кратко, ясно и динамично излагать идею может определить место, которое вы будете занимать в академических кругах. В конечном счёте, значительная часть исследовательской работы посвящена написанию или отбору абстрактов для книг, конференций, специальных выпусков журналов, семинаров или даже финансированию. Таким образом, ваша способность убедить людей, отбирающих абстракты, в том, что вы достойны их внимания-жизненно важна.

Это правда, что приём абстрактов не является гарантией того, что ваш конечный продукт будет принят. Но это можно рассматривать как своего рода первый шаг. Подумайте о вступлении в какой-нибудь эксклюзивный клуб. Подбор соответствующего образа позволит вам войти, познакомиться с людьми и в конечном итоге проявить свои навыки, чтобы попытаться получить то, что вы хотите. Но этого может оказаться недостаточно, и вы можете выйти из клуба с пустыми руками. Однако неподходящий наряд определённо оставит вас и вне клуба без шансов получить то, что вы хотите.

Как написать идеальный абстракт – это сложный вопрос. Я имею в виду, что ответ может быть разделен на множество маленьких подразделов, каждый из которых касается другого отношения или аспекта подачи абстракта. Эти моменты в конечном итоге привели меня к составлению урока, который я назвал «идеальный абстракт».

Я регулярно запрашиваю и получаю абстракты от людей, которых никогда не видел, и мне нужно решить, какой из них будет выбран, а какой останется за бортом. Выбирая абстракт, я также делаю выбор работать или нет с его автором, что иногда важно. Если автор абстракта – это боль, вам придётся терпеть эту боль до конца проекта или пока вы не исключите его из проекта по какой-то причине, но даже это отнимает много сил и нервов.

Насколько важно личное отношение при выборе абстракта? Иногда да, иногда нет. Это зависит для чего вы выбираете абстракт. Здесь мы имеем то, что, согласно моему опыту, является наиболее распространёнными вариантами.

На небольшом семинаре группа из 15-30 учёных договаривается посидеть в одной комнате в течение одного двух дней и вместе поработать над темой. Уровень взаимодействия здесь относительно высок. Во-первых, организаторы будут напрямую общаться с участниками, чтобы решить технические вопросы (помочь с размещением и логистикой), распространить документы и согласовать секции. Во-вторых, проводя время вместе, участники взаимодействуют формально и неформально, вносят свой вклад в дискуссии, дебаты и, возможно, спорят по академическим вопросам.

Вклад участников с низкими социальными навыками или закрытых людей достаточно высок. Подумайте о том, каким был бы результат, если бы некоторые из ваших участников атаковали (академически) докладчика во время сессии. Если вы планируете совместный ужин, что произойдет за столом, за которым сидят более замкнутые участники?

Кроме того, влияние некачественных презентаций и докладов велико, учитывая небольшое количество самих презентаций. Все участники, возможно, прослушают эти презентации, и три слабых доклада из 15 составляют почти 20% презентаций, что, возможно, приводит некоторых к выводу, что отбор был сделан неправильно.

Напротив, при отборе абстрактов для более крупной конференции влияние плохих статей или необщительных учёных намного ниже. Если мы говорим о мероприятии, привлекающем несколько тысяч презентаций, велика вероятность, что секции будут проходить параллельно, и люди пойдут на них, чтобы послушать самых известных ученых. Я не подразумеваю, что известные Ученые не могут выступать с плохими докладами или все они обладают хорошими социальными навыками. Но если вам нравятся работы данного учёного, вы будете более терпимы к его проступкам, чем если бы вы слушали кого-то, кто выступает в первый раз. Известный Ученый может выступить с плохой презентацией, которую не будут считать некачественной, в то время как легче назвать «плохим» кого-то, кого вы слышите впервые и кто вам не нравится.

Вы также меньше пострадаете от выбора людей с низкими социальными навыками, поскольку большинство действий будет выполняться с помощью платформы или инструмента управления, а индивидуальное взаимодействие сократится. Если эти люди выбраны для секции или панели, которую вы возглавляете, социальные навыки ваших участников важны. Но панельная дискуссия обычно длится полтора два часа, после чего группа может просто разойтись или можно выбрать, кого пригласить на ужин для знакомства.

Когда вы имеете дело с молодыми учёными или региональной конференцией, особенно если вы работаете в регионе с более низкой академической продуктивностью или просто с другими академическими традициями, вы можете позволить себе немного больше свободы. То, что может звучать как низкие социальные навыки, может быть просто отношениями непосредственно из другой культуры и языка, которые вполне приемлемы в данном контексте, но на английском языке звучит странно или грубо. У молодых учёных есть время, в течение которого они учатся и есть достаточно возможностей для совершенствования, чтобы дать им немного больше поблажек. Тем не менее, поскольку мы не говорим о маленьких детях («молодой» Ученый – это все ещё взрослый, скажем, 25-35 лет), если я увижу, что кто-то проявляет деструктивное или даже детское поведение, я буду проявлять особую осторожность в процессе отбора. То же самое можно сказать и о качестве. Если вы работаете с регионом, который пытается развивать свой академический сектор, то нужно быть осторожным при выборе, поскольку вы каким-то образом решаете, кому будет предоставлен дальнейший шанс для развития или нет.

Для специального выпуска книги или журнала решающее значение имеют как качество, так и социальные навыки. Помимо того, чтобы вас прочитали и оценили, необходимо взаимодействовать с определёнными людьми в течение определённого периода времени. Необходимо, чтобы коммуникация была чёткой, авторы позитивно воспринимали критику и понимали её, выполняли работу более или менее вовремя и были готовы и способны улучшить свой документ. Наконец, никому не хочется, чтобы на него нападали из-за того, что кто-то не согласен с обратной связью или процедурами управления. Разногласия – это часть жизни, а споры – жизненно важная часть академической жизни. Но неприятно тратить своё время в буквальном смысле на борьбу с человеком, который чрезмерно откровенен или агрессивен в общении.

Вам также придётся читать абстракты, когда вы выступаете как эксперт грантового конкурса. В этом случае взаимодействие с автором абстракта не предусмотрено, но вам будет предложено выбрать, какие проекты оценивать, а за плохо написанными абстрактами обычно следуют плохо написанные проекты, которые мучительно и труднее оценивать, чем хорошие.

Учитывая вышесказанное, отбор абстрактов для публикации может быть чем-то более сложным, чем кажется. Нет желания выбирать для своей конференции участника с плохими коммуникативными навыками или того, кто собирается нападать на других во время докладов. Также не хочется включать в книгу автора, который всегда опаздывает, не способен воспринимать критику или пишет плохо. Необходимо учитывать максимальное количество деталей, чтобы понять, на какие риски вы готовы пойти, выбрав данного учёного для выполнения поставленной вами задачи.

Таким образом, мой просмотр начинается с просмотра сообщения, которое я получил от этого человека. Электронное письмо уже многое говорит мне об отношении и коммуникативных навыках автора. Если кто-то не может обратиться ко мне должным образом и надеется принять участие в организованной мною конференции, как я могу одобрить доклад потенциального автора, понравится ли он людям?

Когда вы что-то продаёте, первое правило – искренне верить в то, что, продавая эту вещь, вы улучшаете жизнь своего клиента. Аналогично, когда я организую конференцию или являюсь редактором специального выпуска, я должен поверить, что этот автор привнесёт некоторую добавленную стоимость в продукт, в разработку которого я вношу свой вклад и который я собираюсь продавать с академической точки зрения. Конечно, то, что мне нужно и я хочу предложить, зависит от конечного продукта, над которым я работаю. При организации небольшого семинара мне нужно быть уверенным, что люди найдут общий язык с друг другом, так как мы все будем работать вместе в течение нескольких дней, и я хочу работать в приятной обстановке. Подумайте о таком небольшом мероприятии, как вечеринка. Нельзя собирать не подходящих друг-другу людей вместе, иначе кто-то в конечном итоге будет недоволен, и придется все время бегать туда-сюда, чтобы решить проблемы, с которыми не пришлось бы сталкиваться, если бы был проведен более тщательный, индивидуальный процесс отбора. Если я отвечаю за конференцию с тысячью докладчиками, я могу быть менее избирательным. В конце концов, когда их будет много, выступающие разделятся на более мелкие группы, и похожие люди найдут друг друга без моего вмешательства. Таким образом, велика вероятность, что педантичные участники найдут других педантичных участников и с удовольствием проведут время вместе.

На отклонение абстракта могут влиять другие критерии. Например, вы проводите небольшой воркшоп и приходится быть более избирательным.

Книга, которую вы публикуете, предназначена для широкого географического или дисциплинарного охвата, и вы можете выбрать только одного из пяти авторов, которые предложили аналогичный фокус. Но моё правило таково, что я всегда буду бороться за то, чтобы сохранить того, в кого я верю, и верю ли я в кого-то, зависит от качества резюме этого человека. Однако под словом «абстракт» я не имею в виду триста слов в документе Word. Идеальный абстракт для меня имеет гораздо более широкое значение.

На курсах делового письма одна из первых вещей, которую вы узнаете, что «упаковка так же важна, как и её содержание». Другими словами, содержимое хорошо отформатированного документа, в котором вы можете ощутить гармонию и поток, уже с большей вероятностью будет восприниматься лучше, чем содержимое беспорядочного документа. Это относится не только к письму. Попросите людей сравнить два вида вин, одно из которых стоит десять евро за бокал, но оно из картонной коробки, и другое, которое стоит 3 евро, но это превосходное вино, из дорогой бутылки, и посмотрите, сколько людей предпочтут первое[1].

Вы часто будете склонны лучше относиться к авторам, которые отправили вам аккуратный и содержательный абстракт, даже больше, если он красиво написан, независимо от его содержания. Само размещение текста, разделение его на абзацы и в целом то, как оформлен документ, иногда создает впечатление, которое во многих случаях трудно забыть. Абстракты для конференций следуют тому же правилу. Но, кроме этого, абстракт начинается с электронного письма, к которому прикреплен абстракт.

Первое, что нужно понять – это как правильно обращаться и к тому ли человеку вы обращаетесь. Если есть имя ответственного лица, к которому были адресованы абстракты, используем это имя. Это также способ показать, что вы молодец и знаете, куда отправляете свой абстракт. Если я не вижу никакого конкретного имени, кроме организационного

---

[1] В психологии и поведенческой экономике существует множество подобных экспериментов, и я благодарен работам Дэна Ариэля, и в частности его книге «Предсказуемо иррациональный» (https://danariely.com/books/predictably-irrational/) за то, что они просветили меня по этой теме.

комитета и общего адреса, тогда я просто пишу: «Добрый день, уважаемые коллеги/организаторы или уважаемые члены отборочной комиссии».

Есть много способов. Важно не обезличивать своё обращение и использовать тон, соответствующий ситуации. Мы находимся в академической среде, и, если вы пишете: «Эй, брат, это мой абстракт», вы уже социально неадекватны. Чего я могу ожидать от человека, который не в состоянии должным образом обратиться к коллеге на официальном мероприятии.

В английском языке обычно допустимо писать «Уважаемый...», а затем имя или «Уважаемый доктор / проф. Х», если вы хотите, чтобы это звучало более официально. Проявлением уважения может быть добавление «If I May» (в переводе с английского «если я могу к Вам так обращаться») в вашем первом письме: «Дорогой Джон, если я могу к Вам так обращаться» и посмотрите на ответ. Если человек подписывается как доктор Джон, тогда вы возвращаетесь к официальному стилю переписки, если он отвечает «Уважаемый и ваше имя», тогда вы можете продолжать в таком же тоне. Вы также можете написать просто имя человека, за которым следует запятая, что мне тоже нравится. Однако, поскольку международное общение в ряде случаев происходит на английском языке, особенности в отдельной стране все ещё могут формировать восприятие человека. Англоговорящий мир, как правило, более добродушен. Но, например, при переписке с немецкими коллегами вы должны знать, что они могут захотеть быть немного более официальными, по крайней мере вначале. Во-первых, титул доктора может быть добавлен к имени в официальных документах, удостоверяющих личность и банковских картах и де-факто является частью имени. Если в официальных документах добавляется титул доктора или докторки, то это имеет важное значение для повседневной жизни.

Если письмо написано после проведения встречи и общения, я предполагаю, что вполне нормально просто использовать имя. Что мне и, вероятно, большинству учёных не нравится, так это то, что, когда кто-то пишет «Уважаемый мистер Полезе», я редко использую свой титул, поэтому я совсем не возражаю, чтобы ко мне обращались как к Абелю, но, если вы хотите быть со мной формальным, тогда используйте официальную степень ученого. Если я потратил годы, пытаясь получить её, а потом внезапно теряю, мне кажется, что меня внезапно понизили в звании без какой-либо особой причины.

Но верно, что в некоторых культурах господин или госпожа являются стандартом. Например, во Франции, по какой-то причине, все являются месье, мадам, независимо от ученого звания. Общение с французским академиком, у которого мало опыта общения с англоговорящим миром, может быть затруднительным, по крайней мере, по моему опыту, поскольку требуется некоторое время, прежде чем вы сможете (практически) договориться о приветствиях и стиле написания электронных писем.

Возвращаясь к нашему первому электронному письму, многое можно понять из письма и вложений к нему. В моем представлении абстракт отправляется по электронной почте со следующими сопутствующими элементами. Тема письма: имена авторов, абстракт для (название мероприятия, на которое подана заявка). Чтобы понять важность строки темы в электронном письме, подумайте о своей реакции, когда получаете пустую строку темы от незнакомого человека и адреса. Или, когда получаете электронное письмо с названием «абстракт». Если бы каждый заявитель решил бы так сделать, у вас было бы 150 электронных писем с одинаковым названием. Точно так же подумайте, если пишут «абстракт для конференции» или, что ещё хуже, для мероприятия, а вы одновременно организуете три мероприятия или редактируете три книги. Нужно написать им ответ и спросить, по какому событию или по поводу какой книги был отправлен абстракт. Наконец, строка темы с именем отправителя или именем получателя звучит как мошенническое предложение в несколько миллионов долларов из какой-нибудь далекой страны. Я могу просто удалить это письмо или не заметить.

Основная часть письма: в идеальном мире это короткое сообщение в одну строку: «Пожалуйста, ознакомьтесь с моим абстрактом». Иногда я добавляю: «Я был бы признателен, если бы вы подтвердили получение этого документа», просто чтобы убедиться, что электронное письмо не попало в папку спама. Напротив, что можно подумать о человеке, который отправил пустое письмо с абстрактом и это случается чаще, чем можно было бы подумать? Или о том, кто пишет длинное представление о себе в теле письма. Лично я нахожу это оскорбительным, поскольку кто-то злоупотребляет моим свободным временем. Я прочитаю абстракт, когда у меня будет время. Если много текста в теле письма, мне придётся, по крайней мере, просмотреть его, чтобы убедиться, что оно не содержит какой-либо важной информации, которую я мог бы упустить. Затем, если я просто обнаружу, что кто-то объясняете мне, насколько он или она подходят для этой конференции или книги, я, скорее всего, подумаю, что они выпендриваются. Если кто-то специалист по теме своего исследования, пусть абстракт говорит за него. Если есть желание что-то отправить, можно написать перед отправкой абстракта и обсудить это или, по крайней мере, обсудить тему.

Вложения: если просят прислать абстракт, нет смысла отправлять вашу докторскую или магистерскую диссертацию или любые другие документы. Недавно я проводил отбор в летнюю школу, и кандидат прислал мне двадцать документов. В то время как заявителей просили прислать только резюме, этот человек прислал мне резюме, рекомендательные письма, сертификаты, степени, записи подкастов, свою фотографию и, возможно, фотографию своей семьи. Было отправлено столько документов, что, в конце концов, не хватило только самого абстракта. Даже если абстракт есть, не хочется копаться в грудах документов, чтобы найти его. Должен признаться, что моё отношение к кому-то не улучшится, если я вижу, насколько кто-то квалифицирован. Иногда вы просите краткую биографию и получаете фоторепортаж. Что можно подумать о заявителе в таком случае? Не отправляйте никаких нежелательных документов, если только действительно нет на то причин, и в таком случае необходимо предупредить организаторов, что дополнительный документ поможет им понять, в какой особой ситуации вы находитесь.

Бывает так, что я получаю абстракты без вложенных файлов электронного письма. Угадайте, что мне тогда нужно сделать? Выделить текст, скопировать его, открыть документ Word, вставить его, затем найти имя автора и контакты, добавьте их, придумать название для файла, сохранить его. Это занимает 2-3 минуты, но если это сделают 20 участников, то я потеряю час своей работы. Это также требует большей концентрации, чем просто механическое сохранение документа, что Вы и делаете, когда есть вложение.

Другими словами, передавая мне на аутсорсинг какой-то небольшой объём работы, скорее всего, я приду к выводу, что кому-то не хватает внимания к деталям, не хватает уважения или просто мотивации, чтобы подготовить документ для кого-то, и это происходит ещё до того, как я прочитаю сам абстракт.

В идеале, открывая документ, я хотел бы найти в нем:

Название мероприятия или проекта. В 80% случаев мне это не нужно, но всегда есть вероятность, что я работаю над несколькими проектами одновременно, и, взглянув на документ, я сразу, пойму куда его сохранить.

Имя авторов и по крайней мере один адрес электронной почты, чтобы мне не пришлось возвращаться к вашему первоначальному адресу электронной почты, чтобы ответить. Я думаю, что стоит добавить место работы или обучения. Во-первых, если я смогу определить, где географически находится заявитель, у меня уже может быть представление о том, могу ли я найти для него место, особенно если он единственный, кто приезжает из региона, или из университета, расположенного в отдалённом регионе, и я хочу, чтобы были участники со всех уголков мира.

Добавьте краткое биографическое описание, даже если это не требуется, 2-3 строки – хорошо, больше – слишком много. Это поможет оценить заявителя вне его абстракта. Из биографии хотелось бы узнать опыт и место работы заявителя.

На это есть несколько причин. Я за принятие более слабого, но не слабого абстракта, если его отправили из маленького университета, и имеется возможность обсудить свои исследования в необычной для них обстановке. По той же причине я бы с неохотой принял более слабый абстракт от авторов из ведущих университетов. Но это всего лишь моя позиция. Другие исследователи могут быть напуганы и принять любой абстракт от кого-то из крупного учреждения только потому, что они хотят пригласить на мероприятие представителей ведущих университетов.

Если я думаю, что абстракт слабее других, но я вижу, что автор из региона с ограниченными научными достижениями, я прочитаю его более внимательно и попытаюсь прочесть между строк, есть ли у автора интересный материал. В этом случае ограниченные навыки письма могут быть вызваны отсутствием подготовки или знанием английского языка. Напротив, я с большей вероятностью отклоню абстракт, если нахожу его слабым и его автор из ведущего университета, поскольку я предполагаю, что у него есть доступ к ряду возможностей и механизмам обратной связи, позволяющих написать хороший абстракт уже на ранних этапах своей карьеры.

Название абстракта. Хотите верьте, хотите нет, но иногда я получаю абстракты без названия, что означает, что я не могу ссылаться на них по названию при выборе, но также мне интересно, почему автор не добавил его. Он забыл? Он думают, что это не имеет значения?

Абстракт (наконец-то!).

Файл во вложении должен быть назван так, чтобы он был уникальным и его было легко сохранить. Если все назовут его именем события, у меня будут десятки файлов с таким же именем. Можно просто назвать файл своей фамилией и названием события. Поскольку я, скорее всего, сохраню абстракты под именами авторов, когда автор делает это за меня, это экономит мне несколько секунд, но я уже начинаю испытывать к нему благодарность.

В моем идеальном мире идеальный абстракт состоит из 4 элементов:

- Цель статьи
- Дебаты
- Методология
- Вывод

Это звучит прямолинейно, но это не так. По моему опыту, лишь очень небольшая часть рассмотренных мной абстрактов соответствует, пусть и в общих чертах, этим критериям.

Цель статьи: абстракт не всегда составляется на основе завершенного исследовательского проекта. Данные могут быть предварительными, и даже когда они будут окончательными, у вас, возможно, не было времени поразмыслить над их значимостью. Кроме того, крупные конференции обычно организуются на 1-2 года вперед, следовательно вполне нормально отправить абстракт с продолжающимся исследованием, но при условии, что к моменту презентации у вас будут окончательные результаты.

Академическая статья обычно полна аргументации, так что некоторые рецензенты считают глаголы «исследовать», «расследовать», «анализировать» иногда недостаточными. Напротив, абстракт может иметь целью изучение корреляции, взаимосвязи и/или явления, особенно если он основан на текущих или планируемых исследованиях. В любом случае это может быть сформулировано аргументированно: «эта статья демонстрирует или утверждает ...».

Дебаты: независимо от того, является ли ваша цель описательной или аргументативной, исследовательский подход основывается на ряде гипотез и вписывается в ряд дебатов. Рецензенту, особенно если он не на 100% знаком с вашей дисциплиной, становится легче оценить значимость вашего исследования, когда вы его контекстуализируете. Поэтому крайне важно объяснить, на основе каких дебатов вы строите свою аргументацию или на основе каких предыдущих исследований, гипотез, результатов вы планируете производить и обрабатывать свои эмпирические данные.

Методология: методологический раздел статьи может потребовать значительного количества слов или объяснений. Нет необходимости пытаться уместить это в короткий абстракт, можно указать проводилась ли работа с первичными или вторичными данными, размер выборки. Можно указать, проводились ли эксперименты или интервью, только глубинные или собран большой объём, а также насколько репрезентативной является выборка и для какой совокупности.

Вывод: на что указывают ваши предварительные или окончательные результаты. Это может быть одна строка, и ваш абстракт все равно может быть сильным без неё, поскольку цель статьи уже изложена строкой выше. Но это как приятный десерт после еды, хороший способ попрощаться со своим читателем.

Нет необходимости использовать порядок, который я привёл выше. Если абстракт начинается с методологии, то к тому времени, когда мой мозг осознает, что цель статьи может отсутствовать, я уже дочитал до того момента, когда найду цель статьи. Единственный случай, когда я буду разочарован, это когда раздел, который я ожидаю увидеть, на самом деле отсутствует в вашем тексте из трехсот слов.

Я видел в ряде блогов использование шаблона, предоставленного в «PhD comics» (газета и веб-комикс о жизни докторантов), и должен признать, что он очень близок к идеальному абстракту[2].

Картинка было задумана как шутка, но, несмотря на её насмешливый тон, она содержит все позиции: 1) место для аргументации; 2) упоминается методология; 3) место для добавления аргумента в текущих дебатах и 4) подтекст для исследования. В конце концов, если удастся, понадобятся

---

[2] Разрешение на публикацию изображения не было получено к тому времени, когда эта книга должна была быть напечатана, но его можно посмотреть по адресу http://phdcomics.com/comics/archive.php?comicid=1121

четыре предложения: одно для обоснования исследования, одно – что предлагается сделать, одно, чтобы упомянуть вашу методологию и одно, чтобы объяснить, что будет дальше.

Теоретически, все, что способствует расширению знаний о мире, заслуживает публикации и чтения. У этого утверждения есть два ограничения.

Насколько существенным должен быть вклад в глобальные знания о человеческом роде, чтобы он заслуживал публикации? С точки зрения Гоббса, изображение кошки способствует познанию мира, поскольку никто раньше не видел эту самую кошку в таком положении. В таком случае наши знания, наряду с теми, кто никогда не видел эту кошку в такой позе, несомненно, обогатятся этой картинкой.

Социальные сети предоставляют отличную возможность публиковать фотографии кошек в любых позах, поэтому давайте перейдём ко второму ограничению. Можно утверждать, что практически все, что угодно, заслуживает публикации. Вопрос в том, кем. Это вопрос не возможностей, а ниши и сегмента рынка. В зависимости от того, насколько и как вы продвигаете знания, вы можете претендовать на право быть опубликованным в том или ином издании.

Академические журналы, как и любые другие издания, имеют свои собственные критерии и стандарты, отличные от большей части других письменных продуктов. В них публикуются длинные статьи, основанные на каких-то научных доказательствах, логике или рассуждениях, которые позволяют расширять знания о мире на основе фактов, проанализированных через научную призму. Но изменения в академической индустрии привели к некоторой стандартизации научных знаний. Если несколько лет назад отступление от темы в свободной форме принималось бы престижным журналом, то англоязычный мир перешёл к модели, которая становится все более и более строгой. Конечно, есть исключения, и я бы включил в них фрагменты знаний, полученных от академических суперзвезд. Некоторые люди пользуются таким высоким спросом, с академической точки зрения, но также и за политические консультации или эссе, что они могут позволить себе публиковаться практически в любом формате.

Для остальных из нас исходная модель ясна. Как только вы овладеете ей, вы сможете отойти от нее и найти свою лазейку. Однако для начала все же стоит придерживаться следующей структуры:

- Вступление
- Литература
- Эмпирические данные (и методология сбора и обработки данных)
- Вывод

Как и в случае с идеальными абстрактами, это звучит потрясающе просто, и все, что нужно сделать, это вставить все необходимые элементы в хорошей формулировке. Затем ваша статья становится доступной для публикации в академическом журнале. Тип журнала и его рейтинг будут зависеть от качества ваших доказательств и обсуждений, а также от многих других факторов, но ваша статья, по крайней мере, будет считаться достойной рассмотрения в приличном журнале.

Введение: большинство журналов ожидают получения аргументированных статей, поэтому вам придётся объяснить, в чем заключается аргумент вашей статьи. Аргумент также может рассматриваться как основной вклад в работу. Как однажды сказал мне один из моих наставников, аргументация статьи подобна звоночку, и вы должны спросить себя: «Когда люди вспоминают вашу статью, какой звоночек в 1-2 строки вы хотите, чтобы они услышали в своей голове?». Это все, что люди должны помнить о вашей статье. Остальное – просто демонстрация и участие в дебатах. В документе будет подразумеваться, что на данный момент мы знаем так много и что, в дополнение к тому, что мы знаем, следует рассмотреть новые отношения. Это может быть новая теоретическая парадигма, вызов существующей парадигме или просто что-то аномальное, что современные теории не могут объяснить. Из вышесказанного вытекают два следствия.

Во-первых, чтобы иметь возможность объяснить, что статья добавляет к дебатам и теориям, вы должны упомянуть эти теории и на чем они остановились. Затем вы можете подробнее остановиться на этом в следующем разделе. Но вы должны сделать это и проиллюстрировать, в каких дисциплинарных или междисциплинарных дебатах ваша статья указывает на это.

Второе заключается в том, что, если нет дебатов, которые могли бы послужить основой. Ваша будет просто описательной, а не аргументированной. Но это скользкая территория и часто весьма субъективная. Если рецензенты или редактор журнала сочтут, что ваш материал является новым и новаторским, то вам, возможно удастся просто обойтись небольшими рамками в соответствующих научных дебатах. В некоторых других случаях более консервативные или строгие рецензенты все равно будут требовать, в каких дебатах вы участвуете.

Существующие дебаты или исследования: чтобы иметь возможность объяснить инновационный характер вашей статьи, вам необходимо проиллюстрировать, на каких существующих исследованиях и гипотезах вы основывали свой сбор и обработку данных. Где до сих пор проводились подобные исследования, что показали или доказали подобные эксперименты или исследования, и какие вопросы до сих пор оставались без ответа. Так вы обеспечиваете преемственность некоторым направлениям исследований. В качестве альтернативы, каковы предположения, которые ваша статья собирается подвергнуть сомнению или оспорить, и на каких предположениях или гипотезах вы основывали свой сбор данных и построили свою статью.

Эмпирические данные: сильно варьируются в зависимости от дисциплин, но в целом это легче всего объяснить. Возьмите свои данные, объясните, как вы их обработали и к каким результатам они вас привели. Если методология сложная, вам может потребоваться предоставить больше информации о вашем методологическом подходе, его допущениях и ограничениях. В статьях, где методология проще, краткое объяснение подхода можно просто добавить во введение, без отдельного раздела в статье.

Вывод: на своих семинарах по написанию академических работ я часто спрашиваю своих участников, знают ли они разницу между детективной книгой и академической статьей. В детективной книге вы понимаете смысл книги и узнаете, кто убийца только на последних страницах. В академической статье вам нужно осмыслить работу и осознать, что убийцы нет в первых строках введения.

Я заметил, что часть академического сообщества, с которым я общаюсь, склонна интерпретировать заключение своей статьи так, как если бы они писали детективную статью, и скрывать результаты и находки до самого последнего раздела. В этом нет необходимости. Ваш заключительный раздел должен быть чем-то вроде декомпрессионной камеры. После подробного объяснения и привлечения интереса к исследованию необходимо сделать так, чтобы к концу у читающего осталось хорошее мнение о Вашей статье. Таким образом, вы должны направлять их и напоминать им, в каких дебатах вы участвовали, каковы основные ограничения исследования и что пыталась показать статья.

Это звучит просто, но я нахожу это чрезвычайно сложным, особенно после титанических усилий, которые требуются для редактирования академической статьи, переписывания ее несколько раз и приложения больших усилий для того, чтобы введение и другие разделы были хорошо синхронизированы. В результате я прихожу к выводу полностью опустошённым и немотивированным. Но плохие выводы могут каким-то образом испортить статью, поэтому нужно найти способ уделить этому некоторое внимание и усилия.

Мой подход к рецензированию статей других людей заключается в том, что плохой статьи не бывает. Есть просто статьи, которые недостаточно «прожарены». Другими словами, некоторые статьи требуют чуть больше дополнительной работы, чтобы стать пригодными для публикации. Некоторым другим потребуются месяцы, а возможно, и целая жизнь. Но у них есть весь потенциал для того, чтобы стать достойными статьями. Как достичь качества – это вопрос обучения, но не обязательно стратегии. Вот почему я оставляю эту тему тем коллегам, которые работают и могут рассказать гораздо больше, чем я, об академическом или творческом письме. Но, поскольку статья низкого качества в данный момент времени является основной причиной отказа в публикации, другая заключается в том, что она отправлена не в тот журнал.

Подача заявки не в тот журнал – это не просто отправка вашей статьи о похоронных практиках в журнал астрофизики. Это тоже может произойти, но с этим легче справиться, чем с неспособностью кого-либо понять тонкие, а иногда и невидимые различия между журналами.

Критические исследования против мейнстрима: об идеологическом позиционировании журнала. Редакционные коллегии журналов состоят из людей, и эти люди, если им удаётся работать вместе, в какой-то степени похожи друг на друга. Сумму идеологических предпочтений редакционной коллегии можно определить как теоретическую и часто идеологическую позицию журнала. Люди склонны размышлять о разных теориях, предпочитают одни парадигмы другим и очень критически относятся к некоторым другим.

Есть две крайние позиции, которые я обычно называю «мейнстрим» и «критический», но можно было бы назвать и иначе. Здесь важно то, что некоторые журналы близки к тому, что более популярно в данной области в данное время, а некоторые другие журналы предпочитают более критическую позицию. Однако все журналы могут варьироваться от критических до мейнстримных. Некоторые из них будут более нейтральными, некоторые другие займут ту или иную позицию, но все они могут располагаться на непрерывной линии между этими двумя крайностями. Аналогичным образом, некоторые журналы, даже если они официально междисциплинарные, будут отдавать предпочтение определенным подходам перед другими.

Чем больше вы отправляете статей, которые являются критичной по отношению позиции журнала, тем больше вероятность того, что вы получите отказ. Всегда найдётся исключение и какой-нибудь гениальный коллега, который попадет в «неправильный журнал», прислав великолепную статью, которая понравится редакции журнала. Но отправка статьи в марксистский журнал, которая написана в рамках мейнстримных теорий международных отношений не совсем хорошая идея. Вы можете узнать о позиции журнала из того, что говорят другие коллеги или просто просмотреть ранее опубликованные статьи. О репутации журналов в академических кругах узнать относительно легко. Всегда есть коллега, который опубликовал статью в журнале, куда вы бы тоже хотели отправить свою статью, или кто-то получил отказ. Если это не работает, то вы всегда можете проверить блоги об академических журналах или публикации редакционной коллегии этого журнала. Это даст представление о том, что они предпочитают с точки зрения дисциплин, подхода, теории и идеологии.

Эмпирические журналы против теоретических журналов: даже если, как я упоминал, статья в журнале должна содержать теоретическую часть и способствовать построению или деконструкции научных парадигм, журналы придерживаются совершенно иной позиции в отношении соотношения между эмпирическими данными и теорией, которые должны содержаться в статье. Некоторые мои друзья отправляли статьи с хорошими эмпирическими данными в крупный журнал в своей области. Журналу нравились статьи, и они прошли обычный процесс рецензирования. К тому времени, когда статья была готова к публикации, 80% эмпирических данных было удалено, и статья стала исключительно теоретической. Некоторые эмпирические данные были оставлены, но их функция заключалась лишь в том, чтобы подразумевать: «Мы основываем наши аргументы на фактах, которые мы систематически собирали и анализировали, а не на размышлениях под деревом». Главной инновационной частью статьи была теория. Напротив, некоторые журналы довольны тем, что вы разрабатываете используемые вами данные, возможно, тратите немного больше на методологию и сводите к минимуму теоретическую значимость ваших выводов. Отправка преимущественно эмпирической статьи в теоретический журнал и наоборот увеличивает шансы на получение отказа. В этом случае ваше задача спросить у своих коллег, проверить блоги, а также прочитать статьи (или, по крайней мере, абстракты) из нескольких статей, уже опубликованных этим журналом.

Страновые или региональные исследования против дисциплинарных исследований: чтобы завоевать и удержать аудиторию, журнал должен найти свою нишу. Есть журналы, которые могут позволить себе публиковать практически все, что угодно, например, о природе или науке. Но у большинства журналов есть определённая читательская аудитория, которая ожидает найти статьи, более или менее соответствующие их интересам. Они могут специализироваться на определённой тематике, дисциплине, суб-дисциплине или охватывать определённую географическую область. Чем крупнее и важнее журнал, тем шире круг его интересов. Социология может иметь идеологическую направленность, но публикует социологические исследования. Журнал биологии публикует статьи на различные темы, связанные с биологией. Некоторые другие журналы занимают очень узкую нишу и кажутся очень специализированными (например, Catalysis Survey from Asia).

Если в результате вашего исследования были получены эмпирические данные, методология, используемая для сбора и обработки этих данных, в целом определяет дисциплину (дисциплины), по которой вы продвигаетесь. Но на какой журнал вы ориентируетесь, зависит от того, как и в каких дебатах вы излагаете свои данные и какую теоретическую базу вы строите. Ваше исследование находится в центре вашей профессиональной жизни, но не все и не в каждом журнале будут относиться к нему одинаково. Некоторые будут приветствовать то, что вы делаете, поскольку это частично или полностью совпадает с их исследовательскими интересами. Одним это будет вообще неинтересно. Другие могут заинтересоваться, если Вы найдёте способ поговорить с ними. Как сказал один хороший друг и коллега: «Ценность статьи заключается в ее способности общаться с аудиторией, отличной от той, на которую она ориентирована в первую очередь».

С дисциплинарной точки зрения вы должны иметь возможность выйти за пределы своего круга и сравнить свою работу с аналогичными исследованиями с некоторыми общими элементами или работами, посвящёнными другим регионам. Можно попробовать использовать поисковые серверы, сравнить выборки или совокупности, но также необходимо попытаться вести диалог с другими работами. С точки зрения регионального исследования, вы можете захотеть объяснить, как ваши результаты соотносятся с другими результатами из других стран того же региона, и это то, чего иногда не хватает в статье. Действительно, я видел много статей, в которой пишут: «Эта статья так важна, потому что она о стране, которую я изучаю, и которая является центром моей вселенной, так что теперь она будет центром и вашей вселенной». Хорошо быть увлеченным страной или темой, но, чтобы внести свой вклад в (глобальные, дисциплинарные) дебаты, вам нужно заинтересовать людей, выходящих за рамки вашей узкой направленности.

Томас Эриксон широко известен своими работами по вопросам идентичности. Его полевые работы в основном были посвящены Маврикии, небольшому острову с населением в несколько миллионов человек. Тем не менее, когда вы работаете над идентичностью, в любой точке мира, нужно изучить работы этого автора. Высоко цитируемая книга Бенедикта Андерсона «Воображаемые сообщества» является одной из самых важных книг о национализме на сегодняшний день, и Ученые в основном помнят его фразу «нации состоят из воображаемых сообществ». Но в своём введении Андерсон объясняет, что его результаты и выводы основаны на фактических данных, полученных в конкретном регионе мира. Какой регион так важен? И Андерсон, и Эриксен исходят из узкой региональной направленности и затрагивают вопросы, имеющие решающее значение для социальной теории. Их работа, основанная на очень специфическом регионе мира, в конечном итоге привлекает внимание значительной части академического сообщества, ученых, работающих в области антропологии, политики, истории, социологии, региональных исследований и многого другого.

Способность статьи выделяться из общей массы заключается не в ее притязаниях на решение фундаментальных или мировых проблем, а в способности авторов использовать очень маленькую и не обширную часть знаний и участвовать в более масштабных дебатах. Это практика, ведущая к диалогу между регионами, дисциплинами, подходами: мой подход дополняет существующие в том, что я предлагаю что-то новое и относительно недостаточно изученное в регионе, дисциплине, области. Главный риск, которому подвергается автор, заключается в том, что статья ведёт диалог только с самой собой, что можно назвать академическим безумием (представьте, что кто-то разговаривает сам с собой на улице).

Не существует уникального или единственного способа «участвовать в более широких дебатах», поскольку существует не один, а множество дебатов, к которым вы можете подключиться, и окончательное решение может быть результатом сложного выбора. Во-первых, в каких дебатах вы хотите принять участие? Где вы чувствуете себя сильнее и более готовым внести какой-то вклад? Во-вторых, в какой журнал вы отправляете заявку?

Обратите внимание, что я социолог и в основном занимаюсь исследованием постсоветских стран, поэтому позвольте мне подробнее остановиться на том, что я знаю лучше всего, имея в виду, что это всего лишь подход и что, меняя названия и дисциплины, его можно применить к другим контекстам, ситуациям и дисциплинам.

Некоторое время назад мой главный редактор написал мне, так как автор недавно предложенной статьи отправил электронное письмо с просьбой ускорить процесс рецензирования, поскольку результаты, представленные в статье, по его утверждению, были революционными.

Революционными для кого? И почему, если не вообще, то для моего журнала? Я дал автору возможность усомниться и ускорил процесс, после чего статья была отклонена. Почему?

Я выяснил, что автор провёл, возможно, впервые в своей жизни эмпирическое исследование своей (маленькой) страны и с энтузиазмом поделился им. Он был настолько увлечён темой, исследованием, предметом, что был уверен, что всем остальным понравится его работа так же сильно, как и ему самому. Но так бывает не всегда.

Давайте предположим, что в статье представлены новые и оригинальные данные о сокращении бедности в Грузии. Я беру Грузию, поскольку это маленькая страна, и Ученые не стали бы рассматривать её в качестве примера, если бы у них не было интереса к региону. В общем, если вы пишите о чем-то маленьком придётся ещё немного поработать над тем, чтобы заинтересовать ваших потенциальных читателей и в конечном итоге заставить их читать.

Давайте также предположим, что использованная методология была обоснованной и имела смысл, что не всегда так, и что результаты имели какое-то отношение к стране. Проблема в этом и других случаях заключается не в том, есть ли у вас данные, а в том, как вы их представляете и как вы контекстуализируете их уже с самого начала статьи. Давайте сравним эти четыре вступительных заявления:

1. Большинство авторов поддерживают положительную корреляцию между X (например, бедностью) и Y. Однако недавний поток эмпирических исследований поставил под сомнение эту взаимосвязь, потому что ... используя данные из Грузии, эта статья призвана предоставить дополнительные доказательства в этом

направлении (или, альтернативно, подтверждает положительную корреляцию между X и Y).
2. На территории постсоветских стран взаимосвязь между X (бедностью) и Y рассматривалась с нескольких точек зрения. Большинство учёных пришли к выводу, что... Эта статья обеспечивает преемственность или критикует эти выводы на примере Грузии, в которой мы демонстрируем, что...
3. С момента обретения независимости Грузия принимает ряд мер по борьбе с бедностью. Начиная с меры X и заканчивая мерой Y, ряд вмешательств привёл к различным результатам. В этом документе исследуется, какие вмешательства были успешными, а какие нет, и почему.
4. В этом документе представлены результаты опроса о сокращении бедности в Грузии. Мы считаем, что меры с большей вероятностью будут успешными при определённых условиях (упомяните их), чем при других (упомяните их).

Для меня все четыре вводных предложения приемлемы. Вопрос в том, где и кем. Предложения 3 и 4 более эмпирические. Они больше про оценку данных в узком национальном контексте и оставляют мало возможностей для сравнения или установления связи с другими исследованиями. Статья, вероятно, будет оценена учёными из Грузии, и кто занимается исследованием Кавказского региона (если они хотят сделать что-то подобное в соседней стране) или если кто-то пытается провести обзор мировой литературы по этой теме. Если я получу такую статью для рецензирования, мое отношение будет зависеть от журнала, который попросил меня сделать рецензию.

Статья с предложениями 3 или 4 идеально вписывается в национальный журнал (публикующий исследования по Грузии) и, в некоторой степени, в региональный, публикующий исследования по Кавказскому региону. В какой-то степени это могло бы подойти региональному журналу, посвящённому постсоциализму или постсоветскому региону, но, как рецензент, я бы попросил автора объяснить, почему кто-то, изучающий, скажем, Казахстан, должен интересоваться материалом статьи и как исследование может сравниться с аналогичными исследования, проведённые в регионе. Напротив, статья, начинающаяся с предложения 2, хорошо вписалась бы в тематику странового или регионального журнала. Однако предложения 2, 3 и 4 не подойдут ни для одного дисциплинарного журнала, который больше интересуется тем, что эти данные (и их интерпретации) означают для развития дисциплины, чем сами данные. Для этих журналов вступительное заявление, подобное первому, подходит гораздо лучше, и за ним должен следовать аналитический раздел, посвящённый дебатам за пределами страны и региона.

В таблице ниже суммируются возможные позиции или реакции различных журналов на вступления, упомянутые выше.

50 Дневники Scopus и правила выживания в науке

Журнал/предложение	1	2	3	4
Journal of Georgian Studies (Журнал исследований Грузии)	Хорошо, но не могли бы вы расширить часть о Грузии	Хорошо, что есть сравнение, но начнём с дебатов именно по Грузии	Нам подходит: мы заинтересованы в Грузии и вашей статье «Объясняет Грузию».	Нам подходит: мы заинтересованы в Грузии и вашей статье «Объясняет Грузию».
Journal of Caucasus Studies (Журнал кавказских исследований)	Хорошо, но, сократите теорию и объясните больше о регионе и контексте	Хорошо, но сократите теорию и объясните больше о регионе и контексте	Интересно и актуально. Если возможно, упомяните некоторые параллельные исследования в других странах Кавказа	Интересно и актуально. Если возможно, упомяните некоторые параллельные исследования в других странах Кавказа
Journal of Post-USSR Studies (Журнал постсоветских исследований)	Хорошо структурировано, но, возможно, лучше отправить статью в теоретический журнал?	Нам подходит	Интересная перспектива, но, возможно, стоит расширить региональное измерение	Интересная перспектива, но, возможно, стоит расширить региональное измерение
Journal of European Development (Журнал европейского развития)	Хорошо структурировано, мы можем принять статью для ознакомления	Постсоветская перспектива хорошо, но Европа больше, чем это, не могли бы вы, пожалуйста, сравнить, возможно, со странами ЕС?	Грузия интересна тем, что она позволяет нам лучше понять развитие с европейской точки зрения, пожалуйста, добавьте	Как ваши выводы по Грузии подтверждают или оспаривают выводы из других европейских регионов?

Journal of European Development (Журнал мирового развития)	Хорошо структурировано, мы принимаем статью для ознакомления	Границы статьи ограничены. Пожалуйста, расширьте, чтобы рассмотреть теории глобального развития	Грузия интересна тем, что она позволяет нам лучше понять развитие с европейской точки зрения, пожалуйста, добавьте	Как ваши выводы по Грузии подтверждают или оспаривают выводы исследований по другим европейским регионам или общую теорию?
Journal of Critical Development (Журнал критического развития)	Хорошо структурировано, мы принимаем статью для ознакомления	Границы статьи ограничены. Пожалуйста, расширьте, чтобы рассмотреть теории глобального развития	Грузия интересна тем, что позволяет нам критиковать некоторые основные теории, пожалуйста, добавьте	Как ваши выводы о Грузии соотносятся с главной теорией и позволяют им подвергать её сомнению?

Невозможно исчерпать всю совокупность возможных методологических подходов, которые вы могли бы использовать для статьи, и есть гораздо лучшие руководства, объясняющие, как разработать собственную методологию. При упоминании методологии меня беспокоят два вопроса.

Во-первых, выбор методов должен основываться на стратегическом выборе издания, в котором планируется публикация статьи. К примеру, регрессионный анализ в журнале антропологии – это не вариант. Даже если тема подходит журналу и теории, которые вы хотите использовать, хорошо известны читателям журнала, есть вероятность, что рецензенты не поймут вашу методологию, не оценят её по достоинству или и то, и другое вместе. Поэтому, прежде чем выбрать журнал для отправки статьи, проверьте, каков диапазон методологических подходов, которые они публиковали в прошлом. Также проверьте, какие основные методологические парадигмы предпочитает редакционная коллегия и, следовательно, журнал.

Во-вторых, методология – одна из самых простых вещей, которые можно критиковать в статье. Вам не нужно убеждать рецензента в правильности вашего выбора, поскольку всегда найдётся кто-то, кто не согласится с вашим методологическим выбором. Скорее всего, необходимо поделиться соображениями, которые побудили вас объединить методы таким образом, чтобы рецензент понял вашу логику и, даже если они не согласны, мог согласиться с тем, что с научной точки зрения последовательность методов, объединённых так, как вы это сделали, имеет некоторый смысл.

Кроме того, всегда возникает вопрос о том, насколько подробно вы должны вдаваться в объяснение своей методологии. Некоторым рецензентам и журналам это небезразлично больше, чем другим. Некоторые методологии являются чрезвычайно инновационными, в то время как некоторые другие просто состоят из применения чего-то уже хорошо известного и устоявшегося к другой совокупности или выборке. Если в статье представлен новый и/или экспериментальный методологический подход, то, возможно, стоит потратить несколько сотен слов на его объяснение. Ваша методология, в этом случае, будет частью вклада вашей статьи в научные знания в области журнала. Напротив, если вы просто применяете простую регрессию, можно кратко объяснить переменные и гипотезы, использованные для выбора этих переменных, а затем использовать оставшееся место в статье, чтобы сосредоточиться на том, что в ней действительно новаторское.

Подумайте о публикации или просто написании в эпоху, предшествующую интернету. Ваши знания должны были бы черпаться из книг, пришлось бы физически ходить в библиотеку. В зависимости от вашего местоположения, в библиотеке может быть достаточно или несколько книг или журналов (или ни одной) по теме, по которой хотите написать работу. Как вы можете узнать, какая из доступных книг лучше всего подходит или имеет лучшую репутацию, особенно если вы находитесь на начальном этапе своей карьеры? Я бы предположил, что наиболее эффективным способом было бы поговорить с тем, кто предложит одну или несколько книг. Затем необходимо выяснить, в какой библиотеке они есть, и воспользоваться межбиблиотечным абонементом, отправиться в разные места, найти где-нибудь нелегальные копии или заметки, основанные на этой книге, чтобы ознакомиться с некоторыми её частями. В таких условиях написание обзора литературы было бы титаническим усилием, и вы бы потели над каждой книгой, которую цитируете.

Подумайте об обзоре литературы в эпоху интернета. Вы выбираете тему, вводите ключевое слово в поисковой системе, и страница заполняется результатами, которые хорошо соотносятся с тем, о чем вы хотите написать. До появления Интернета было трудно заполнить библиографию, в настоящее время почти невозможно не переполнить её. Это означает, что ваша новая задача состоит не в том, чтобы иметь возможность достать ту самую книгу и прочитать ее, а в том, чтобы сделать выбор среди тысяч доступных книг. Сначала вы должны определить как можно больше книг и статей, но также, что более важно, быстро понять и выбрать, какие из них имеют решающее значение для вас и ваших исследований, по двум причинам. Одна из них заключается в том, что Вам физически не хватит времени, чтобы прочитать всю литературу, предложенную поисковой системой. Другая заключается в том, что, даже если удастся прочитать все, у вас не хватит места в вашей библиографии, чтобы процитировать все. Библиография, в среднем, должна занимать не более 10-15% от общего объёма слов в статье. Однако, на мой взгляд, это действительно зависит от контекста. Эмпирическая экспериментальная статья может прекрасно смотреться с очень краткой библиографией, в то время как обзорная статья по литературе должна включать как можно больше статей.

При ограниченном объёме следует избегать цитирования работ, которые мало или вообще ничего не привносят в аргумент вашей статьи. Одним из способов, может быть, ранжирование публикаций по одной и той же теме и выбор только тех, которые находятся в верхней части вашего списка. В духе поддержки истеблишмента можно было бы считать, что чем больше цитируется работа, тем более важно ее цитировать. Однако это также вывод, к которому можно прийти, поразмыслив прагматично. Наиболее цитируемые работы в вашей области также, вероятно, будут самыми известными (хотя и необязательно самыми важными). Если ваш рецензент является экспертом, он, скорее всего, знает их и заметит их отсутствие больше, чем те, которые менее заметны и знамениты. Напротив, если ваш рецензент не является экспертом в вашей узкой области и хочет проверить вашу литературу, он, скорее всего, проверит наиболее цитируемые по сравнению с менее цитируемыми. Тем не менее вам предстоит найти баланс между тем, что, по вашему мнению, от вас можно ожидать, и тем, что, по вашему мнению, важно для статьи, защитить свой выбор и объяснить, почему конкретная работа была включена или нет в вашу статью. Как правило, если статья по смежной теме имеет 10 000 цитирований, стратегически имеет смысл добавить её в свою библиографию, даже если она вам не нравится или не согласны с её результатами. Вы можете критиковать ее в своей статье, но рецензенты, скорее всего, спросят вас, почему вы ее не процитировали, на всякий случай.

За последние годы значительно увеличилось количество статей и работ, написанных от первого лица. Мне нравится связывать происхождение этого явления с революцией в социальных науках, начатой Клиффордом Гирцем в 1960-х годах, но именно в последние десять или около того лет я стал свидетелем резкого увеличения количества статей, написанных от первого лица. Проблема, которая иногда может достигать неожиданных масштабов, заключается в использовании «я» в статье, написанной одним автором. Умеренно используемое в некоторых дисциплинах и контекстах повествующее «я» может сделать чтение приятным и более плавным. Проблема в том, что такая умеренность применяется не всегда, и можно прочесть статью, в которой «я» используется в каждом втором предложении, что, вероятно, вызовет у вас мурашки по коже или вы просто устанете от статьи после первой страницы.

Поставьте себя на место рецензента вашей статьи. Вы читаете это и обнаруживаете, что «я» используется 200-250 раз по всему тексту. По сути, это возвращает внимание к исследователю, вместо того чтобы использовать его в качестве медианы и объектива для просмотра собранного материала. Это звучит эгоцентрично до такой степени, что главной темой статьи является не исследование, а исследователь. Это также поднимает вопрос о позиции автора и о том, почему они должны так присутствовать во время сбора данных.

Я прочитал несколько очень хороших работ, написанных от первого лица. Помню докторскую диссертацию о нечестных отношениях футболистов во время сезона НФЛ. Диссертация была написана женой одного из футболистов с использованием самоэтнографии, и у неё не было другого выбора, кроме как использовать «я», но этот выбор сопряжён с риском. Вы устаёте во время написания работы, вы слишком увлечены своей темой, вы хотите поделиться слишком многим, и наболевшее «я» появляется на протяжении всей вашей статьи, как грибы после дождя. Вместо «я» вы могли бы использовать «мы», это может звучать старомодно, но это может быть способом сдержать ваше эго, которое в противном случае имеет тенденцию навязывать себя, если вы используете «я». Это могло бы решить некоторые из ваших проблем, поскольку команда высказывается и направляет читателя по статье. Кроме того, в статье с несколькими авторами вполне вероятно, что несколько авторов прочтут текст перед отправкой, и, если слово «мы» используется слишком часто на протяжении всей статьи, некоторые из авторов заметят это и сократят его использование, чего не произойдёт в статье с одним автором.

Нет формального правила о том, когда использовать или не использовать «я», но попробуйте чередовать с пассивной формой (будет показано, будет предложено) или используйте «эта статья» (это исследование, эта работа) в качестве темы предложения. Мой совет таков: если вы решите использовать «я», старайтесь строить каждое предложение без него и используйте «я» только тогда, когда это невозможно, слишком сложно или сбивает с толку, чтобы не использовать его. Если вы не можете избежать этого или считаете, что статья будет читаться гораздо убедительнее, если её расскажете вы, тогда дерзайте. Но затем в последний раз проверьте, сколько раз вы использовали «я» в статье, прежде чем отправлять её.

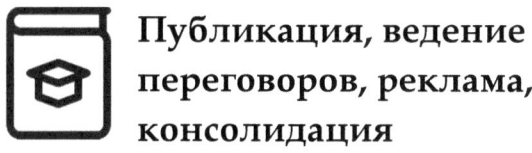

Публикация, ведение переговоров, реклама, консолидация

Что такое «хорошая публикация» и что означает это «хорошо», очень субъективно, в зависимости от того, кому Вы хотите понравиться. Тем не менее, публикация статьи или книги в журнале или прессе, на которые Вы ориентировались, зависит от ряда обстоятельств.

Во-первых, очевидно, что вы что-то пишете и что «это что-то» имеет смысл. Но где, как и самое главное кем это опубликовано, в основном зависит от того, потратили ли вы время на знакомство с нужными людьми или, по крайней мере, оказались в нужном месте в нужное время. Если редактором ведущего журнала был кто-то, с кем вы учились, или ваш лучший друг, у вас определённо больше шансов быть опубликованным там, чем у неизвестного коллеги.

Вот почему конференции так важны. Речь идёт не только о прослушивании презентаций, но и о том, чтобы встретиться и пообщаться с максимально возможным количеством людей. Я помню конференции, на которых я проводил 90% своего времени на книжных выставках. Большинство людей посещали панельные дискуссии, но на выставке я нашёл единомышленников, которые были в том же настроении, что и я – не слушали, просто разговаривали со всеми. В конце концов, всегда кто-то пропускает сессию, и именно на книжных выставках вы можете встретиться с издателями или даже заключить контракт на издание книги. Это очень субъективно, но я определённо предпочитаю оставаться в общественных местах, чем в конференц-залах на большинстве крупных конференций.

Пример: правильные места, правильное время, правильная тема – издательство «Cambridge University Press»

Несколько лет назад мой друг организовал семинар по полевой работе в нестабильных (и даже чуть опасных) странах.

Там я познакомился с исследователем, который в то время собирался защищать докторскую диссертацию о полевых командирах в Афганистане. Определённо заманчивая тема во многих отношениях. Неудивительно, что он получил предложение от издательства Кембриджского университета. Вот как это у него получилось. На конференции он обратил внимание на стенд издательства Кембриджского университета. И сказал другу, что в какой-то момент ему нужно будет найти издателя для своей докторской диссертации. На что его друг ответил: «Просто подойди и спроси». Он подошел, спросил, что делать, чтобы публиковаться у них.

Его спросили, в каком университете обучается и какова тема его исследования. Его университет был превосходным и известен отличными докторскими диссертациями. Тема была запоминающейся и очень модной в то время. Ему также посчастливилось поговорить напрямую с редактором-заказчиком, который сразу дал ему устное согласие на публикацию у них. Наверняка рецензенты на славу прожарили рукопись критикой и автору пришлось много потрудиться, чтобы рукопись приняли. Тем не менее, участие в конференции и случайный разговор с издателем помогли ему обойти этапы, с которыми сталкиваются многие авторы.

Другой коллега получил контракт с Кембриджем по другому случайному совпадению. Представители издательств организовали информационную сессию в университете, где он проходил постдокторскую стажировку, и предложили присутствующих представить свои рукописи. Как бы это ни звучало странно, Кембридж запрашивает рукописи и это логично. Издательство Кембриджского Университета живёт за счёт публикации книг. Для этого издательство ищет и привлекает ещё не известных, но перспективных авторов. И это отличная стратегия. Шансы издательства получить высококачественные материалы увеличиваются при посещении лучших университетов и проведении встреч с получателями престижных стипендий. Несмотря на то, что процесс публикации занял около 5 лет, монография в издательстве Кембриджского Университета помогла ему оказаться на Олимпе учёных.

Многие люди целую вечность пытаются получить контракт с издательством Кембриджского университета, часто безуспешно, а эти коллеги получили его относительно безболезненно. Я уверен, что несмотря на кажущееся везение, им все же пришлось много работать, но это показывает, как работает наука. Я не сомневаюсь в таланте и качестве работ обоих авторов, о которых говорил выше. Но работы публикуют не потому, что они лучшие, а потому кто-то оказался в нужном месте в нужное время.

Приведённые выше ситуации показывают, как трудно и в то же время легко найти хорошего издателя. Но перед этим есть важный шаг. Лучшие статьи или книги – не те, которые еще предстоит написать, а те, которые уже написаны. Я слышу, как многие коллеги возмущаются, что «этот ученый не очень оригинален», или «мне не нравится качество работы этого человека», или даже «моя работа намного лучше, но, похоже, никто её не замечает». Нет смысла критиковать чужую работу, думая, что ваша работа лучше. Пока этот человек опубликовал статью, а вы нет, он выигрывает со счётом 1:0 только потому, что у него что-то написано, а у вас нет.

Даже если статья написана, до её публикации предстоит проделать большую работу по ее продвижению. Как иначе люди заметили бы вас среди большого количества академических работ, которые выпускаются каждый год в вашем регионе или области? Автор не просто пишет статью, потом ждёт пока ее кто-то прочтёт и скажет: «Ух ты, это лучшая статья в мире». Вероятно, придётся с кем-то поработать и обменяться идеями. Возможно, придётся убедить коллег-ученых, среди которых, возможно, есть несколько признанных ученых, что эту работу стоит прочитать. Бывает мы слушаем песню по радио и думаем, что в ней нет ничего особенного. Но прослушав её несколько раз, мы начинаем испытывать симпатию, и она становится одной из любимых песен на определённый период. Я думаю, академический маркетинг работает также. Вначале статья может показаться «неплохой» или «средней», но потом «на самом деле очень интересной».

Мы люди, наши эмоции меняются и зависят от обстоятельств. Иногда мы не задумываемся о чьей-либо работе, пока не поменяем тему исследования и она обретает актуальность для нас. Можем поменять точку зрения и понять, что работу, которую раньше игнорировали, на самом деле стоит прочитать. Или же не замечаем автора до тех пор, пока не встретимся с ним на конференции и выпьем чашку кофе или бывает много пива. Мы можем испытать симпатию к нему как к человеку и тогда обязательно захотим ознакомиться с его трудами, которые также могут понравиться.

Точно так же качество само по себе далеко вас не продвинет. Вы можете быть лучшим автором на свете, но никто не узнает об этом, пока не прочтёт вас. И поскольку есть ещё тысячи работ, конкурирующих с вашей, нужно сделать так, чтобы люди прочитали вашу работу. Хороший способ – получить продвижение по службе и поддержку со стороны более опытных учёных, которые считают, что вы обладаете сильными интеллектуальными способностями. Открытая поддержка авторитетного специалиста, которую можно получить, например, в совместной работе помогает сразу стать более заметным. В таком случае вы не только «сами по себе». Вы становитесь тем, кто работает с профессором, назовём его X. Конечно, на каком-то этапе нужно будет отделиться от профессора X, если захотите стать более независимым. А можно построить карьеру, восхваляя себя как последователя профессора X. Какую бы стратегию вы ни выбрали, необходимо изменить ваше отношение ко многим аспектам научной жизни, чтобы развивать свою карьеру.

Официально мы занимаемся исследованиями, пишем и преподаём, и некоторые из нас хотят и выбирают заниматься академической политикой. Но мы часто забываем о других аспектах: продвижении, рекламе, налаживании связей, создании альянсов, культивировании врагов, дебатах, публичности и, прежде всего, мы иногда забываем о самом важном – получать удовольствие от того, что мы делаем. Это может произойти только в том случае, если мы понимаем, оцениваем и отдаём приоритет тем действиям, которые нам необходимо выполнить, чтобы найти баланс между тем, что от нас ожидают, и тем немногим, что нам действительно нравится делать. Если мы потеряем этот фокус, зачем оставаться в науке?

В идеальном мире приём статьи в журнал зависит от её качества. Хорошее – принимают, плохое – нет. Однако мы не живём в идеальном мире, и граница между хорошей и плохой статьёй никогда не бывает чёткой. Другими словами, статья принимается, если рецензентам и главному редактору она нравится или они считают, что ее стоит опубликовать. В противоположном случае – нет.

У каждого рецензируемого журнала два или более рецензентов, которые рассматривают статьи, отправляют отчёты и рекомендации. Несмотря на то, что это, казалось бы, объективный процесс, решение и оценка статей будут субъективными и меняться в зависимости от дисциплин, регионов, людей. Это, как правило, влияет на процесс публикации и в конечном итоге приводит к тому, что в одном и том же журнале публикуются статьи очень разного качества.

Давайте посмотрим на процесс рецензирования статей. С точки зрения редактора, как только я получаю статью, у меня есть два варианта: читаю статью или немедленно передаю её рецензентам. Это зависит от политики журнала, но также и от моего личного выбора и, в конечном счёте, от количества материалов в месяц, которые я получаю.

Отправка статьи на внешнее рецензирование несёт определённые издержки в виде того, что рецензент получает одну статью и не может за это же время просмотреть другую. Редактору придётся тратить время и ресурсы на поиск дополнительных рецензентов при получении несколько статей на определённую тематику. Кроме того, если рецензент получает некачественную статью от журнала, у него может сложиться плохое впечатление об этом журнале. Поэтому главный редактор тратит время на просмотр статей и отклоняет те, качество которых ниже заданного стандарта, чтобы не увеличивать количество рецензентов на данном этапе.

С точки зрения автора, я вижу три идеальных типа рецензентов: приятно иметь дело, раздражает и те, кого редактор не знает. Из этих трёх категорий есть те, кто пишет отзыв быстро, и те, кто пишет медленно. Преимущества и недостатки каждого из рецензентов проиллюстрированы в приведённой ниже матрице.

	Быстро	Медленно
Приятно иметь дело	Конструктивная критика, иногда резкая, но полна хороших идей, отправлена в срок (мой идеальный рецензент)	Конструктивная критика, но надо ждать (мой второй лучший рецензент)
Раздражает	Деструктивная рецензия, часто конкурирующая со статьёй или идеями – например, «я знаю это лучше, почему вы исследуете это?» (избегать рецензента)	Столь же деструктивные, но придётся ждать месяцы, прежде чем получить их (избегать рецензента ещё больше)
Незнакомый рецензент	Случиться может все, что угодно, но ответ приходит быстро	Случиться может все, что угодно, но надо подождать

Как автор, вы хотите, чтобы все рецензенты были вежливыми и быстрыми. Как увеличить ваши шансы получить идеального рецензента или, по крайней мере, того, кто будет конструктивно критиковать?

Отправить в правильный журнал: если журнал освещает тему вашей статьи, более вероятно, что у главного редактора есть личная сеть рецензентов, которые лучше знакомы с вашей темой и лично знают ряд людей, которые могли бы рецензировать вашу статью.

1. Заинтересуйте журнал: если редактору нравится тема вашей статьи, он будет заинтересован в том, чтобы передать ее более приятным рецензентам. Иногда они

могут даже предупредить их: «Я заинтересован в этой статье, пожалуйста, не разносите ее слишком сильно».
2. Познакомьтесь с главным редактором, если это возможно. В идеале с ним можно познакомиться на конференции и провести некоторое время вместе, но это не всегда так. Однако даже короткое электронное письмо, с предупреждением, может подготовить редактора и вызвать некоторую симпатию к вашей статье.

Вы можете относительно легко выполнить эти три условия, но они выполняются почти автоматически, когда вы отправляете абстракт, который затем принимается для специального выпуска (см. раздел ниже о специальных выпусках). В этом случае приглашённые редакторы заявят о своём интересе к вашей теме. Они также будут заинтересованы в публикации статьи, потому что статья будет одной из тех, которые необходимы для заполнения специального выпуска. В результате они могут сами просмотреть вашу статью с симпатией или отдать её кому-нибудь, предупредив их: «Это для специального выпуска, пожалуйста, не будьте слишком усердны, иначе специального выпуска просто не будет».

В зависимости от степени, в которой вы соответствуете вышеуказанным условиям, качества вашей статьи и мнения рецензентов, вы можете получить широкий спектр результатов.

Как рецензент, вы можете предложить следующие варианты для статьи.

Приём статьи. Это означает, что рецензент полностью удовлетворён вашей работой. Я вряд ли когда-либо видел или испытывал безоговорочное согласие, но это может случиться. Однако это трудное решение, и оно разоблачит вас. Если кто-то обнаружит недостаток в статье, то вас косвенно обвинят в том, что вы не проверили статью должным образом или что-то пропустили. Вот почему рецензия, предполагающая безоговорочный приём статьи, обычно исходит либо от очень авторитетного учёного, который достаточно уверен, чтобы сказать «это хорошо», либо от кого-то, кому на самом деле наплевать на статью. Любой другой, желающий остается на безопасной стороне, предложит хотя бы незначительные изменения.

Требуются незначительные изменения. Рецензент в основном удовлетворён статьёй, но указывает на некоторые незначительные моменты, необходимые для её улучшения. Незначительные изменения могут заключаться в нескольких опечатках, а также в переписывании некоторых мелких деталей. Согласованного стандарта не существует, и незначительные изменения могут даже означать изменение целого раздела. Тем не менее, это чёткий сигнал о том, что публикация рекомендуется.

Требуются серьёзные изменения. При этом, рецензент вступает на скользкую дорожку. Это означает, что статья не подлежит публикации в том виде, в каком она есть. Это более мягкий способ, чем открытый отказ, сообщить, что статья не готова, но необходима существенная работа. Это также может быть способом сказать: «Статья уже приличная, но я хочу, чтобы мои рекомендации были приняты во внимание серьёзно». Однажды я получил два отзыва с предложением внести «серьёзные» изменения и письмо с отказом. Моя интерпретация заключается в том, что в журнале был высокий оборот статей, и, следовательно, уже большое количество работ было принято с незначительными изменениями. В результате редактор посчитал, что доведение моей статьи до публикации не стоит затраченных усилий. Или мы просто не понравились редактору. Это тоже случается.

При получении запроса на внесение серьёзных изменений ошибкой будет повторная отправка статьи сразу через две недели. Комментарии, особенно если они существенные, необходимо «переварить», прежде чем трансформировать в поправки. Как редактор, я с подозрением смотрю на статьи, которые немедленно отправляются повторно. Как можно внести серьезные изменения, требующие времени и размышлений, за такое короткое время?

Когда редактор получает статью, отправленную повторно после того, как автора попросили внести поправки, он проверит насколько устранены основные замечания. Не будет лишним потратить время и написать письмо с пояснением какие замечания устранены, а какие нет и с обоснованием почему. Это покажет серьёзное отношение ко мнению журнала. Кроме того, можно выделить изменения в тексте новой статьи. В любом случае помощь читателю – это общее правило и всегда хорошая идея.

Отказ и повторная отправка или пересмотр и повторная отправка. Получение отказа не отличается сильно от получения запроса на внесение серьёзных изменений, по крайней мере, для меня, даже если это звучит намного хуже. Скорее всего рецензент посчитал, что потребуется много времени и усилий, и ни в коем случае авторам не следует рассматривать возможность повторной отправки статьи, не просмотрев её несколько раз и не внеся значительное количество изменений и дополнений.

Окончательный отказ. Однажды я получил отзыв на статью, отправленную в мой журнал: «Эта статья не должна публиковаться в текущей или какой-либо другой форме». Я нахожу такое отношение высокомерным. Как вы можете предвидеть, до какой степени автор сможет вырасти интеллектуально и заявить, что он никогда не сможет внести поправки в статью? Для меня работа измеряется временем, а не качеством. Мой вопрос таков: «Сколько еще дней, месяцев или лет работы потребуется, чтобы сделать данную статью пригодной для публикации?». Если ответ будет шесть месяцев или больше, то я отклоняю статью. Некоторые статьи просто рождаются очень рано, нуждаются в дальнейшем обосновании, в то время как некоторые другие нуждаются в дальнейшем чтении. В некоторых более экстремальных случаях авторам может потребоваться полное повторное обучение или дальнейшее развитие некоторых навыков. Статья с ужасным методологическим подходом может означать, что авторам потребуется несколько месяцев или лет дальнейшей методологической подготовки. Поэтому я отклоняю статью, чтобы дать им время пройти это обучение, но без претензий на то, что они никогда не достигнут уровня, допускающего публикацию.

Однажды я пригласил американского коллегу написать статью для специального выпуска журнала, который я редактировал совместно с другом. Он ответил с некоторым смущением и испугом, что, по его мнению, у него в приоритете стандартные выпуски, потому что, согласно известным ему критериям аттестации, статья в специальном выпуске имеет меньшее значение для работы в штате университета, чем статья в стандартном выпуске. Другими словами, по крайней мере теоретически, для него было бы лучше публиковаться в том же журнале (который был очень хорошим), но без меня в качестве приглашённого редактора.

Я был потрясен. Для меня это имело мало стратегического смысла. Учитывая позицию журнала, этот специальный выпуск был бы прочитан любым человеком, проявляющим интерес к исследуемому региону, и тогда он считался бы экспертом по любой предложенной им теме. Другими словами, он был бы частью элитной команды учёных, работающих над данной темой и регионом с самых разных точек зрения. У него также была бы возможность работать бок о бок с людьми со схожими интересами, расширяя свои контакты и, в конечном счёте, расширяя сферу своего сотрудничества.

Это не значит, что я ему не сочувствую. Я понимал, под каким давлением он находился в должности профессора. Он приложил все усилия, чтобы получить эту должность, после чего он, вероятно, стал бы свободнее публиковаться там, где хотел. Но его логика была очень краткосрочной, как это часто бывает в жизни, он видел только немедленный результат своих действий, но не понимал долгосрочных последствий. Публикация с нами, вероятно, принесла бы ему гораздо больше преимуществ, открыв многочисленные двери, ведущие к большему количеству публикаций, и определённо обеспечив ему большую известность. Я следую той же логике, когда меня просят написать главу в книге, что не приносит мне практически никаких формальных преимуществ. Я основываю своё решение на том, вижу ли я возможные альтернативные выгоды, которые глава в книге принесёт мне в среднесрочной или долгосрочной перспективе (см. раздел о том, зачем писать главу книги).

Вышеупомянутого различия не существует, по крайней мере в настоящее время, в большинстве систем, где мало кто потрудится проверить, является ли статья частью специального выпуска или нет. Но я должен признать, что понимаю логику. Публикация в специальном выпуске якобы проще при условии, что приглашённые редакторы являются довольно приличными менеджерами. В противном случае это превращается в кошмар.

Специальный или гостевой выпуск журнала – это выпуск или сдвоенный выпуск с одним или несколькими приглашёнными редакторами по определённой теме, согласованной между редакторами и редакционной коллегией журнала. Это может быть дополнение к обычному количеству выпусков, публикуемых в год, или это может быть просто в рамках этого, но под руководством людей за исключением самого редактора(-ов). В зависимости от политики журнала, приглашённому редактору (-ам) может быть передано одно или несколько заданий, начиная со сбора статей и заканчивая полным процессом рецензирования и редактирования. Единого стандарта нет. Редакторы все же свободны выбирать авторов, оценивать качество статей и работают над набором определённого количества статьёй для публикации, включая редакционную статью (см. раздел «Зачем редактировать специальный выпуск»). Вполне вероятно, что любой редактор захочет ознакомиться с материалами, и чтобы последнее слово было за ним. Однако, если редактор не помешан на контроле, их роль будет ограничиваться этим и общей перепиской с приглашёнными редакторами.

С точки зрения автора, подача заявки в специальный выпуск журнала имеет по крайней мере два преимущества:

меньший риск отклонения и более строгий контроль на протяжении всего процесса подачи.

Меньше шансов в получении отказа. Журнал, существующий в течение многих лет, можно рассматривать как постоянно продолжающийся процесс, когда статьи регулярно поступают и в какой-то момент публикуются. Напротив, специальный выпуск – это проект с началом и концом. В специальный выпуск нельзя включать статьи, отправленные ранее и отправленные позже.

Редактору журнала с большим оборотом статей может быть все равно, если статья отправлена поздно или низкого качества, если только нет зазора в предстоящем номере. Если журнал уже признанный, у него будет регулярный поток заявок с X статей в месяц, и каждый номер заполняется заблаговременно. Одни авторы опаздывают со повторной отправкой и, следовательно, статью перенесут на более поздний выпуск, другие авторы будут быстрее и смогут заполнить любые выпуски с недостаточным количеством статей.

Специальный выпуск – это совсем другая история, и она сопряжена с более высоким риском. Специальный выпуск выходит за рамки обычных каналов, используемых журналом, и привлекает скорее всего отдельный пул авторов, которым нравится конкретный журнал благодаря тематике или возможности работать с приглашёнными редакторами. Приглашённым редакторам приходится сталкиваться со стратегическим выбором при заполнении специального выпуска: слишком много или просто достаточно.

Публикация объявления о приёме абстрактов даёт нам представление о том, насколько велик интерес к предлагаемому специальному выпуску, но как только абстракты будут получены, необходимо принять решение об их приёме или отказе публикации. Сколько статей принимаются, скажем, для специального выпуска, содержащего восемь статей? Хороший абстракт не всегда приводит к хорошей статье, и авторы могут опоздать или не успеть подготовить статью хорошего качества, поэтому с точки зрения управления рисками принятие только восьми абстрактов является риском. Один автор опаздывает, другой отправляет плохую статью, и специальный выпуск превращается в ад. Другой способ принять двадцать абстрактов. Это даст уверенность, что по крайней мере восемь из них будут опубликованы. Но что, если пятнадцать из них представят хорошую статью и в срок? Как быть с семью статьями? Можно договориться с журналом о включении одной дополнительной статьи в специальный выпуск, но придётся отклонить пять-шесть авторов просто из-за нехватки места и это определённо не улучшит репутацию или профессиональное отношение с авторами, получившими отказ.

Сколько абстрактов принять и, следовательно, сколько статей запросить – это личный выбор. Только вы знаете перспективных авторов, сколько из них, вероятно, выполнят качественную работу и что делать с работами, не вошедшими в выпуск. При любом подходе реальность такова, что по сравнению со стандартным выпуском, управляемым стандартным главным редактором, у приглашенного редактора больше времени, возможностей и статей. В результате каждый из абстрактов и итоговых статей может оказаться жизненно важным для вашего специального выпуска, и ставки отклонения статьи могут быть высокими. Вы отклоняете слишком много статей или принимаете в журнал слишком мало, и ваш специальный выпуск должен быть отменен.

Более строгий контроль. В отличие от отправки в стандартный выпуск, когда автор загружает статью в систему, при отправке в специальный выпуск журнала существует своего рода процесс предварительного отбора. Возможным авторам будет предложено отправить абстракт, который, в случае его отбора, должен стать статьей. Это требует дополнительной работы на этапе подготовки (нет необходимости отправлять абстракт для обычного выпуска), и нет никакой гарантии, что абстракт будет выбран. Однако, как только абстракт выбран, вы уже в игре. Принятие вашего абстракта означает, что редакторы заинтересованы в вашей теме и полностью рассмотрят вашу статью. Для приглашенного редактора специального выпуска стоимость отклонения статьи (абстракт которой был принят) выше, чем для редактора журнала. Слишком много отклоненных статей означает, что специальный выпуск может не увидеть свет. Таким образом, ваша потеря станет и их потерей, настолько большой, что они могут попытаться помочь вам, насколько это возможно, опубликовать вашу статью. Я даже помню случай, когда я представил статью, которую оба рецензента предложили отклонить, но редакторы все равно были готовы дать мне шанс. В конце концов я вышел из игры, но это свидетельствовало о том, как был организован процесс. Действительно, сколько стандартных журналов уделили бы такое внимание отклоненной статье?

Пример: генезис журнальной публикации (из блога Scopus diaries)

Подготовка статьи для специального выпуска может стать способом ускорить её публикацию...или боль в шее. Какой была бы ваша стратегия и отношение?

Вышла ещё одна статья; хороший импакт-фактор и уважаемый журнал. Это можно рассматривать как стандартное достижение учёного в середине карьеры. Нам платят за то, чтобы мы производили знания и подтверждали их, отправляя в академические журналы, которые считаются качественными, и где люди (в основном ученые, если таковые имеются) предположительно прочитают их и воспользуются нашей работой.

Но это повод, чтобы отпраздновать публикации статьи в хорошем журнале. Это о том, какой путь проходят статьи и о том, как мы смогли опубликовать их.

Первоначально я получил приглашение от коллеги и друга принять участие в специальном выпуске журнала по изучению региона.

Честно говоря, я перестал рассматривать именно этот журнал в качестве потенциальной возможности публикации статьи после смены состава редакционной коллегии и переименования журнала к удивлению и шоку некоторых его основателей.

Я познакомился с новым редактором на конференции, и он показался мне дружелюбным и открытым. Как только он стал редактором, я подал заявку на специальный выпуск, которая была принята. Вскоре после этого специальный выпуск был отозван, потому что редактор фактически отклонил каждую статью, представленную нашими авторами, без каких-либо шансов на апелляцию.

Я не был в восторге от идеи снова иметь дело с этим журналом, но я решил, что готов рискнуть ради работы с моим коллегой, который в конечном итоге мог бы выступить в качестве посредника, между нами.

Не имея много времени для написания (когда у учёных есть достаточно времени для написания?), я привлёк двух своих надёжных коллег (которые, вероятно, знают об этой теме гораздо больше меня), и мы отправили в журнал сначала абстракт, а затем и полную статью.

Через несколько месяцев мы получили ответы от рецензентов. Они были в некотором роде нейтральны: указали на некоторые основные проблемы в статье, но ни один из рецензентов не предложил отклонить её. Тем не менее, статья была отклонена. Я получил личное электронное письмо от главного редактора, в котором говорилось, что в случае, если рецензенты не определились, редактор имеет право принять решение, и он решил отклонить нашу статью.

Я был расстроен, но не удивлён. Учитывая мой прошлый опыт работы с редактором, я принял во внимание, что это может произойти. В конце концов, мы скорректировали статью с учётом замечаний рецензентов, и она была опубликована в другом журнале. Я уже писал для них рецензию, и мне понравилось управление журналом. Вкратце, я отправил статью, получил отзывы, несколько раз переработал статью со своими коллегами, и она была принята.

Быстрая обработка, конструктивная критика и редакторы, с которыми приятно иметь дело. Безболезненный процесс, который я бы рекомендовал всем, в отличие от предыдущего.

Однако эта история не для того, чтобы жаловаться на журнал или человека. Такой подход распространён в академических кругах. Я решил написать об этом, потому что этот опыт чрезвычайно ценен как пример, из которого можно вынести два положения.

Первое: специальные выпуски

Обычно это способы быстрой и безболезненной публикации, но есть и исключения. Один из них, это когда приглашённые редакторы не являются хорошими менеджерами и завалят вас микро задачами, запоздалыми ответами и воплотят в реальность все худшие кошмары.

Другое дело, когда главный редактор контролирует все. Специальный выпуск с приглашённым редактором основывается на доверии и понимании. Понимании, что ваше мнение может не совпадать с другими, и вы как главный редактор можете разбираться в определённых вопросах меньше, чем приглашённые редакторы или авторы работ. Поверьте, приглашённые редакторы обеспечат стандарт качества, приемлемый для вашего журнала. А иначе зачем отдавать другому специальный выпуск? Выделим две противоположные позиции главного редактора, исходя из этих предпосылок:

1. Я даю вам специальный выпуск, но не беспокойте меня ни о чем. Мне нужен окончательный и доработанный продукт, который я смогу отправить в производство после быстрого просмотра.
2. Я хочу получить полный контроль над специальным выпуском, лично проверю каждый ваш шаг и удостоверюсь, что он соответствует моим стандартам.

Ни то, ни другое положение не является здоровым, но это идеальные типы. На самом деле большинство, если не сказать все, главные редакторы будут находиться между этими двумя позициями при работе со специальным выпуском. Выберите свой любимый вариант, но имейте в виду, что с вами может произойти любая из вышеперечисленных ситуаций.

Второе: власть главного редактора

Даже если процесс рецензирования был задуман для обеспечения качества публикуемых статей, и даже если существование редакционных советов гарантирует некоторые демократические стандарты в журнале и уменьшает полномочия главного редактора, реальность такова: редакторы обладают огромной властью и свободой действий, когда дело доходит до выбора принять или отклонить статью.

Они могут отклонить статью, которую рецензенты не предлагали отклонять (ну, не напрямую), или сохранить статью, которую рецензенты предложили отклонить. Они могут, прежде всего, выбрать рецензентов и решить, передать ли статью тому, кто ее уничтожит, или тому, кто воспользуется лёгким касанием.

Это несправедливо? Что ж, жизнь несправедлива, и я не думаю, что мы можем это изменить. Всегда найдутся главные редакторы, которым Вы понравитесь и которые будут готовы внимательно следить за тем, что вы пишете, и другие, которые будут уделять приоритетное внимание другим людям.

Выберите своих любимых главных редакторов, подружитесь с ними и создавайте альянсы и сети, основанные на том, кто вам нравится или с кем приятно работать. Я не верю, что говорю что-то новое, но это мой совет на сегодня.

Прохождение рецензирования или других барьеров дает символическую власть (вы достаточно хороши, чтобы публиковаться в данном журнале), но, тем не менее, люди должны узнать, что Вы сделали. Академический эквивалент сарафанного радио – это гостевая лекция. Как получить приглашение? Можно просто пригласить самого себя.

В моих снах гостевая лекция случается, когда во время работы над моей книгой в моей студии кто-то звонит мне по моей секретной линии, той, которой пользуются Бэтмен и другие супергерои, чтобы спросить, могу ли я приехать и выступить с докладом в их университете. Но в действительности это не так, по крайней мере для меня. Пригласили меня не по секретной линии, а достаточно прозаично по электронной почте. Я мог бы просто встретиться с кем-нибудь на конференции и упомянуть, что в ближайшие месяцы поеду в определённое место. Затем мне говорят: «Почему бы Вам не прочитать лекцию на моём факультете?», – и сделка заключена.

Гостевая лекция может проходить в любом университете или учреждении. Конечно, каждый мечтает о гостевой лекции в Гарварде или Йеле, но гостевая лекция в любом другом университете – это способ познакомиться с людьми и заставить их прочитать ваши вещи, которые они не стали бы читать иначе. В этом отношении подумайте даже о проведении семинаров в вашем собственном университете, куда могли бы прийти люди с других факультетов или других учреждений из того же города и познакомиться с вашей работой и с вами.

Количество людей, которые самостоятельно решат прочитать вашу работу, в принципе невелико, но сделайте хорошую презентацию, и люди начнут думать, что вы достойны внимания. В академических кругах трудно поразить тысячи читателей. Мы скорее полагаемся на небольшие круги людей, которым нравится наша работа. Гостевая лекция – это шанс заставить людей ассоциировать вашу работу с вашим лицом и вашей индивидуальностью и в конечном итоге получить немного больше известности. Это также шанс получить обратную связь от других людей, что может даже привести к новому сотрудничеству или приглашениям. Путь в Гарвард ещё долог, но нам всем нужно с чего-то начинать.

Звучит очевидно, но над этим стоит поразмыслить. Конференции или семинары – это отличная возможность сделать вашу работу заметной. Однако это не происходит волшебным образом, по крайней мере, не в начале карьеры. Давайте начнём с наихудшей из возможных стратегий:

отправьте абстракт на случайную конференцию. В лучшем случае, вас включат в панель с кем-то чрезвычайно известным, и вы будете выступать в комнате, полной людей, или даже сможете пообщаться со своими более авторитетными коллегами. Если вы хорошо используете свои шансы, вы можете даже заинтересовать их, заинтересовать публику или и то, и другое. Но каковы шансы на то, что это произойдёт? Более вероятно, что Вы будете участвовать в последний день, когда большинство людей уже уезжают или уехали.

Конференции предназначены для нетворкинга, но нетворкинг очень важен перед конференцией. Возможно, вы захотите попробовать попасть в группу с людьми, которые более продвинуты в своей академической карьере, чем вы. На самом деле это проще чем может показаться. Звезде, чтобы стать и оставаться звездой, нужна поддержка. Им нужна административная работа и маркетинг – две вещи, в которые не все готовы инвестировать. Если вы – младший научный сотрудник, предложите сделать за них большую часть грязной работы и предложите несколько честных и достойных вариантов, велика вероятность, что они согласятся работать с вами. Несколько лет назад я хотел, чтобы презентацию моей книги на крупной конференции посетило максимальное количество людей. Я написал коллеге, который является звездой в этой области, и спросил его, не будет ли он заинтересован в проведении совместной презентации книги. Он просто должен был прийти и рассказать о своей книге в рамках нашей сессии. Он согласился и сэкономил часы административной работы, которую я взял на себя. Но я привлёк большую часть публики, которая пришла за его книгой, а также послушала мою презентацию.

В начале карьеры, возможно, вам захочется взять большую часть административной нагрузки, связанной со статьями, книгами, панелями конференций, на себя. Как только вы становитесь более уверенным, вы теряете часть мотивации, энергии, времени, и вам нужны люди, которые могут сделать это за вас или вместе с вами. Сначала вы ищете соредакторов и соорганизаторов, которые могут взять на себя часть более рутины работы или, по крайней мере, могут разделить с вами задачи. Представьте вы захотели выйти вечером на пробежку или поездить на велосипеде. Ноги ваши, тело ваше, но, если у вас есть кто-то, кто взаимодействует с вами, вы в конечном итоге получаете больше мотивации. Принцип тот же при редактировании. Вам все равно придётся использовать свою голову, чтобы сделать это, но, по крайней мере, вы можете поделиться с кем-то шуткой, комментарием или переживаниями.

Когда я работал над изданием первой книги, я сам выполнял большую часть административной работы. Теперь я ищу соредакторов, которые могли бы помочь мне в этом. Я просто недостаточно мотивирован или у меня недостаточно времени, чтобы выполнить все задачи самостоятельно. То же самое происходит, когда я организую панель для конференции. У меня будет 1-2 человека на примете, но я буду рад, если кто-то, чьи исследовательские интересы соответствуют логике панели предложит абстракт и будет готов участвовать в панели. Когда я был председателем секции на нескольких крупных конференциях и отвечал за заполнение 10-12 панелей примерно 60 презентациями, я был рад, когда некоторые из моих коллег пришли ко мне и попросили представить целую панель. Это потребовало от меня меньше работы и гарантировало бы, что панель в моем разделе была последовательной и достойного качества.

Если у вас есть кто-то на примете, с кем вы хотите встретиться, то вы можете посмотреть их в программе и перейти на их презентацию. Но вы также можете предвидеть события и написать им. Скорее всего, они захотят принять участие, но у них не было времени подготовить панель или просто подумать о докладе. Знание того, что кто-то непосредственно заинтересован в их работе, может стать для них дополнительной мотивацией. И в конце концов будете пить чай или пиво с кем-то, с кем всегда хотели встретиться, но никогда не имели возможности. Я был удивлён тем, как много людей, которых я не ожидал встретить (и чьё существование я игнорировал), стали хорошими коллегами или даже друзьями просто потому, что я встретил их на конференции, и мы понравились друг другу. В конце концов, если вы кому-то нравитесь как личность, то более вероятно, что они заинтересуются вашей работой, будут ссылаться на вас, предлагать сотрудничество в будущем. Вот почему для меня конференции – это не просто повод представить свою работу, а шанс познакомиться с людьми.

Я должен признаться, что я достиг очень высокого уровня нетерпимости к презентациям PowerPoint. Они могут быть чрезвычайно полезны, особенно если у вас есть наглядный материал для показа. Но подавляющее большинство из них, похоже, чрезмерно полагаются на это. PowerPoint – это аудиовизуальный инструмент, который помогает сделать вашу презентацию лучше, приводя все в порядок. Это не волшебная палочка, которая превращает скучную презентацию в интересную. Среди наиболее распространённых ошибок, на мой взгляд, это попытки поместить сотни слов на слайд, использование длинных цитат и, особенно, использование презентаций PowerPoint в качестве личных заметок, которые вы должны иметь перед собой, чтобы помочь структурировать презентацию. Чем больше этого включено в PowerPoint, тем больше докладчик просто читает со слайдов и тем меньше я понимаю, почему докладчик здесь для того, чтобы говорить. Такое отношение, доведённое до предела, могло бы просто способствовать организации сессии, на которой публика зачитывает каждое из них в тишине, а затем публично обсуждает.

Во многих отношениях использование PowerPoint – это идеальное оправдание для того, чтобы не работать над своими презентационными и коммуникативными навыками, позволяя компьютеру говорить за вас. Напротив, когда я выступаю, мне нравится часто напоминать аудитории о том, что до PowerPoint была жизнь. Это, конечно, провокация, потому что некоторые презентации становятся намного лучше с PowerPoint, но это делается для того, чтобы бросить вызов «моральному давлению» иметь презентацию PowerPoint при выступлении. Вам это нужно только в том случае, если это придаёт ценность тому, что вы хотите сказать, если это помогает людям лучше понять ваши аргументы. PowerPoint – это не замена, а дополнение. Если вам нужна схема для себя, то нарисуйте ее на листе бумаги и следуйте ей. Если вы будете читать непосредственно из презентации PowerPoint, велика вероятность того, что вы быстро потеряете внимание аудитории.

В идеале PowerPoint – это способ заставить людей визуализировать то, о чем вы говорите, но основное внимание все равно должно быть приковано к вам. Это также даст вам возможность поработать над вашими навыками презентации, тоном вашего голоса, языком вашего тела, скоростью, с которой вы говорите, и объёмом информации, которую вы хотите донести.

Я видел, как люди читали свою презентацию из своей статьи. Я думаю, что это одна из худших вещей, которые вы могли бы сделать. Скорее всего вы не сможете уложиться в отведённое вам время. Пока вы заняты чтением, ваш голос будет скучно ровным. Нет никакой гарантии, что вы сможете уделить необходимое количество времени тем моментам, которые вы хотели подчеркнуть. Я понимаю, что это может быть способом провести презентацию на языке, который вы не очень хорошо знаете, но вы могли бы также указать некоторые ключевые моменты со словами, которые вы хотите использовать. В конце концов, упрощение может быть лучшим решением.

Много раз, с коллегами или друзьями, мы были удивлены тем, как люди заполняют слайды PowerPoint множеством слов и пытаются вписаться как можно больше. Я считаю, что качество слайда зависит не от количества информации, которую вы вводите, а от того, насколько легко её понять. Иногда меньше значит больше, несколько слов лучше, чем переполненный слайд. В следующий раз, когда вы отправитесь на конференцию, попробуйте провести презентацию без PowerPoint, а затем подумайте, что вы действительно пропустили во время презентации. Это то, что затем должно войти в вашу презентацию PowerPoint.

Несколько лет назад я был принят в «Шотландский крусибл» (Scottish Crucible), программу подготовки перспективных молодых ученых, базирующуюся в Шотландии, которой я до сих пор благодарен. Тренинги и люди, работающие там, помогли мне развить гораздо более широкий взгляд на науку и её функции. Именно тогда я узнал о возможностях пересечения и взаимодействия между учеными без дисциплинарных границ.

В ходе одной сессии нам было предложено поделиться нашими знаниями за пределами наших академических кругов. Кто-то сказал: «Вы – специалисты. Если вы не объясняете обществу, что происходит, то кто это делает?». Это заставило меня о многом задуматься. Действительно, когда происходит что-то важное, журналисты ищут специалистов, чтобы объяснить общественности, что происходит. Когда им этого не хватает, но все же требуется осветить заданную тему, им придётся прочитать и обработать информацию, не обязательно знакомую им, за очень короткое время. Наличие специалиста в вашем распоряжении во многих случаях очень помогает.

Я вижу, по крайней мере, три причины участвовать в мероприятиях по распространению информации среди общественности, то есть объяснять ваши исследования или темы вашей компетенции более широкой общественности и на нетехническом языке.

1. В нашей работе стандарты довольно многословны. Научные статьи часто состоят из 5 000 – 10 000 слов. Они должны основываться на логических рассуждениях, веских доказательствах и относительно стандартизированной последовательности. Написание 700-1000 слов без каких-либо обязательств подкреплять каждое утверждение, просто сказав: «Я думаю, что …», может дать вам другой взгляд на вашу работу. Вы

можете использовать более расслабленный язык и рассуждения, которые не всегда приветствовались бы в научных статьях. Если вы являетесь экспертом в какой-то области, я думаю, у вас есть своего рода моральное обязательство делиться своими знаниями с окружающими вас людьми и, в целом, с обществом. Если принято плохое решение, и у вас были знания, чтобы сообщить об этом решении, но вы этого не сделали, можно считать, что вы внесли свой вклад (пассивно и отрицательно) в это плохое решение. Возможно, нет прямой корреляции между статьёй, которую вы могли бы опубликовать, и этим решением. Тем не менее, если ученые, которые годами учатся, чтобы достичь уровня знаний значительно выше среднего, и в которые общество и государство инвестирует, не высказываются, то кто ещё может это сделать?

2. Участие в общественной жизни – это прекрасная возможность стать заметным не только для широкой общественности, но и для самого научного сообщества. У немногих людей будет время прочитать ваши длинные и технические статьи, но определённо у многих других есть время прочитать 500-600 слов в газете, журнале, блоге или послушать ваше интервью по радио или телевидению. Способность обобщить свою работу в нескольких словах позволит вам охватить гораздо большую аудиторию. Если сообщение в блоге основано на вашей академической статье и передаёт то же самое сообщение, тогда люди могут даже утверждать, что они прочитали вашу статью и ссылаются на вас, и это лучше, чем люди, которые вас вообще не читают или утверждают, что читали вас, но понятия не имеют о том, что вы делаете. У меня всегда было впечатление, что мои короткие статьи читают гораздо больше, чем мои академические статьи. Однажды коллеги связались со мной с просьбой написать статью для них, после того как они прочитали мою короткую статью, что редко случалось, если

вообще случалось, после того как я опубликовал стандартную академическую статью.

Если кому-то понравится ваша короткая статья, он также решит прочитать более длинную, написанную вами. В конце концов, люди тратят много времени, официально посвящённое работе, стремясь отвлечься от ежедневной рутины, и чтение очень короткой статьи может быть именно таким. Это будет не так привлекательно, как футбол или сплетни, но это определенно интереснее, чем академическая статья.

Если вас все ещё не убеждает «почему вы должны», я мог бы попытаться убедить вас с помощью «почему вы должны». Открытая публикация в настоящее время является требованием многих доноров. Условие открытой публикации предусматривается в заявке на грант, а затем, если проект финансируется, включено в контракт. Донорам все чаще приходится показывать налогоплательщикам, что их деньги потрачены не зря, и это должно быть сделано путём перевода результатов на простой язык. Кроме того, открытая публикация преследует ещё одну важную цель – рассказать людям о важности науки в их повседневной жизни.

Другими словами, если вы планируете карьеру в науке, у вас есть небольшой шанс избежать этого. Вы можете решить, будет ли участие в общественной жизни основным компонентом вашей карьерной стратегии или чем-то, что вы будете делать эпизодически и, возможно, против своей воли. Но вполне вероятно, что в какой-то момент вам придётся это сделать. Кроме того, обнародовать свои исследования – значит оставить ненадолго башню из слоновой кости, в которой живут ученые. Есть несколько превосходных книг, которые, основываясь на солидных научных открытиях, представляют исследования в доступной форме и дают увлекательные описания явлений, которые не всегда легко понять. В конце концов, некоторые ученые становятся гораздо более успешными в своей деятельности по распространению информации среди общественности, чем в научной. Я знаю несколько случаев, когда человек, получивший работу в отделе, был не тем, у кого были лучшие академические показатели, а тем, у кого были лучшие возможности для распространения информации среди общественности.

Почему? Думайте коммерчески. Ученый, который часто появляется в средствах массовой информации, делает ваш университет более заметным. Когда ученикам нужно решить, в какой университет поступать, это может стать решающим фактором. Как и во многих других случаях, есть перспективные студенты, у которых есть чёткое представление о том, чем они хотят заниматься и куда они хотят пойти. Но есть значительное количество выпускников школ, которые просто не определились, и поэтому их относительно легко убедить. Наличие кого-то знаменитого на вашем факультете или в школе, безусловно, является фактором, который может помочь привлечь больше студентов. Больше студентов означает больше финансирования, по крайней мере, в странах, где финансирование государственных университетов зависит от того, сколько студентов поступает в данный год. Поэтому медиа-катализатор (медийный человек) может быть очень желанным коллегой во многих отделах. Верно, что у вас не может быть отдела по работе со СМИ, в котором никто не занимается настоящими исследованиями. Однако хорошая команда может состоять из людей с разными специализациями, и, если один из них является медийным лицом (который часто появляется в медиа), это может считаться преимуществом. Помимо всех реалити-шоу, которыми нас засыпают, средства массовой информации иногда ищут людей, которые могут авторитетно говорить о том или ином явлении. Университетский профессор определённо подпадает под эту категорию. У них есть знания, положение и авторитет, чтобы говорить что-то. В конце концов, когда вас покажут по телевизору, мало кого будет волновать, есть ли у вас книга в издательстве Гарвардского университета или нет. Вас представят как автора ряда книг и статей на эту тему и, следовательно, как умного человека и специалиста в этой области. В конце концов, с 2-минутным появлением вы можете стать более заметным, чем с любыми другими статьями, которые вы написали.

Как только вас узнают журналисты и ведущие, и вы начнёте появляться на телевидении, относительно легко оставаться в курсе событий и регулярно получать приглашения. Но как войти в медийную среду? Нужно, чтобы Вас заметили. Это можно сделать, написав что-то, что увидят журналисты или ведущие, поскольку они вряд ли будут читать ваши академические статьи (если только они не научные журналисты). Вам, вероятно, нужно пойти их путём и публиковаться в журналах и газетах. В некоторых случаях кто-то может познакомить вас с нужным человеком. Когда я работал в Германии, коллега не смог присутствовать на ток-шоу, и он назвал моё имя, чтобы заменить его. После того, как я принял участие в программе, меня включили в телевизионную базу экспертов, и они продолжали приглашать меня в течение некоторого времени.

Академическое распространение информации в последнее время сильно изменилось, и социальные сети являются одним из новейших рубежей. Я бы разделил их на два отдельных канала. Одним из них являются академические социальные сети, такие как academia.edu и researchgate.net. Оба веб-сайта имеют функциональность, подобную Facebook, позволяющую вам следить за другими учёными, получать подписку и делиться своими работами: черновиками, статьями, книгами и чем угодно. Другие – более распространённые социальные сети, такие как Facebook или Twitter.

Академические социальные сети могут рассчитывать на меньшую, но более специализированную аудиторию. 80-90% людей, которых вы там найдёте, являются академиками, подражателями академиков или протоакадемиками. Возможно, у вас будет меньше подписчиков или друзей, чем на Facebook, но все они будут, по крайней мере потенциально, заинтересованы в вашей работе. Вы также можете загружать свои работы, резюме и все остальное, что вы, возможно, захотите опубликовать. В конце концов, эти сети функционируют немного как ваша веб-страница, на которую можно загрузить любые работы, которые вы публикуете. Преимущество академических социальных сетей перед веб-страницей (которая публикуется на веб-сайте вашего университета) заключается в том, что за вашим профилем можно следить, и подписчики регулярно получают обновления о вашей работе. Эти веб-сайты также предлагают обзор вашей аналитики и того, сколько людей вас читают, что я нахожу обнадёживающим и отрадным, поскольку у меня часто создаётся впечатление, что мало кто, если вообще кто-либо, читает мои работы.

Но в этой аналитике кроется также извращённый риск получить удовольствие от того, что у нас есть. С одной стороны, полезно знать, что люди читают вас и что их количество – по крайней мере теоретически – больше, чем вы опасались. С другой стороны, публикация для академического мира и гордость за то, что вас читают академики, звучит немного отчуждающе. Academia и ResearchGate – отличные профессиональные веб-сайты для выявления людей со схожими интересами, поиска сотрудничества, поиска кого-то в университете, где вы никого не знаете. Когда я решил сотрудничать с университетом, с которым я никогда раньше не работал, я смог связаться с некоторыми коллегами через эти веб-сайты. Я использую Academia для рекламы своей работы, а также для размещения заявок на доклады, для участников конференций и всего остального, что вам нужно для рекламы. Используя правильные теги, вы, вероятно, охватите очень широкую аудиторию. Её можно использовать в качестве хранилища материалов (например, когда вы пишете в Твиттере о событии, вы можете сослаться на призыв к публикациям, загруженным в academia.edu). Но я бы не стал использовать слово "открытое распространение" для обозначения рекламы, которую вы можете размещать на этих веб-сайтах, поскольку широкая публика почти никогда ими не воспользуется.

Вторая группа веб-сайтов и социальных сетей, которые вы можете использовать – это Facebook и Twitter. У Facebook много применений, и у вас всегда будет соблазн связаться со своими старыми одноклассниками или друзьями детства, которые имеют мало общего с академией. Но благодаря этому и при правильном использовании Facebook может стать отличным перекрёстком между двумя мирами: академическим и реальным. Маловероятно, что ваши друзья прочтут вашу статью из 10 000 слов, но никто не мешает им поздравить вас с тем фактом, что у вас вышла книга, статья, интервью или что-то ещё, что выглядит интригующе. Вы также можете публиковать короткие записи в блоге или мысли и смотреть, как реагирует ваша публика. То же самое можно сделать через Twitter, который по умолчанию позиционирует себя немного больше, как профессиональный инструмент, чем более эклектичный Facebook. Список средств массовой информации, которые вы можете использовать для распространения, длиннее, но принцип таков, что вам нужно использовать разные языки и подходы в зависимости от средств массовой информации. Кроме того, есть возможность перевести ваши находки и профессиональная деятельность в вещи, которые могут быть поняты более широкой аудиторией, что в наши дни все чаще требуется университетам. Не все университеты будут оказывать на вас одинаковое давление, чтобы вы стали медийной личностью, но некоторые уже оказывают. Кроме того, быть звездой социальных сетей в какой-то момент может оказаться очень полезным для вашей карьеры. Друг хотел опубликовать короткую статью о внезапной смерти деспотического главы государства, но не смог найти ни одно средство массовой информации, бы заинтересовалась этим. Затем он написал статью и опубликовал ее в блоге своего института, но широко рекламировал её через Facebook и Twitter. В течение 3 дней он получал просьбы из четырёх уголков мира. Очевидно, существовала потребность в статьях, подобных его, просто он был недостаточно заметен. Ну, пока нет. Сейчас друг часто выступает на телевидении, радио и в газетах на нескольких континентах.

Академические круги (медленно) модернизируются. Я видел трейлеры к книгам и результаты исследований, объяснённые с помощью различных художественных выражений. Лично я, если бы захотел посмотреть трейлер, выбрал бы трейлер фильма. Но я признаю, что синтезировать книгу за 3 минуты – увлекательная идея. Среди множества инновационных идей, которые я видел, я бы выделил «60-секундную лекцию», это напоминает мне упражнение, которое мы выполняли во время моей учёбы. Перед учёным ставится задача за 60 секунд объяснить конкретный аспект своего исследования.

Есть много других способов бросить себе вызов, но 60-секундная лекция имеет несколько преимуществ. Во-первых, в отличие от трейлеров к книгам, которые требуют определённых навыков редактирования, это может быть просто фиксированная камера и человек, говорящий 60 секунд на определённую тему. Во-вторых, она настолько короткая, что ваша аудитория не сможет заскучать. Наконец, это настолько синтетично, что вам действительно нужно тренировать свои навыки, чтобы вместить все за 60 секунд.

Вы должны создать впечатление, моментальный снимок вашей статьи, по которому люди решат, заинтересованы ли они в ней. Речь идёт не о том, чтобы рассказать о каждом отдельном аспекте, а о том, чтобы показать наиболее важные моменты вашей работы, чтобы убедить людей в том, что она стоит их времени и внимания. Вы можете потратить 15 секунд на то, чтобы сказать, что это ваше исследование, это ваша методология и это ваш вывод. В конечном счёте, речь идёт о рекламе ваших исследований.

Я выбрал 60-секундный пример, потому что он во многом связан с нашими навыками презентации. Когда вы любите свой предмет, вы способны говорить часами об этом и можете наивно предположить, что ваша публика также заинтересована в вашей проблеме, как и вы сами. Это не всегда так, и если вы будете делать вещи короткими, у вас будет больше шансов, что люди обратят на них внимание. Затем они могут решить, стоит ли читать больше ваших идей или просто иметь в виду, что они вас знают. Для 60-секундной лекции вам нужна четкая стратегия. Вы не можете позволить себе потерять ни одной секунды. У вас нет времени, но вы не можете пытаться идти и говорить быстро или медленно, вы должны тщательно подбирать слова, решать, что подчеркнуть, чему расставить приоритеты.

Ну, на самом деле, вам нужна стратегия презентации, независимо от продолжительности вашей презентации. В течение одной минуты вам нужно решить, как втиснуть в себя максимальный объем информации, не теряя ясности. В течение часа вам нужен способ удерживать внимание людей на хорошем уровне, звучать энергично на протяжении всей лекции и гарантировать, что люди смогут следовать за вами во многих вещах.

Предопределенной стратегии не существует, потому что все зависит от ваших навыков презентации. Насколько вы способны сохранять концентрацию? Насколько вам нужна структура, чтобы не потеряться во время презентации? Или же вы способны вести свободную беседу, практически не имея перед собой плана? Это также зависит от сложности предоставляемых вами данных. Если ваша презентация полна цифр и фактов, возможно, вам помогут несколько слайдов и больше структуры. В некоторых случаях вы можете захотеть воспроизвести видео, но подумайте, стоит ли показывать 5-минутное видео, если у вас есть только 15 минут на презентацию.

 # Рост: восхождение, расширение, преумножение

Соавторство – это сложно. Я знаю, что некоторые университеты теперь просят вас, в случае соавторства, указать, какие части статьи вы написали или внесли свой вклад. Некоторые другие комитеты попросят ваших соавторов подписать заявление, в котором будет указано, сколько усилий (30%, 50%) они вложили в статью с вами в качестве соавтора, чтобы было ясно, каков был ваш вклад в исследование.

Я также вижу страх в глазах некоторых участников семинара (обычно из гуманитарных дисциплин), когда я предлагаю им написать или выпустить в соавторстве с некоторыми другими коллегами. Похоже, они боятся делиться достоинствами или чистотой своих идей и считают, что единоличное авторство должно быть нормой. С другой стороны, существует множество дисциплин, признающих, что множественное соавторство является реальностью в академических кругах и во многих отношениях хорошо регулируется. Существуют неписаные, но установленные правила для определения порядка авторов и переговоров, чтобы решить, кто и где должен быть включён в данную статью.

Существует несколько возможных подходов к соавторству, но, в целом, соавторство само по себе неплохо. Нет ничего плохого в том, чтобы быть четвёртым или даже девяносто девятым автором, особенно если речь идёт о высоко цитируемой статье. Но если вы всегда являетесь пятым или более автором в публикации, то кто-то в какой-то момент может спросить, почему вы не проводите никаких исследований.

Чтобы подытожить, возьмём определение независимого учёного Европейским исследовательским советом (ERC). Чтобы иметь право на получение гранта ERC, вам необходимо иметь по крайней мере одну работу, написанную не совместно с вашим научным руководителем. Я слышал о некоторых комитетах, сводящих к минимуму заслуги претендентов на статью, если они указаны в качестве четвёртого (или дальнейшего) соавтора статьи. Я бы также не стал отмечать слишком много статей, для которых вы указаны как четвёртый или пятый автор, если вы не можете доказать, что порядок авторов был алфавитным.

У меня есть два принципа, которые я использую, с некоторой гибкостью, для определения порядка авторов статьи. Первое – это лицо, ответственное за публикацию, координирует работу, определяет журнал, берет на себя ведущую роль в работе с комментариями, идут в качестве первого автора. Другой заключается в том, что, даже если я буду включён в качестве второго или более последнего соавтора во многие влиятельные статьи, я все равно должен публиковать по крайней мере раз в год статью, первым автором которой я являюсь. На мой взгляд, первый автор – это тот, кто каким-то образом возглавляет исследовательскую группу и, выступая в качестве первого автора, демонстрирует некоторую инициативу, лидерские качества и способность оставаться активным (или проактивным, поскольку вы объединяете авторов, управляете ими и активно ищете решения проблем, которые возникают в процессе подачи заявки).

Для многих людей, которых я встречал и которые пришли из дисциплин, где вы заявляете о своих заслугах в одиночку, соавторство звучит в лучшем случае экзотично. В какой-то степени я был бы склонен согласиться. Если вы антрополог, который провёл 12 месяцев в полевых условиях, и хотите поделиться своими находками и размышлениями, у вас нет места для второго, не говоря уже о третьем авторе. Но вы могли бы сначала опубликовать статью, основанную на ваших новых данных, а затем попытаться сравнить их с данными других ученых для сравнительной статьи. Когда, как и стоит ли заниматься соавторством, в конечном счёте, зависит от вашего выбора. Но в академическом секторе, где цитирование и h-индексы имеют решающее значение для выживания, соавторство стратегически важно для большинства, если не сказать для всех, из нас.

Как учёному, вам придётся конкурировать с другими учёными из смежных дисциплин. Если многие из них используют преимущества соавторства для улучшения своего профиля, то проблема в вас. Вы можете быть оштрафованы за стипендию, повышение по службе или на ваш отдел может быть оказано давление из-за того, что он не оказал «достаточного влияния», как только влияние измеряется количеством цитирований преподавателей.

Если вы занимаетесь наукой и привыкли к работам с несколькими авторами, возможно, вы уже знаете это, но для социальных и гуманитарных наук это открытый рынок и заслуживает некоторых размышлений. Подумайте о соавторстве ещё с 15 коллегами и его преимуществах. На самом базовом уровне каждый раз, когда один из ваших соавторов цитирует себя, вы получаете цитирование, которое не считается самоцитированием. Напротив, если вы процитируете себя 15 раз, это может выглядеть так, будто вы единственный человек, читающий себя. В некоторых заявках на получение гранта вас просят указать количество привлечённых вами ссылок, но исключить самоцитирование, что может значительно снизить их количество в случае, если вас цитирует мало других людей. Кроме того, чем больше у вас соавторов, тем больше вероятность того, что некоторые из них могут быть более известны, чем вы, и привлекут внимание цитирования и читательской аудитории к статье, написанной вами в соавторстве. Меня иногда допрашивали, поскольку, как мне сказали, в социальных и гуманитарных науках не принято иметь соавторов. Но тогда я до сих пор помню свой шок, когда понял, что на моем факультете (когда я учился на географическом) коллеги из медицинской географии могли очень быстро собрать 10-15 соавторов и привлечь сотни цитирований. И они все равно конкурировали бы с другими (с одним автором, с недостаточной цитируемостью) социологами. Я также помню, как мой друг, работающий в области биологии, жаловался на его низкое количество цитирований. Когда я пошёл проверить, у него было гораздо больше знаний в области социальных наук, чем у большинства людей, которых я знал на том же этапе карьеры.

В то время как в социальных науках люди не решаются брать соавтора, другие дисциплины эволюционировали, включив 1000 или даже 5000 соавторов. С технической точки зрения, если в статье 5000 слов и 1000 авторов, каждый из авторов в среднем написал пять слов или меньше[3].

Конечно, это всего лишь среднее измерение. В эксперименте у вас есть люди, которые провели часы в лаборатории, повторяя один и тот же процесс снова и снова, а затем поделились своими результатами. Возможно, они не написали ни слова, но участвовали в общем процессе. Даже без лабораторных экспериментов вы все равно можете делиться задачами. Если вы используете модели, вам понадобятся люди, которые проводят симуляции, и другие люди, способные построить повествование, чтобы рассказать об этих результатах, вам может понадобиться суперзвезда, которая знает, как рассказывать о вещах и творить свое волшебство на бумаге. Но даже в статье, основанной на качественной работе, труд можно разделить: первый автор занимается теорией, второй автор – эмпирическими исследованиями, третий – также эмпирическими исследованиями и четвёртый автор – окончательной доработкой и редактированием. В статье объёмом 6000 слов вам нужно написать 1500 слов, и у вас есть публикация.

«Интересно ли думать так механически?», – спросили меня однажды. К этому вопросу я бы добавил, полезно ли это и в какой степени? Быть автором номер девятьсот шестьдесят семь в документе маловероятно, что вы упомянули бы этот

---

[3] Посмотрите статьи с более чем 1000 авторами. Статья о плодовых мухах насчитывает 1000 авторов: статья о геномике с необычно большим числом авторов вызывает у исследователей ажиотаж в социальных сетях. http://www.nature.com/news/fruit-fly-paper-has-1-000-authors-1.17555 Статья по физике устанавливает рекорд с более чем 5000 авторами https://www.nature.com/news/physics-paper-sets-record-with-more-than-5-000-authors-1.17567

документ в заявлении о приеме на работу или стипендии. Но это определенно увеличивает ваши библиометрические показатели, это показывает, что вы можете работать в больших командах и что вы сотрудничали с некоторыми другими признанными учеными. Маловероятно, что кто-то укажет на замечательный вклад автора номер девятьсот шестьдесят семь в эту статью, но, когда будет подсчитано влияние, вы получите на несколько сотен или тысяч цитат больше. Я не думаю, что цитаты должны быть смыслом вашей жизни, но, если их слишком мало, это может привести к неприятностям или поставить под угрозу вашу работу, и если вы работаете в системе, которая ценит цитаты, возможно, стоит выполнить домашнее задание (то есть собрать достаточно цитат, чтобы оставаться в безопасности в вашем работа), прежде чем посвятить себя тому, что вам нравится делать (то есть, связанным с работой вещам, которые не обязательно приносят вам формальную оценку вашего линейного менеджера, университета или национальной системы оценки).

На вопрос, интересно ли это, у меня есть по крайней мере два ответа. Во-первых, это может быть не очень интересно, но это даёт вам душевное спокойствие от того, что вы сделали то, что должны были сделать, и оставляет вам время и силы для других дел. Кроме того, это действительно может быть интересно. Иногда я нахожу работу в одиночку немотивированной, поскольку не могу поделиться с кем-то разочарованиями. Если вы сердитесь, когда получаете отзыв о статье, или если однажды вы не можете над чем-то поработать, или чувствуете разочарование из-за какой-то части процесса, вы можете поделиться этим с соавтором и быть уверенным, что они поймут вас, потому что они в одной лодке. Это немного похоже на езду на велосипеде в одиночку или в команде. В команде вы можете чувствовать усталость, но продолжайте идти, потому что другие идут, и вы не хотите быть тем, кто остался позади.

В конце концов, если это становится механическим процессом, то соавторство может со временем наскучить. Но если от вас требуется выжить на рынке, а это означает продемонстрировать какие-то достижения в этой области, возможно, вы хотите эффективно тратить свое время, делая то, что вы должны делать, чтобы было больше времени для того, что вы хотите сделать. Если у вас есть статьи с большим количеством цитат, то вы также можете написать что-то, что вам нравится, для журнала, не входящего в Scopus, главу или что угодно просто ради удовольствия написать это, даже рискуя тем, что никто не собирается это цитировать.

Чёткое разделение между главой книги и журнальной статьёй существовало не всегда и менялось с течением времени. Общая идея за написанием стоит то, что письменная продукция должна служить продвижению науки и обмену новыми научными открытиями, но теперь научное сообщество и национальные учреждения по контролю качества совершенно по-другому относятся к статьям и главам.

Журнальные статьи, возможно, опубликованные в журналах, индексируемых в Scopus или WoS, в настоящее время являются академической валютой. Независимо от того, насколько хорошо может быть написана глава книги, журнальная статья всегда будет считаться более престижной, важной и более актуальной для продвижения научных знаний. Это зашло так далеко, что некоторые дисциплины и страны дают нулевые баллы за опубликованную главу книги, независимо от того, насколько престижным является издательство (например, издательство Кембриджского университета).

Это частично связано с общепринятым различием между главой книги и статьёй. Глава книги может быть теоретической, эмпирической или и той, и другой. Она также может состоять из заметок или результатов вашей полевой работы или использоваться для переиздания некоторых ваших работ, быть аргументированной или просто описательной. Напротив, ожидается, что журнальная статья предложит теоретический аргумент, основанный на текущих дебатах по теме, которой вы занимаетесь. Аргументация должна быть новаторской и основываться либо на новых эмпирических данных, либо на анализе или переосмыслении существующих исследований. Статья также должна быть оригинальной и ранее нигде не публиковалась (по крайней мере, не на том же языке, но перевод на английский хорошей статьи, опубликованной на второстепенном языке, может быть приемлемым для некоторых журналов).

Главы книг гораздо менее регламентированы. Статья в тематическом выпуске, отредактированная одним или несколькими учёными, может состоять из чего угодно в любой форме, если это устраивает редакторов. Теоретически, глава должна стремиться к диалогу с другими главами книги и с её теоретическим введением. На практике, если книга называется "что-нибудь о чем-то", то глава может охватывать любой аспект этого чего-то, и её редакторы все равно могут претендовать на согласованность публикации. Наконец, главы книги не обязательно должны быть оригинальными. Хорошая статья может быть перепечатана как глава книги после получения разрешения на перепечатку в журнале, который первоначально опубликовал статью, с меньшим количеством проблем, с которыми вы столкнулись бы при переиздании чего-либо в виде статьи. Фактически, редакторы книг могут даже попросить вас переиздать что-то, потому что они находят это интересным и уместным для тома, чтобы с новым названием журнальная статья стала главой книги, за которую вы могли бы получить дополнительную оценку. Не забывайте всегда проверять вопросы авторского права, планируя это сделать, так как вам нужно будет получить разрешение, даже если это ваша собственная работа. Получив разрешение, вы можете перепечатать статью и даже получить за неё кредиты в некоторых системах оценки исследователей или преподавателей ВУЗов. Однако такое простое повторное использование материала, возможно, лежит в основе того факта, что главы книг используются реже, по крайней мере в некоторых странах, как свидетельство превосходного научного производства.

Даже если ваши учреждения не засчитывают баллы, есть несколько причин, по которым вы можете захотеть опубликовать главу книги. Подумайте о том, когда вас приглашают написать для книги под редакцией крупного учёного в вашей области. В этом случае публикация главы может стать шансом поработать с этим человеком, поучиться у него, а также воспринять это как доказательство того, что вас считают знающим и надёжным. Существует также случаи, когда вы знаете, что данная книга может стать справочным текстом по определённой теме. Подумайте теперь о набирающей популярность тенденции публиковать «справочник по чему-либо». Если вы внесёте свой вклад в Справочник по исследованиям международной безопасности с главой о Бразилии, есть вероятность, что вы станете «мистером Бразилией» для многих людей, которые ищут отправную базовую информацию о стране в исследованиях безопасности.

Глава в книге может формально не засчитываться, как выполнение требований на вашей работе или при получении стипендии, но она может ускорить ваш путь к более широкой известности внутри страны и во всём мире. Возможно, также стоит иметь в виду, что, хотя доступ к журнальным статьям обычно зависит от подписки, в Google Books доступно множество книг. Это правда, что обычно в открытом доступе не все страницы или даже главы. Однако некоторые из ваших работ будут доступны онлайн и бесплатны для всех.

У меня есть две дополнительные причины, которые могли бы подтолкнуть меня к написанию главы в книге:

Одна из них, когда меня пригласили на конференцию и после того, как организаторы предложили поработать над коллективным изданием книги. В этих случаях я, возможно, захочу написать главу в знак того, что я был доволен их гостеприимством и что я хочу поддерживать с ними связь.

Другая, это свобода публиковать то, что я хочу и как я хочу. Учитывая, что глава книги не имеет стандартного формата, я иногда соглашаюсь написать при условии, что версия, которую я предоставлю, будет формально окончательной. Эта причина практична. Если я публикую главу и получаю полную рецензию, после которой мне приходится тратить много времени на ее переписывание и рассмотрение полученных комментариев, то почему бы мне просто не отправить её в журнал. Объем работы будет таким же, но затем мне зачтут баллы за статью, которая стоит гораздо больше. Если я соглашаюсь написать главу, то это потому, что я могу использовать её в качестве упражнения для письма, получить дружескую, но неформальную обратную связь, а затем опубликовать некоторые идеи, которые могут быть слишком неортодоксальными для журнальной статьи.

Работая в среде, не говорящей по-английски, я часто встречал учёных, которые, даже если бы их можно было считать солидными специалистами, не прошли достаточного формального обучения социальной теории или просто не усвоили «правила игры» издательского мира. Во многих случаях это приводило к тому, что они не могли разместить свои работы в уважаемых академических журналах. Независимо от того, насколько прогрессивен и инновационен их материал или сколько они платят за корректуру, они просто недостаточно поняли, как адаптировать свою статью для западной аудитории. Другими словами, они технически не научились обходиться без материала, которым они делятся в статье. Изучение дополнительной литературы или углубление уровня анализа может облегчить им жизнь, но они еще не встретили кого-то, кто нашёл бы время объяснить им, как это можно сделать.

Они могут быть самыми известными и уважаемыми учёными в своей стране по данной теме, но журналам может быть все равно, потому что это не то, чего они хотят или, что ещё лучше, думают, что их читатели этого не оценят. Работая с этими людьми, я мог бы, конечно, провести сессию о том, как адаптировать работу для западной аудитории. Однако это требует инвестиций, которые я не всегда готов сделать. На организацию и проведение таких сессий требуется время, не все чувствуют себя комфортно, слушая инструкции от кого-то младше их, некоторым требуется больше времени, чтобы переварить эти предложения и адаптировать свой стиль письма.

Вот почему мне легче не только написать главу, но и управлять ею, если я что-то редактирую. Когда я вижу, что одному из моих авторов нужна помощь, я могу уделить время и объяснить, как технически разобраться с некоторыми аспектами их работы. В некоторых случаях это доходит до того, что предлагается сократить теоретический раздел, объяснить во введении к главе связь между представленными доказательствами и темой моей отредактированной книги, а затем сконцентрироваться на эмпирическом материале и его интерпретации, чтобы подтвердить или оспорить теоретическую парадигму, которую я представляю во введении. Глава книги также может быть написана в свободной структуре, поэтому её легче принять для публикации, когда требуется следовать классической последовательности: введение, литература, эмпирические данные, заключение.

С точки зрения выполнения требований аттестационных комиссий, редактирование чего-либо, коллективное издание книги вряд ли стоит затраченных усилий. Большинство систем оценки отдают предпочтение монографиям или даже просто статьям, которые гораздо больше значат для продвижения по службе, стипендий или даже неофициальных баллов. Добиться принятия отредактированного издания так же сложно, как заключить контракт на вашу собственную книгу. Кроме того, вам нужно будет позаботиться в среднем о 10-12 авторах, следя за тем, чтобы они отправляли свои главы вовремя, предоставляли обратную связь, выслушивали их стенания, когда это необходимо. Иногда вам придётся принимать болезненные решения, такие как отклонение главы или исключение автора, который особенно ленив. Наконец, вам придётся написать введение, заключение и, возможно, внести свой вклад в главу самостоятельно. Ещё несколько глав, и вы действительно могли бы написать монографию и получить за неё баллы.

Тем не менее, в некоторых дисциплинах все ещё существует понимание того, что отредактированная книга необходима на каком-то этапе карьеры. Я бы предположил, что причины, по крайней мере, двоякие: вы должны продемонстрировать некоторые навыки управления и иметь возможность создать небольшую сеть исследователей или уже иметь доступ к сети по теме по вашему выбору.

Несмотря на небольшое количество баллов, которые нужно заработать, книга предлагает, по крайней мере, на мой взгляд, минимум четыре преимущества.

Во-первых, это шанс написать теоретическую главу, дающую широкий обзор темы (обычно введение), которой не нашлось бы места где-то ещё. Единственной альтернативой была бы вводная глава в вашей собственной монографии, но это требует гораздо больше времени и усилий. Кроме того, вы можете построить своё введение, опираясь на доказательства из множества эмпирических случаев, представленных авторами, что может усилить вашу аргументацию. Это правда, что предисловия гораздо менее заметны, чем книги. Но у меня в голове есть несколько вводных глав, которые чрезвычайно хорошо цитируются и известны и теперь являются основными работами по их теме, на которые ссылаются.

Во-вторых, это шанс выступить с докладом на тему, которая теоретически, эмпирически и географически шире, чем то, что вы смогли бы сделать в одиночку. Монография может быть гораздо глубже, но отредактированная книга шире, и это также важно, не в последнюю очередь для того, чтобы показать, что ваша тема имеет глобальное значение.

В-третьих, это связующее упражнение. Работая с 10-12 авторами, некоторых из которых вы не знали в начале процесса, вы создаёте связь между вами и ними, которая, вероятно, приведёт к долгосрочному сотрудничеству по крайней мере с некоторыми из них. Как только вы станете автором, воплотившим концепцию книги в жизнь, и введением, объединяющим все главы, авторам придётся взаимодействовать, читать некоторые из ваших работ, запрашивать предложения, получать обратную связь и работать в команде над некоторыми задачами. Это упражнение, которое сближает Вас друг с другом, даже если иногда это заканчивается ссорами с одним или несколькими авторами и, возможно, побуждает их ближе познакомиться с вашей работой, что, в свою очередь, может означать больше цитирований и возможного будущего сотрудничества (приглашения в проекты, гостевые лекции и публикации).

В-четвёртых, это низкозатратный процесс по сравнению с монографией, чтобы показать академическому сообществу, что вы активный исследователь. Тот факт, что это требует меньше работы, чем монография, автоматически не означает, что это легче или менее напряжённо. В конце концов, все зависит от ваших управленческих навыков. Если вы из тех, кто способен работать долгие часы в одиночестве, то у вас больше шансов написать монографию, чем отредактировать книгу. В конечном счёте, разница может заключаться не в количестве часов, а в том, как они распределяются. Отредактированная книга требует регулярного взаимодействия с авторами для обеспечения обратной связи и решения повседневных управленческих проблем, которые вряд ли возникнут при подготовке монографии.

Многие из этих недостатков редактирования можно смягчить или даже избежать, разделив работу. Если вы не являетесь единственным редактором, задачи могут быть общими или раздельными. Единоличное авторство – странный фетиш в социальных науках настолько, что я видел людей, не допускающих второго или третьего соредактора из опасения, что их заслуги уменьшатся. Но для коллективного издания, помимо формальной заслуги, что вы можете потерять при редактировании в одиночку? И сколько своих нервов вы можете спасти? Работа с кем-то – это не только связующий опыт, но и возможность работать в разных темпах. Сегодня я не могу работать по личным или профессиональным причинам, а кто-то работаете больше. Но завтра у него возникнут проблемы, и я компенсирую время, работая немного больше, как он вчера работал для меня. Это способ разделить задачи, просмотреть меньшее количество глав (или иметь второе или третье мнение по каждой главе), воспользоваться преимуществами различных специализаций каждого из соредакторов. Кто-то может быть сильнее в теории, другой мог бы быть носителем английского языка и помогать с редактированием текстов, третий мог бы быть отличным менеджером и вести общение с авторами. У меня мало мотивации проходить через это в одиночку, но совместное написание работ позволило мне наладить диалог с академическим сообществом и оставаться заметным даже тогда, когда у меня не было времени подготовить свою собственную монографию.

Соображения касательно совместной книги, также применимы к специальному выпуску академического журнала с двумя дополнительными ощутимыми преимуществами. Требуется меньше работы, и формально это даёт вам больше баллов для прохождения аттестации.

Во-первых, в специальном выпуске журнала обычно публикуются 4-8 статей. В него можно включить гостевую редакционную статью и Вашу собственную статью. Управление 6-8 авторами отнимает меньше времени, чем 10-12. Нет необходимости писать выводы, указывать индекс, и при редактировании специального выпуска вы получаете некоторую поддержку от постоянного редактора журнала и руководства редакционной команды, которые заинтересованы в том, чтобы ваш специальный выпуск поддерживал тот же уровень качества, что и журнал, и соответствовал ожиданиям его читателей.

Во-вторых, определённо нужно заработать больше баллов. В большинстве систем оценки журнальная статья имеет большее значение, чем глава в коллективной работе. Кроме того, как приглашённый редактор, Вы имеете право участвовать в процессе рецензирования, и, даже если теоретически статья будет подвергнута рецензированию, вы можете, на самом деле, внести свой вклад, определив конструктивных рецензентов, которые быстро выполнят свою работу. Другими словами, вы можете создать наилучший сценарий для рецензирования вашей собственной статьи (см. раздел о посредничестве редактора журнала). Наконец, многие журналы засчитывают редакционную статью (короткую вступительную статью, представляющую проблему) как статью. В результате, как автор редакционной статьи, вы сможете претендовать на авторство двух работ, а не одной. Правда, что только одна из них является настоящей статьей и другое должно быть проверено, но в мире, где доминируют библиометрия и автоматические классификации академических результатов, мало кто остановится и задумается над этим. В результате, при кодировании ваших академических результатов ваши результаты будут учитываться как автор или соавтор двух академических статей вместо редакционной статьи и статьи.

Во многих отношениях специальный выпуск определённо удобнее, чем книга. Добавим к этому специальный выпуск, который также может быть переиздан в виде отредактированной книги, и вы убьёте двух зайцев одним выстрелом. Однако существуют скрытые затраты, затрудняющие доступ к специальным выпускам для гостей.

Там, где коллективная книга следует стандартной процедуре, известной большинству учёных, подачи предложения, получения контракта, доставки и публикации; специальный выпуск журнала имеет менее стандартизированный путь. Во-первых, неясно, куда направлять предложение подать заявку на специальный выпуск. Не все журналы допускают специальные выпуски, а из тех, кто допускает, лишь немногие открыто рекламируют их. Большинство журналов в принципе открыты для специальных выпусков, но допускают их только по запросу, если кто-то, кому они доверяют, предлагает что-то, во что редакция готова инвестировать. Другими словами, получить на какое-то время руль журнала – это вопрос личных связей. Это зависит от вашей репутации, от того, насколько хорошо вы знаете редактора журнала и насколько обосновано ваше предложение. В конечном счёте, редакционная группа предоставит вам специальный выпуск, если они думают, что смогут что-то получить от Вас. Это может быть видимость, освещение темы, которую никто другой не хочет освещать, но которая, тем не менее, важна, тот факт, что вы привлекаете ведущих учёных для написания статей для этого журнала и / или предлагаете что-то инновационное. Для этого нет ограничений, и в конечном счёте это зависит от того, насколько заметен и знаменит журнал, но они должны видеть в вас дополнительную ценность, а не думать, что делают вам одолжение.

В то время как в некоторых странах книга считается высококачественной, если она опубликована в крупном издательстве, в системах оценки, академические издания (Cambridge University Press, Manchester University Press) оцениваются лучше, чем коммерческие издательства (Springer, Taylor and Francis). Я называю их академическими изданиями, потому что они базируются в каком-то университете и, соответственно, могут публиковаться под названием этого университета. Но академические издания могут работать в соответствии с той же бизнес-моделью, которую используют те, кого я здесь называю коммерческими издателями. Также стоит иметь в виду, что не все академические издания предлагают одинаковый уровень качества или имеют одинаковый статус в разных системах классификации. Однако общее мнение в академических кругах таково, что некоторые университетские издания отличаются высокой избирательностью и гарантируют более высокие стандарты качества, чем остальные. Самая эксклюзивная классификация издательств, которую я когда-либо видел, была в Гонконге, где засчитываются только сливки академической прессы (Кембридж, Гарвард, Оксфорд и т.д.). Другие авторитетные компании по-прежнему заслуживают внимания, но они классифицируются не как А +, а просто как А[4].

Есть несколько факторов, которые следует учитывать

---

[4] Например: http://www.cityu.edu.hk/scm/pbpr_roa/PBPR%20Final%20Draft.pdf

при выборе места для публикации вашей работы:

1. Сроки и качество: отзывы, которые Вы получаете на своё предложение, а затем и на рукопись, отличаются. От "к публикации" к подробным комментариям и предложениям по заявке, а затем к окончательному тексту. Издательства, желающие сохранить свою репутацию и заботящиеся о качестве, будут более требовательными и потребуют больше работы, проведения нескольких раундов рецензирования и перепроверки рукописи несколько раз. В результате промежуток времени между подачей заявки и публикацией в некоторых изданиях (обычно академических) будет больше. С другой стороны, после того, как вы несколько раз прошли рецензирование и больше поработали над рукописью, которая, в конечном итоге, будет опубликована, более вероятно, что ваша книга будет хорошего качества и также будет восприниматься как таковая. Престиж прессы имеет значение в академических кругах, и даже единственное упоминание книги в крупном издательстве оказывает влияние на ваше резюме и на то, как люди и потенциальные работодатели будут смотреть на вас.
2. Цена и политика ценообразования: хотели бы вы написать книгу своей жизни и вложить несколько лет своей жизни в проект, чтобы обнаружить, что она доступна только элитной группе студентов и учёных, потому что она слишком дорогая? Научные книги обычно дороже романов, но насколько дороже, зависит от ценовой политики издателя. Одни издатели издают книги только в твёрдом переплёте, стоимость которых превышает 100 евро. Другие будут выпускать книги в мягкой и твёрдой обложках одновременно. Электронные книги теперь стали реальностью и продаются дешевле, даже если некоторые люди (включая меня) все равно скажут, что держать книгу в руках – совсем другая история. Недавно я видел такие варианты, как «доступ на 6 месяцев или на год», за

небольшую часть от базовой стоимости. Таким образом, прежде чем выбрать издателя, возможно, стоит проверить их ценовую политику, чтобы убедиться, что вы с ней согласны.
3. Воспринимаемое качество: даже если вы абсолютно уверены в качестве своей работы, знаете, сколько часов потратили на исправления, проверку и редактирование всего, нет никакой гарантии, что другие Ученые воспримут это так же. Хуже того, нет никакой гарантии, что в национальной системе оценки вашей страны книга, над которой вы работали годами, получит те оценки, которых, по вашему мнению, вы заслуживаете. Как правило, лучшие издательства являются лучшими везде. Я не могу представить, чтобы кто-то возражал против того, что издательство Гарвардского университета: «...да, они публикуют кое-какие приличные материалы, но все же...». Независимо от того, насколько критикуют книгу, это все равно Гарвард. Есть ряд других издательств, находящихся в более неустойчивом положении. Некоторые из них могут быть сочтены подавляющим большинством учёных некачественными, но все же ценится на национальном уровне. Некоторые другие могут быть разного качества, например, некоторые выпуски редактируются учёными с первоклассной репутацией, которые много работают над обеспечением качества, а другие почему-то заброшены интеллектуально.

Пример: классификация издателей

Зачастую классификация академических издателей легче, чем классификация журналов. В то время как для журналов существуют Scopus, WoS и ERIH, и их можно использовать в качестве отправных точек на международном уровне, для книгоиздателей нет ничего эквивалентного. Классификация скорее проводится на национальном уровне и отличается от страны к стране. Я знаю только три способа ранжирования академических издателей: централизованный, снизу-вверх и «внутри и вне».

Централизованный: национальный комитет согласовывает ряд правил, позволяющих отличать «хорошего» издателя от других. Отличительной чертой здесь является то, что создается независимый комитет экспертов, который напрямую взаимодействует с министерством или органом по обеспечению качества. Наиболее вероятным недостатком является то, что список либо очень эксклюзивный, либо, основываясь на некоторых количественных критериях, включает также некоторых сомнительных издателей среднего и низкого уровня.

Снизу-вверх: университетам или факультетам предлагается составить список издателей, которые, по их мнению, являются лучшими. Факультеты могут проконсультироваться со своими собственными сотрудниками с просьбой составить список издателей, которые, по их мнению, являются лучшими в своей области. Совокупность этих списков, после становится основным списком используемым министерством для установления границы между первоклассными издателями и другими. Основным недостатком такого подхода является то, что каждый сотрудник отдела предоставит список издателей, которых он считает лучшими в своей дисциплине, но также включает усебя те, вкоторых он публиковался. Поступили бы вы иначе? Вас просят предоставить список лучших издателей, а вы не включаете тех, с которыми публиковались. Как бы вы оправдали тот факт, что сознательно решили публиковаться у второго или низкопробного издателя? У скольких людей хватило бы смелости открыто заявить об этом? Таким образом, в окончательный список войдут некоторые из лучших издателей, а также те, которые существуют только потому, что кто-то в отделе публиковался вместе с ними. Некоторые издательства имеют разную репутацию в разных дисциплинах и книжных сериях, но это не будет уточняться, поскольку список лучших книгоиздателей обычно составляется на национальном уровне по всем дисциплинам вместе взятым.

«Внутри и вне»: обычно это происходит в системах с небольшими ресурсами для классификации и с относительно молодым научным сектором. Если в стране мало традиций международного академического опыта или было мало обменов с остальным миром, то «хорошим издателем» будет практически любой «международный издатель», что означает, что он находится за пределами страны и публикует на английском языке. Этим подходом легче всего манипулировать, поскольку теоретически он позволяет претендовать на признание любой книги, опубликованной любым печально известным или подозрительным издателем, если она звучит экзотично и академично. Однако, как бы легко ни было получить признание на бюрократическом уровне, есть несколько издателей, которых вы не хотели бы видеть в своём резюме, если подаёте заявку на международную стипендию.

Ряд коммерческих издателей осуществляют некоторый контроль качества. Книги, которые выпускаются, принадлежат к тематическим сериям или сериям, охватывающим географическую область, и обычно у них есть исследователь в качестве редактора выпуска. Тот факт, что при принятии решений по заявкам на публикацию книги, будут проводиться консультации с учёными, соответствуют ли они принятым академическим стандартам. Заявки, в принципе, будут подвергнуты экспертной оценке. Однако Ученые – это люди, у них есть свои собственные предпочтения, особенности и, самое главное, разные стандарты качества. Поскольку, как бы неудобно это ни звучало, у вас могут быть «лучшие» и «худшие» академики в вашем университете или выпуске, это переменное академическое качество является основной причиной, по которой университеты, факультеты и Ученые тщательно изучаются и регулярно оцениваются по некоторым (иногда сомнительным) критериям.

В дополнение к этому коммерческие издатели и издатели в целом будут более заинтересованы в публикации чего-то, что, по их мнению, они могут продавать более широко.

Прибыль – это манифест любого, кто работает в рыночной среде. Но даже если вы возьмёте самую некоммерческую организацию, более высокие доходы от книги означают, что больше денег можно вложить в другие проекты или виды деятельности, что крайне желательно.

Предложения по книгам будут оцениваться, внутренне, внешне или и то, и другое, по ряду критериев. Академическое качество может быть одним из них. Но в форме обзора также есть вопросы о потенциале рынка. В конце концов, хорошо написанная книга с небольшим рыночным потенциалом может быть отклонена, а плохо написанная книга с хорошим рыночным потенциалом может быть принята. Однажды коллега поделился отзывом, который он получил от коммерческого издателя, который сказал, что : «Качество книги низкое, но она будет продаваться. Мы возьмём её». Я не думаю, что книга действительно ужасна, но этот анекдот рассказывает многое о некоторых взглядах, с которыми вы можете столкнуться на своем пути.

Я столкнулся с аналогичной ситуацией со статьёй. Я проводил первоначальный редакторский отбор статей, прежде чем выбирать рецензентов, и одна из полученных нами статей показалась мне очень слабой. В статье автор несколько раз утверждал, что является старшим ученым, пользующимся большой популярностью. Я решил почитать о том, кем являлся автор, и выяснил, что он достиг определённых карьерных высот и опубликовал, по крайней мере, одну книге в крупном коммерческом издательстве. Как мог человек, способный публиковаться в крупном издательстве, написать такую статью?

Я решил проверить книгу и нашёл её слабой, поверхностной и, в целом, написанной без особой строгости. Как же он тогда справился с этим? Моё предположение, которое остаётся предположением, но в котором я вполне уверен, заключается в том, что он предложил написать книгу на тему, которая была модной в то время, и что он предложил осветить страну, о которой ничего не было написано. Рыночная стоимость книги была высокой, несмотря на качество работы, которую автор смог выполнить. Итак, решение издателя было «принять».

С другой стороны, коммерческие издатели могли отклонить хорошую книгу на том основании, что она не годится для продажи. Я отправил предложение знакомому редактору, и он сказал, что сожалеет, но у книги было мало перспектив для продажи, поэтому им пришлось отклонить её. Я связался с редактором другого издательства, и он был рад одобрить проект. Мы приступили к работе, и к тому времени, когда книга была напечатана, издательство было приобретено первым издателем, так что, в конечном итоге, мы выпустили книгу в издательстве, которое нам отказало первоначально. Что еще более парадоксально, эта книга принесла мне самую высокую сумму авторского вознаграждения, которую я когда-либо получал до сих пор.

Одна из моих последних книг изначально продавалась по 150 евро за экземпляр, а затем была снижена до 120 евро. Самое страшное, что для меня это совершенно нормально. Мало того, я убедил себя, что академические книги должны быть дорогими. Но я также узнал и поддерживаю бизнес-модель, которая сохраняет цены и ориентирована исключительно на западные библиотеки (кто ещё может позволить себе такие цены?).

Я попытался отойти от этой модели по нескольким причинам. Во-первых, я не понимаю, почему должен быть такой большой дисбаланс в доходах. Мне не нужно платить за мои книги, поскольку мне уже платят за мои исследования, но я не понимаю, почему кто-то другой, обычно крупная корпорация, зарабатывает деньги на моей работе, чтобы я получил славу, а они – прибыль. Во-вторых, я не понимаю, почему большинство людей на планете не могут получить доступ к моей работе, поскольку она защищена авторским правом, и я даже не уполномочен делиться ею публично.

Тем не менее, есть несколько причин, по которым я все ещё придерживаюсь этой модели и продолжаю работать с рядом обычных издателей, которые, в основном, монополизируют академический рынок.

Во-первых, теперь мне легко публиковаться у них. Как только у вас установятся постоянные отношения с одной из этих компаний, с ними будет легко иметь дело, и, как только вы достаточно зарекомендуете себя, они легко примут от вас рукопись. Однажды мне нужно было быстро заключить контракт на книгу, и я договорился о сроке, в течение которого я смогу получить обратную связь, и, в конце концов, подписал контракт. Все прошло гладко, и мы все получили то, что хотели. Издатель получил книгу, которая будет продаваться, а я получил контракт, который был мне нужен в качестве результата проекта.

Во-вторых, они засчитываются в большинстве стран на одном и том же уровне. На престижном рынке академических изданий ничто не сравнится с издательствами, находящимися на Олимпе академических издательств, такими как Кембридж, Йель, Принстон, Оксфорд, Гарвард. Но сейчас появляются коммерческие издатели во многих странах. Академические круги развиваются медленно, и как только вы заработаете репутацию, вам будет трудно ее потерять, если только вы действительно как-то ее не испортите. В результате ряд коммерческих издателей приносят вам достаточно баллов, чтобы включить их в вашу стратегию выживания. Публикация в Оксфорде или Кембридже, безусловно, лучше, но требуемые дополнительные усилия просто не стоят вложений, по крайней мере, с точки зрения моей личной стратегии выживания.

Наконец, ряд независимых издателей, которые могут иметь хорошую репутацию в одних странах и хуже в других, на самом деле не продают по более низкой цене и не обязательно предоставляют лучший сервис с точки зрения помощи или поддержки. В результате можно вложить в книгу много усилий и получить не то, что ожидали или нужно. Некоторые коммерческие издатели, напротив, имеют своего рода гарантийные ярлыки и иногда имеют редакторов с отличной репутацией. Некоторые из них также являются людьми, на которых я равняюсь.

Тем не менее, моя стратегия состоит из двух частей. Если я пишу что-то, чтобы официально заявить о себе, мне все равно, по какой цене это будет продано, поскольку мне это нужно, чтобы выжить и получить известность. В конце концов, я всегда могу поделиться черновиками своей книги в частном порядке с тем, кто попросит об этом. Это будет не так приятно, как держать бумажную книгу, но содержание есть. Однако, если я пишу что-то, потому что хочу, чтобы люди это читали, я бы предпочёл издателя, который гарантирует определённое качество при минимальной цене. Прежде чем найти издательство «ibidem», которое согласилось продать эту книгу по минимальной цене, я был готов просто опубликовать «Дневники Scopus» в формате PDF и даже сам заплатить за номер ISBN, чтобы максимально увеличить потенциал ее распространения.

Я отвечаю на поставленный выше вопрос другим вопросом. Как вы думаете, сколько предложений о продаже книг редактор приличного издательства получает каждый день? Не ограничивайте свой подсчет только здравомыслящими людьми, подумайте, сколько существует подражателей академикам. Это невероятно, но их гораздо больше, чем вы думаете. Подумайте также о том, сколько людей ведут научную работу, но у них больше амбиций, чем времени, и они слишком высоко ценят качество, которое они собираются предложить. Я исхожу из предположения, что любой может обеспечить качество, но качество требует времени, и это зависит от того, насколько быстро вы перерабатываете комментарии, насколько самокритичны и других факторов. Но, в любом случае, не у всех есть время, поэтому разные люди на разных этапах своей профессиональной карьеры обеспечивают разное качество.

Добавьте к этому сумасшедших людей, думающих: «О, моя книга и так фантастична, мир, в конце концов, поймёт мою гениальность» или «Моя работа произведёт революцию в науке». Это мечта многих, но иногда люди оказываются захваченными своими мечтами до такой степени, что теряют свои критические навыки. Другими словами, есть люди со всего мира, которые ждут, чтобы стать знаменитыми или получить признание, более высокую зарплату или лучшую репутацию на своём факультете. Как только у них будет готова рукопись, они могут захотеть отправить её в то же академическое издательство, которое выбрали и вы. Это увеличивает количество материалов, которые получает редактор, и сокращает время, имеющееся в его распоряжении для рассмотрения вашего предложения.

Я бы справедливо предположил, что большинство редакторов получают больше заявок, чем они могут обработать. И у них есть много других дел, помимо чтения заявок. Некоторые из них работают полный рабочий день, у других есть задачи по маркетингу или продвижению. Им также необходимо до определённого этапа следить за выпуском книг, которые они приняли. У них есть встречи, неотложные дела, семьи, праздники и многое другое. Время, затрачиваемое на просмотр предложений, не так много, как можно было бы подумать, так что, возможно, придётся потрудиться, чтобы ваше предложение было замечено. Кроме того, как и в случае с журнальными статьями, отправка предложения на внешнее рецензирование сопряжена с затратами, причём не только экономическими (поскольку отзывы о предложениях обычно платные): назначить рецензента и попросить его написать рецензию, и, пока он её пишет, вы не сможете обратиться к нему в течение некоторого времени.

Наконец, если в качестве рецензента я получу плохую рукопись для рецензирования, я могу подумать, что редактор недостаточно серьёзно рассматривает их предложения. Вам, как редактору, не хотелось бы, чтобы ваш рецензент думал, что вы принимаете некачественные заявки, поскольку это может повлиять на вашу репутацию. А репутация в академических кругах – это большая часть вашего капитала. Некоторые маленькие издательства, которые не получают достаточного количества заявок, внимательно прочтут её и дадут вам обратную связь. Напротив, некоторые крупные издатели, получив слишком много предложений, просто подумают: «У меня есть 10 лучших или, по крайней мере, с лучшим потенциалом продаж, чем эта», и сразу отклонять ваше предложение или просто забудут ответить.

Пример: контракт на книгу для начинающего и опытного исследователя

При поиске работы ряд потенциальных работодателей скажут вам, что необходим опыт работы. Но если все ищут кого-то с предыдущим опытом, а у вас его нет, как вы можете получить предыдущий опыт? Это является серьёзным препятствием для выхода на рынок труда. Точно так же все маленькие издатели готовы заключить контракт на книгу с кем-то, кто никогда раньше ее не публиковал. Как найти точку входа?

Несколько лет назад мне пришлось пройти через такого рода посвящение. У меня была идея для книги, и я спросил друга, не хочет ли он поработать над ней вместе, поскольку работать с кем-то веселее и проще. Мы работали над концепцией, и я обратился к нескольким редакторам на конференции, на которой присутствовал. Один из них, казалось, заинтересовался, поэтому дал мне свою визитную карточку и попросил посмотреть предложение. Мы обменялись несколькими электронными письмами и обсудили проект, но в своём последнем сообщении он сказала что-то вроде: «Я не чувствую уверенности в том, чтобы давать контракт двум молодым ученым, которые никогда раньше не публиковали книгу. Я предлагаю вам опубликовать больше работ, а затем вернуться ко мне со своим предложением».

Это было неприятно, как мы могли бы публиковать больше, если бы нам не дали шанса сделать это? Во всяком случае, мы переварили ответ и продолжили нашу (академическую) жизнь. Мы опубликовали специальный выпуск на эту тему, ещё пару статей, затем связались с другим издателем. Мы не получили от него никакого ответа в течение нескольких месяцев и поэтому я решил снова связаться с первым издателем, с тем, который изначально отказал нам, и по какой-то причине они решили дать нам контракт. Стала ли тема более острой и своевременной? Были ли они впечатлены нашими достижениями за последние шесть месяцев? Вероятно, мы никогда этого не узнаем. Но самое интересное заключалось в том, что на той неделе, когда мы должны были отправить подписанный контракт издателю, второй издатель также связался с нами.

По той или иной причине, о которой мы тоже никогда не узнаем, они наконец-то увидели наше электронное письмо и заинтересовались нашим предложением. Они зашли так далеко, что попросили о телефонном звонке (по умолчанию все предыдущее общение происходило по электронной почте), во время которого они попросили нас не подписывать контракт с первым издателем и работать с ними.

Мы вернулись к первому издателю и откровенно объяснили, что, поскольку второе было более престижным, и у нас была возможность публиковаться с любым из них, мы предпочли бы отказаться от них и выбрать второе. Я не могу отрицать, что мы испытали своего рода удовлетворение, отвергая тех, кто отверг нас в начале, но мы позаботились о том, чтобы наше сообщение было вежливым и нейтральным. Первый издатель ответил, что они знают о своём рейтинге и второй принесёт действительно дополнительную долю престижа.

С этого момента я внесен в «белый список» второго издателя, а это означает, что на мои электронные письма всегда отвечают и мои предложения всегда рассматривают. Я все ещё могу получить отказ, к примеру, если редактор считает, что мой проект финансово нежизнеспособен, но я также могу договориться о таких вещах, как сроки, в течение которых я получу контракт.

Вы можете быть одним из самых ярких ученых в своей области, но, как и везде, нужно, чтобы это было признано теми, кто принимает решения, если вы хотите продать свою работу.

Ученые, которые быстро появляются на свет, часто работали с некоторыми признанными учеными, и это можно объяснить двумя причинами.

Первый из них заключается в том, что у вас больше шансов получить значимые предложения и научиться многому и быстро, когда вы работаете с кем-то, кто является отличным ученым. К этому можно было бы добавить предположение, что выдающиеся Ученые, как правило, выбирают отличных молодых сотрудников, что не обязательно точно. Обычно я выбираю для работы людей, которые мне больше всего подходят, в соответствии с ценностями и приоритетами, которые у меня есть на данный момент. То, что подходит мне, и то, что подходит системе, не обязательно всегда совпадает. Второй, и гораздо более простой, заключается в том, что если кто-то известный говорит вам, что что-то хорошо, вас гораздо легче убедить, чем если анонимный незнакомец или кто-то, на кого вы не равняетесь, скажет то же самое. Это основное правило маркетинга, согласно которому компании платят футболистам миллионы за утверждение, что они используют данный продукт, и научные круги не являются исключением. У вас есть друзья, коллеги, которым вы доверяете, люди, которыми вы восхищаетесь. Если один из ваших гуру скажет вам прочитать одну из работ их ученика, вы сделаете это или, по крайней мере, заявите, что сделали это. Возможно, вы захотите включить их работы в своё исследование, а также избегать их чрезмерной критики, поскольку вы можете косвенно критиковать своего гуру. Это может быть сделано также через личные связи, представляя студента своему кругу и предоставляя ему доступ к окружающим вас людям, что считается обычной практикой в академических кругах.

Итак, чтобы максимизировать ваши шансы получить положительный ответ, нужно иметь какую-то связь с издателем. Это может произойти через кого-то, кто познакомит вас с издателем, или путём встречи с издателем на какой-нибудь конференции. Чем выше рейтинг издателя, тем лучше должна быть связь, чтобы её можно было рассмотреть.

Есть издатели среднего и низкого уровня, которые свяжутся с вами напрямую, даже если вы младший научный сотрудник. Возможно, вы просто объявите программу конференции или защиты своей диссертации, и некоторые издатели напишут вам с просьбой рассмотреть возможность публикации материалов конференции или вашей диссертации вместе с ними.

Я не исключаю, что вам может повезти и вы получите положительный ответ при обращении в топовое издательство. Но проект может быть более плавным, коротким или лёгким, если у вас есть точка входа, и есть два основных способа получить её: работать с кем-то, кто уже публиковался с ними, или установить взаимопонимание с кем-то, кто играет определённую роль в процессах публикации.

Вы могли бы совместно редактировать или писать в соавторстве с кем-то, кто уже публиковался у этого издателя. В этом случае вы позволяете им сделать первые шаги: связаться с редактором и договориться о контракте. Но после того, как вы опубликуете вместе с ними, вы будете в деле. Затем вы всегда можете самостоятельно обратиться к издателю и сказать: «Я один из Ваших авторов».

Вы также могли бы просто познакомиться с кем-то, кто играет определённую роль в производственном процессе. Это может быть коллега-ученый, который выступает в качестве редактора серии. Если вы уже однажды были одобрены редактором выпуска, издатель, скорее всего, примет ваше предложение во внимание. Возможно, вы даже обнаружите, что уже знакомы с редактором выпуска или познакомитесь с ним на международном мероприятии. Чтобы вы получили одобрение, им должна понравиться ваша работа. Но чтобы ваша работа понравилась, им нужно ее прочитать, а им и без вашей работы есть, что почитать. Но как только они узнают вас как личность и сочтут приятным человеком или просто у них сформируется впечатление, что вы серьёзный Ученый и выполняете какую-то интересную работу, им, скорее всего, понравится ваша работа. Или просто предположить, что им понравилась бы ваша работа, если бы они ее прочитали, поэтому стоит приложить усилия, чтобы получить одобрение.

То же самое можно было бы сделать и с кем-то, работающим в издательстве и имеющим определённую степень свободы действий при отборе и сдаче книг в печать. Чем лучше они вас знают и чем больше вы им нравитесь, тем сильнее они будут поддерживать публикацию вашей работы. Конечно, на них может быть наложено вето или они будут подвергнуты сомнению на заседании правления, но это определённо более надёжная отправная точка, чем просто отправка предложения по общему адресу подачи рукописи.

Где с ними встретиться? Издатели обычно посылают своих представителей на академические конференции. Чем лучше конференция, тем больше вероятность того, что на ней будут присутствовать лучшие издатели. Чем выше уровень конференции, тем выше уровень (и полномочия по принятию решений) представителя, который будет направлен туда. Если вы правильно выберете конференцию, то, скорее всего, встретите издателей, к которым, возможно, захотите обратиться. И если вы сможете посетить несколько конференций, то можно быстрее установить с ними контакт. В качестве альтернативы, если у вас нет времени или денег для посещения конференций, вы можете просто зайти на веб-сайт и посмотреть, кто является представителем издателя с аналогичными интересами, как у Вас. Чем ближе ваши интересы к их личным и профессиональным, тем больше они могут быть готовы рекомендовать вашу работу и, таким образом, направить внимание издателя в то направление, которое им нравится.

Это правда, что предоставление кому-то контракта на книгу не означает, что Вы выйдете замуж или наймёте этого человека. Вы предлагаете услугу в обмен на работу, а они предлагают свою работу в обмен на услугу, которую вы предлагаете. Но есть элементы, отличные от того, что написано в резюме и предложении, которые в конечном итоге влияют на то, будет ли ваше предложение рассмотрено. Что в равной степени важно то, в каком настроении будет человек, который проверит и отправит его на проверку, когда получит ваше сообщение.

Три основных сообщения, которые редактор может включить в более или менее явной форме при отправке предложения на рецензирование, следующие:

- У меня нет твёрдого мнения по этому поводу с точки зрения качества или темы и нам нужно ваше мнение;
- Я думаю, что это хорошая работа (или она будет хорошо продаваться), и мы хотели бы опубликовать её, но нам все ещё нужна внешняя рецензия (возможно, кем-то, кто обладает опытом именно по этой теме), чтобы соответствовать ожиданиям рецензирования (и в любом случае повторный просмотр не помешает);
- Мне или нам эта работа не очень нравится, но я не могу просто полностью отклонить это сам, поскольку у нас есть политика рецензирования всех предложений.

Важно иметь в виду, что отношение к предложению или автору лишь частично зависит от качества их предложения. Редактор, предлагающий вам контракт, обязуется работать с вами в течение нескольких месяцев. Но редакторы – это люди. Чем неприятнее общение с вами, тем больше они будут стараться избегать работы с вами. В конце концов, кто охотно берётся за задачи, которые приносят им дополнительный стресс? Конечно, если вы не самый аккуратный автор на свете, но компенсируете это тем, что ведёте себя вежливо и регулярно в общении, это может помочь. Кроме того, я не говорю здесь об отклонении отличного предложения, но, если редактору приходится выбирать из двух одинаково достойных предложений, хорошая или плохая динамика общения или личная химия с одним из авторов могут стать той соломинкой, которая сломает спину верблюду.

В конце концов, все зависит от того, сколько редактор может выдержать, насколько он напряжён или занят, но чем больше вы ему нравитесь, тем больше вероятность, что он захочет с вами работать (и наоборот).

Другими причинами, которые могут подтолкнуть их к минимизации взаимодействия с вами, могут быть:

Плохие коммуникативные навыки: подумайте о том, когда вы получаете электронное письмо без темы, когда они неправильно пишут ваше имя или, в целом, когда вы не понимаете, чего хочет человек после прочтения предложения. Это включает в себя, когда вы отправляете сообщение без заголовка или с заголовком «предложение книги» или «заявка на вакансию». Что, если я отвечаю за несколько должностей или предложений по книгам? Как я могу узнать, на что вы претендуете? Иногда я получаю электронные письма типа «Это моя заявка на участие в летней школе», и мне интересно, какое именно (как этот человек может быть уверен, что я не организую более одной летней школы одновременно? Такое название читается почти как спам).

Непрофессиональное отношение: вы часто опаздываете с ответами или пишете вовремя, но слишком много, прося их решить проблемы, с которыми вам следовало бы справиться самостоятельно, или вы отправляете несколько незаконченных черновиков, ожидая, что кто-то выполнит (часть) вашей работы.

Высокомерие или наличие претензии: вы утверждаете или кажетесь гораздо более важным, чем вы есть на самом деле, что у вас нет времени, потому что у вас много дел (не так ли у всех нас?). Я бы включил в этот кластер также идеи касательно самых крутых названий, которые претендуют на решение всех проблем мира. У меня был коллега, чрезвычайно искусный в написании броских, длинных и непонятных названий. Я нахожу это отличной стратегией заставить кого-то чувствовать себя глупо, чего вы не обязательно хотите достичь. Во-первых, кто-то может обидеться на вас, потому что чувствует себя глупо из-за вас. Но, что еще хуже, кто-то немного более уверенный в себе может усомниться в использовании этих слов и решить, что вы пытаетесь казаться умнее, чем вы есть на самом деле.

Не каждый может публиковаться в издательстве Гарвардского университета. Но не все этого хотят. Причина, по которой вы, возможно, захотите приобрести книгу у крупного издателя, относительно проста. Но почему не попытаться опубликоваться в крупном издательстве? Есть несколько причин, которые я могу себе представить.

Самая очевидная причина – мысли о том, что никогда ничего не получится. Такие мысли могут возникнуть из-за заниженной самооценки, недостатка уверенности или реалистичных ожиданий, зная уровень или просто направленность своей работы. Это может быть сочетание этих трёх факторов.

Но бывают случаи, когда автор с чистой совестью решает, что он хочет обратиться к издателю среднего или низкого уровня. Был случай с американским почётным профессором, который написал хорошую книгу, которая якобы не продавалась, и все крупные издатели, с которыми он связался, отказались её публиковать. Он не был озабочен славой или одержим рейтингом. Он был на пенсии, и ему не надо было кому-либо доказывать. Но он хотел, чтобы его работу читали, поэтому он опубликовал её самостоятельно. Оказалось, что другой книги на ту же тему не было, поэтому, в конце концов, её заказало неожиданно большое количество библиотек.

Аналогичным образом, вы можете захотеть, чтобы ваша работа и долгие часы, потраченные на работу над чем-то, просто увидели свет и стали доступны широкой аудитории. Но если вы хотите получить должность в ведущем университете, отказ от сотрудничества с известным издателем может стать проблемой (если только вы не собираетесь скрывать публикацию при подаче заявления на эту должность). Но если вас устраивает просто наличие рукописи, то потенциально вы можете пойти на что угодно. Суть, на мой взгляд, двоякая. Во-первых, к какому бы издателю вы ни обратились, убедитесь, что у них налаженный процесс редактирования текста или, по крайней мере, что ваша рукопись свободна от опечаток и ошибок. Неспособность наслаждаться чтением из-за технических недостатков – один из величайших грехов в академических кругах и издательской индустрии в целом. Во-вторых, старайтесь избегать издателей, которые считаются «издателями тщеславия» или «хищническими». Они не только добавят ноль к вашему резюме, но и фактически бросят на него тень.

Мне интересно понять причину публикации в издательствах с плохой репутацией: авторы обращаются в издательства, получают отказ и обращаются к тем, у кого альтернативная, радикальная и необычная позиция, или же качество работы настолько низкое, что автор не мог обратиться куда-то ещё? Однажды я искал специалиста на вакантную позицию, и коллега отправил мне резюме, которое произвело на него впечатление. Коллега спросил: «Вы видели это? У него докторская степень, 2 книги и 5-6 статей?». У меня возникли определённые подозрения, поэтому я проверил некоторые журналы и обнаружил, что, несмотря на их серьёзное и профессионально выглядящее название, журналы не имели хорошую репутацию, а некоторые, если не сказать все, не выполняли рецензирование работ и публиковали их за плату.

Другие варианты публикации хороши, но если вы начинающий исследователь, то вам нужно больше поддержки для получения признания. Публикация в издательстве с хорошей репутацией означает, что работа была одобрена и издатель гарантирует ее качество. Чем больше идёт продвижение по карьерной лестнице, тем больше баланс сил меняется. Вы как автор издательства повышаете его известность и престиж. Это также касается и выпуска новой книги или журнала. Известные Ученые могут написать статью для вашего журнала. С точки зрения престижа и признания это может быть мало, но они могут одобрить ваш проект и напишут для него. Когда ведущие ученые публикуются вместе с вами, это означает, что они верят в ваш проект, что повышает вероятность того, что проект заметят и он быстро станет известным.

Рейтинг журнала зависит от импакт-фактора (ИФ), который зависит от количества цитирований статей в этом журнале. Так как количество цитирований статьи сильно варьируется в зависимости от дисциплины, предполагаю, что есть «быстрые» и «медленные» дисциплины. Чтобы отличить быстрое от медленного, я ссылаюсь здесь на скорость публикации статьи и её цитирования. Позвольте мне поделиться двумя описаниями, которые я использую во время своих семинаров.

Представьте себе философа, сидящего на траве под деревом и глубоко философствующего. После нескольких тысяч часов свободного и неограниченного размышления нашему философу приходит в голову идея, которая затем превращается в чрезвычайно плотную статью из 10 000 слов. Философы обычно не используют формулу, но могут многое сказать. Они пишут, шлифуют, затем редактируют и снова шлифуют и, наконец, после нескольких месяцев, потраченных на статью, отправляют её в рецензируемый журнал. Редактору понравилась статья, и он отправляет её двум рецензентам, которым она также понравилась. Но поскольку это длинная статья, и они хотят, чтобы их комментарии были подробными, им потребуется несколько недель, если не месяцев, чтобы отправить свои комментарии обратно редактору, который перешлёт их автору.

Автор прочтёт комментарии и начнёт их изучать, затем внесёт соответствующие поправки в статью и подготовит ответ, объясняющий, как некоторые из них были рассмотрены, а некоторые – нет, почему и что было изменено.

В зависимости от политики журнала редактор может организовать дополнительный раунд рецензий или просмотреть статью и попросить внести некоторые поправки, после чего статья будет принята и опубликована. После публикации другие ученые прочтут статью и решат, возможно, ответить, раскритиковать ее или просто процитировать как одну из работ по данной теме. Кто-то другой, таким образом, начнёт работать над статьей и пройдёт описанный выше процесс, после которого, если все пойдёт хорошо, автор оригинала получит цитату.

Так как период от подачи до принятия как правило составляет 12-24 месяцев, то:

- написание статьи в 2013 году;

- отправка в 2013 году;
- приём статьи в 2014 (или 2015) году;
- другой исследователь прочтёт вашу статью 2015 году и решит процитировать её;
- он отправляет свою статью в 2016;
- статью принимают в 2017-2018 годах.

Согласно этим расчётам, шансы таковы, что статья автора будет процитирована через пять лет. Сейчас журналы быстрее обрабатывают заявки на публикацию статей, статьи сами короче, а рецензенты работают быстрее. Черновиком или неопубликованной рукописью можно поделиться на конференциях, и уже получить цитирование доклада на конференции. Рукопись будет называться так же, как и статья, так что затем можно перенести цитаты из доклада конференции в статью. Это, более или менее, правильный путь. После определённого количества статей вас будут цитировать быстрее с задержкой в 2-4 года. Цитирование в этом году касается, скорее всего, статей, которые были написаны 2-3 года назад. Если только это не суперзвезда, и люди живут ожиданием ее следующей статьи, чтобы процитировать её.

Теперь представьте себе учёных, работающих в лаборатории. Скорее всего, они работают с командой других ученых, которые проводят эксперименты в течение нескольких недель или месяцев, после чего готовится и публикуется статья. Стандартных сроков проведения экспериментов нет, неделя или год, но цитирование можно увеличить. Даже если трудность заключается в расчётах, как только эксперимент завершён, возможна публикации более одной статьи по результатам одного и того же эксперимента.Такие статьи значительно короче (3000-5000 слов). Таким образом, они требуют меньше времени на написание, доработку и даже рецензирование. Формула будет проверена, и методология подвергнута критике, но процесс обработки статьи будет быстрее. Статьи пишут несколько человек, так что даже студенты старших курсов указываются в качестве соавторов и, таким образом, цитируются ещё до получения степени магистра или доктора философии. Это также означает, что, как только статья публикуется, ее могут процитировать подписчики соавторов статьи. У статьи со 100 соавторами больше шансов получить видимость, чем с одним автором.

Таким образом, если следовать указанному пути, велика вероятность того, что статья будет подготовлена быстро после завершения эксперимента, который мог бы длиться три недели, и получит отзывы в течение нескольких недель. При слаженной работе статья выйдет в течение нескольких месяцев и в том же году. Другие Ученые, которые захотят процитировать или написать критику на неё, проведут контрэксперимент и напишут статью также быстро. Кроме того, они поделятся статьёй со своими контактами и различными авторами. Если каждый из 100 соавторов процитируют себя в следующей статье, статью процитируют 100 раз.

Это как должно быть в идеале. Уровень цитирования вне зависимости от области, все же зависит от качества статьи и репутации авторов. Примеры выше дают представление, что может произойти в лучшем и наихудшем сценариях. Журнал – это не что иное, как статьи и поэтому, когда их цитируют, что и происходит с научными статьями, цитируемость журнала резко возрастает. В результате разница между журналом технической и гуманитарной направленности может быть весьма существенной с точки зрения обработки статей и потенциала цитирования.

Вот почему я различаю «быстрые» журналы, которые быстро публикуют работы и цитируются, и «медленные» журналы, которые цитируются реже и нерегулярно. Теперь можно догадаться, почему некоторые журналы имеют импакт-фактор 30, а некоторые другие – 0,2. Поэтому импакт-фактор журнала мало что говорит, если не объяснить, в какой сфере вы работаете. Если в гуманитарных науках ИФ 1 – уже довольно хороший, то в астрофизике ИФ 1 будет означать, что ваш журнал почти не цитируется, по крайней мере, по сравнению с другими в той же дисциплине.

Какой квартиль Scopus является идеальным?

Определённая выборочная совокупность (люди, животные, журналы), после ранжирования в соответствии с некоторыми заранее определёнными критериями, может быть разделена на квартили, каждый из которых содержит 25% от общей выборки.

В выборке из 1000 журналов, ранжированных по импакт-фактору, каждый квартиль содержит 250 журналов. Q1 (Q-квартиль по английский «quartile») означает, что журнал входит в число 25% лучших академических журналов в мире. Q2 – журнал входит во второй топ 25%, таким образом, среди лучших 50% журналов в мире. Q3 – топ-75% журналов в мире. Q4 означает, что журнал входит в топ-100%, что в принципе мало что значит, за исключением того факта, что вы включены в базу данных, а это иногда уже имеет значение.

Импакт-фактор (Impact Factor, IF) журнала рассчитывается на основе количества цитирований за два года, делённого на количество цитируемых документов, опубликованных за эти же два года. На практике он показывает, сколько раз в среднем цитируется статья, опубликованная в данном журнале, за определённый период. Если каждая опубликованная статья данного года цитируется в среднем хотя бы один раз, то импакт фактор журнала равен 1. Это число выше, если на статью приходится больше цитат, и ниже, если их меньше. Бывают ситуации, когда последний журнал в 1 квартиле имеет значение 0,461, а первый во 2 квартиле – 0,451. Это означает, по крайней мере для меня, что два журнала имеют де-факто один и тот же импакт-фактор. Но один входит в топ-25% в мире, а другой – только в топ-50%. В системе оценивания за любую статью Scopus, это различие не очень важно. Но некоторые системы оценивания придают большее значение публикации в первом квартиле, чем во втором квартиле, поэтому в таких случаях важно иметь в виду, что не все публикации являются фактически в первом квартиле. Импакт-фактор рассчитывается каждый год, и последняя статья в журнале Q1 имеет больше шансов попасть в Q2, чем другие. Если статья отправлена в журнал с Q1, а к моменту её публикации импакт-фактор журнала снизился с 0,461 до 0,449, то скорее всего эту статью не засчитают, как Q1 для получения баллов.

Некоторые университеты или аттестационные системы оценивают статьи Q1 выше, чем Q 2, 3, 4. Другие системы просто оценивают любую статью в журнале Scopus, независимо от квартиля. Ваша задача – узнать, какой результат является оптимальным для страны, где вы работаете. Очевидно, что публикация в журнале Q1 всегда лучше, чем в 2, 3 или 4. Вопрос в том, какая добавленная стоимость будет получена за статью Q1 по сравнению с публикацией Q4. Если вы фактически получаете одинаковое количество баллов, то стоит ли это усилий? Возможно, в журналах Q1 сложнее опубликоваться, но они дают больше видимости. Но если для сохранения работы, нужно, быстро опубликовать статью в журнале Scopus, настройтесь на любой журнал, который индексируется в этой базе данных, чтобы не сломать спину. А после этого можно и подумать о славе.

В одних системах оценивания даётся одинаковая оценка за статью в Scopus или в журнале ISI, но ISI менее инклюзивен, поэтому опубликовать ее там может быть сложнее. Другие системы включают базу данных ERIH (European Reference Index for Humanities), где я заметил наличие журналов, которые не проходят рецензирование.

В конце концов, в каком журнале, квартиле и базе данных публиковать – результат Ваших расчётов, основанных на том, что:

нужно сделать, чтобы сохранить свою работу, выполнить свой план;

должны сделать по мнению непосредственного руководителя, возможно, он хочет, чтобы вы стали руководителем исследовательской группы или подали заявку на профессорскую должность, и у вас должны быть отличные статьи;

вы хотите делать – личные амбиции;

насколько легко вы можете туда попасть (насколько трудно попасть в Q1 или, в целом, в данный журнал).

Проводя семинары, я прошу участников предложить название журнала, чтобы увидеть на примере их сферы исследований, как это работает. Во время одного из таких мне предложили «Смертность». Не самое счастливое название на свете, но оно может послужить интересным примером. Для проверки статуса журнала зайдите на официальный сайт Scopus https://www.scopus.com или, если у нет корпоративного доступа, на сайт Scimago www.scimagojr.com. Этот веб-сайт использует то же программное обеспечение и аналогичные функции, но не требует входа в систему. У него есть запрет на показ статей за последние 12 месяцев, поэтому у вас не будет доступа к последней информации. Например, если журнал был включён в Scopus меньше, чем 12 месяцев назад, или изменился квартиль за последние 12 месяцев, это невозможно будет увидеть.

Однако, учитывая скорость, с которой движется академическая наука, 12 месяцев – не очень большой период. Все равно сможете увидеть общие тенденции и понять, каков международный статус журнала, основываясь на его библиометрии. Однако имейте в виду, что статус журнала в Scopus мало что скажет об «академическом восприятии» журнала, которое зависит от того, считает ли его академическое сообщество солидным или уважаемым журналом или нет.

В 2017 году импакт-фактор по направлению темы смертности составил 0,270 баллов, благодаря:

- Q2 журналам по философии;
- Q3 журналам в области здравоохранения (социальные науки);
- Q1 журналам по религиоведению

Это означает, что импакт фактор по теме смертности в 2017 году сделает ведущим журнал в области религиоведения, достойным журнал в области философии, но относительно низкорейтинговым журнал в области здравоохранения (социальные науки являются отдельной областью от медицины). Возможная причина таких результатов заключается в том, что рейтинг журналов, которые конкурируют друг с другом в определённой области важнее импакт-фактора. Когда журнал будет индексируется в Scopus, его относят к определённой области – социология, медицина, биология, и будет ранжирован по всем этим дисциплинам.

Таким образом, 0,270 баллов достаточно, чтобы попасть в верхний квартиль религиоведения, который является «медленной областью» и имеет только три журнала с импакт фактором (IF) выше 1. Но 0,270 баллов относительно низкий импакт фактор для здравоохранения (социальные науки), который включает в себя некоторые высоко результативные журналы. Принимая во внимание, что для первых 32 журналов достаточен показатель импакт фактора более 1 балла, и 0,270 баллов для попадания в третий квартиль. В области философии первые 33 журнала имеют импакт-фактор выше единицы, и это связано с наличием журналов по психологии (относительно быстрая область), также классифицируемых как философские журналы. Но после того, как журнала на 33-ей позиции, импакт фактор других журналов резко снижается, что позволяет попасть во 2 квартиль с ИФ 0,270.

Есть много способов отличить хорошую конференцию от плохой. Я бы сказал хорошая конференция, на которой участник получает больше, чем инвестировал. Участие в конференции требует инвестиций времени и денег, необходимо подготовить презентацию, общаться и проводить долгие вечера за светскими ужинами. Стоит ли оно того?

Результат будет никаким, если просто ходить на секции. В чем разница между просмотром конференции онлайн и присутствием на ней? Моё общее правило заключается в том, чтобы работать каждый день на конференции: раздавать и принимать визитные карточки, разговаривать с таким количеством людей, с каким хотите, пить столько пива, сколько сможете (в компании коллег, а не в одиночку). Конференция – это место для общения с коллегами и поиска потенциальных партнёров для сотрудничества. Личная стратегия, которую я разработал, заключается не в участии на панелях, а на выставках и общественных мероприятиях. Иногда я посещаю дискуссии, если выступают друзья или мне нужно встретиться с кем-то лично, и я знаю, что они там выступают, но я всегда получаю максимум от конференции в местах общения. Там вы можете ознакомиться с последними книгами, пообщаться с коллегами, издателями и другими участниками. В конце концов, успех в нетворкинге во многом зависит от того, как люди воспринимают вас как личность. Считают ли они вас весёлым, интересным или они могут что-то от вас получить?

Недавно я восстановил навыки игры на гитаре после многолетнего перерыва. Мой друг, узнав это, нашёл для меня гитару холодной ночью в Днепре, куда мы приехали на международную конференцию. Большую часть ночи мы провели в местном баре и играли на гитаре для наших друзей по очереди. Другие участники конференции также были там и весело провели время. Это была долгая ночь. Нас угостили бесплатной выпивкой, и что было потом я помню смутно, но на следующий день я видел сочувствующие взгляды коллег. Мы были теми, кто отвечал за веселье, и многие из них оценили это по достоинству. Ученые тоже люди, и, поскольку им нравится обсуждать дела, они также хотят время от времени развлекаться. В конце концов, я думаю, что тот вечер был более важен для нетворкинга, чем любое другое мероприятие, к которому я мог бы присоединиться на той конференции.

Как заранее понять стоит ли пойти на то или иное мероприятие? Существуют ли критерии, по которым можно оценить вернётесь ли вы домой довольными. Нет ничего неприятного, чем тратить время и деньги, а потом возвращаться домой и думать: «Лучше бы остался дома, эта поездка не стоила моего времени».

На этот вопрос нет ответа, поскольку это зависит у кого какие приоритеты. Иногда, чтобы порадовать донора или университет, необходимо выступить с презентацией на крупной конференции. В других случаях на конференции будут коллеги, с которыми вам нравится работать. Иногда стоит познакомиться с людьми, работающими в определённом университете или стране. В одних случаях участие в конференции даёт возможность опубликовать работу, в других представить опубликованную работу.

Есть междисциплинарные и региональные конференции, которые приглашают всех, кто проводит эмпирические исследования в определённой географической области, а также конференции по вопросам политики. Для начала лучше посетить несколько конференций и посмотреть, где комфортно, где вас ценят больше всего, а где чувствуете, что можете обойтись без этого. В конечном счёте, выбор той или иной конференции также определяет, где географически и дисциплинарно, будет больше шансов развить карьеру. В Европейской антропологической ассоциации не так много политологов, как и американских учёных. Таким образом, можно поупражняться в налаживании связей с определённой категорией людей из определённого региона мира.

В начале своей карьеры я, как правило, концентрировался на международных семинарах. Я не хотел или не мог тратить время и деньги на конференции, так как это более крупная инвестиция. Семинары обходятся дешевле, на них больше взаимодействия с участниками, и больше шансов пообщаться с людьми старше, чтобы увидеть, как тебя приняли. Я по-прежнему неохотно хожу на крупные конференции. Но теперь у меня много друзей, которые их посещают, и во всяком случае я могу встретиться с ними. Сработает ли эта стратегия для всех, не знаю. В конце концов, речь идет о том, чтобы найти свою нишу, но это происходит медленно, как и все остальное в академических кругах.

Каковы преимущества того, чтобы стать экспертом по оценке проектов? Некоторые люди рассматривают это как получение дополнительного дохода, и в некоторых случаях это правда. Вам платят дополнительно. Но затраты и выгоды не одинаковы для всех. В основном это зависит от того, насколько быстро вы читаете, перевариваете, комментируете. Я знаю людей, которым нужно 1-2 дня, чтобы провести экспертную оценку для журнала. Они по-прежнему пишут рецензии, но при этом теряют почти половину рабочей недели на написание комментариев тем, кого они не знают, и не получат за это похвалу. То же самое можно сказать и об оценке книг или проектов. Если вы медленно читаете или скрупулёзно мыслите, этих выплат, хоть и частых, будет недостаточно, чтобы окупить потерянное время. Вам лучше знать, как быстро читаете, думаете и оцениваете, поэтому вам и решать, сколько возьмёте на себя. Но в долгосрочной перспективе оценивание – это инвестиции в карьеру.

Рецензирование статей

Допустим вам нужно написать несколько рецензий в год. Формально таких требований нет, но на вас будут смотреть как на инопланетянина, если скажите, что никогда не делали ничего подобного или для хорошего журнала. Существует негласная договорённость, согласно которой если хотите получить рецензию и конструктивные комментарии, на которые люди тратят время, сделайте тоже самое для других анонимных авторов.

Кроме того, если к вам обратился ведущий журнал для написания рецензии, это говорит о том, что вы зарекомендовали себя как эксперт в определённой области или теме.

Иногда рецензия – способ увидеть, как продвигаются исследования в вашей области, узнать о статье, схожей с вашей темой исследования. Вы поймёте собственные ошибки или научитесь выявлять возможно слабые места статьи путём выявления ошибок и несовершенств, и критической оценки чужой работы.

Поскольку рецензирование не оплачивается, в некотором отношении это услуга, которую вы оказываете журналу. Когда вы отправляете статью в этот самый журнал, редактор может знать ваше имя. Так анонимность потеряна, можно написать редактору журнала, упомянуть, что рецензировали для них, обсудить возможность публикации статьи и узнать подходит ли тема. Иногда это может закончиться победой, если вас пригласят войти в состав редакционной коллегии (например, если вы написали много рецензий и журнал доволен вашей работой).

Рецензирование книг

Аналогичные соображения применимы и к рецензированию книг. Это признак того, что вы набираете авторитет и становитесь контактным лицом редактора (если процессом публикации руководит ученый, но этим может заниматься и помощник редактора). Отличие заключается в том, что Вы получаете символическую сумму, которая может стоить затраченных усилий, в зависимости от того, насколько быстро рецензия будет написана.

Экспертные оценки заявок на финансирование

Это гораздо более сложный рынок, и оценка проектных предложений может стать работой на полный рабочий день. Но, чтобы стать оценщиком с хорошо оплачиваемым окладом, нужно продемонстрировать предыдущий опыт в оценке. Начните с самого низа, то есть с доноров, которые предлагают мало денег или вообще не предлагают их, чтобы наработать опыт.

Стратегически вы увидите, как оцениваются проекты, и если захотите отправить предложение, то будете знать больше, чем новичок. Узнавая, как и что пишут другие, каковы распространенные ошибки в заявках, Вам удастся набраться опыта и понимания собственных возможных недостатков.

Рассмотрение программ исследований по вашей специализации поможет разобраться с последними тенденциями. Если исследователь отправляет заявку на финансирование проекта в организацию, для которой одновременно выполняет оценку, то это является незаконным или рассматривается как конфликт интересов. Один год оценивайте заявки, а следующий год отправляйте свою, когда у вас будет уже больше сведений и вдохновения.

 # Станьте заметным: узнаваемость, видимость и обретение славы

Однажды я получил приглашение в качестве лектора летней школы. Организаторы, блестящая группа аспирантов из стран Балтии, поделились дилеммой, с которой столкнулись во время организации мероприятия.

Они получили финансирование на проведение летней школы «Антропология мира» и нашли нескольких докладчиков, но им все еще не хватало основного докладчика. Они хотели хорошего, но на каком основании они могли отличить «хорошего» от «плохого»?

Если вы проработали в академической сфере несколько лет, то вы имеет представление о том, каким критериям должен соответствовать основной докладчик. Однако они были молоды, полны энтузиазма и неопытны, поэтому решили обратиться за советом к своим профессорам.

Чтобы получить правильный ответ – нужно сформулировать вопрос правильно и точно. Они и спросили: «Кого вы считаете звездой номер один в этой сфере?».

Помимо того, что это отличный вопрос, эта формулировка показывает на отсутствие универсальных стандартов. Есть два возможных подхода разработки критериев оценки академика.

Первый подход предполагает, что сильный ученый – это когда другие Ученые высокого мнения о нем, ценят его и готовы рекомендовать за личные и профессиональные качества. Это субъективный критерий, так как учитывает не только качество работы, но и репутацию учёного среди коллег, честность и умение работать с другими.

Коллеги могут знать, крадёте ли вы чужие идеи, как относитесь к своим докторантам, насколько конструктивны в своей критике. Они также могут сказать, насколько вы готовы дать обратную связь или помочь другим людям. Конечно, это дополнение к тому, что думают о вашей работе в принципе.

Однако трудно поддержать и выразить восхищение коллегой, который известен не только своими работами, но и тем, что крадёт чужие идеи, покровительствует или нападает на коллег и студентов, и с ним трудно работать. По крайней мере, мне было бы трудно работать или советовать другим работать с такими людьми.

Это означает, что у академического сообщества есть свой собственный подход. Импакт-фактор (IF), индекс Хирша (h-index), цитаты и другие количественные критерии иногда могут оказаться в центре внимания. Я был свидетелем того, как коллеги были поражены количеством книг и цитат других коллег. Однако редко услышишь «это великий Ученый, потому что у него более десяти тысяч цитирований» или «потому что он опубликовал десять книг за последние десять лет». Показатели подтверждают тот факт, что этот ученый делает интересные вещи и чрезвычайно продуктивен, или этот человек проводит отличные исследования, и его работы высоко цитируются. Но сами по себе цитаты не оправдывают авторитета. Ученого могут процитировать тысячу раз, но не воспринимать всерьёз в научном сообществе. Если спросить почему, то ответом может быть: «В этом нет ничего серьёзного» или «Не понятно почему это произошло». Ученые по-прежнему часто используют критерий, который в высшей степени неизмерим, неосязаем и изменчив – репутация.

Противоположный подход легче применить для оценки учёного, и он объективен. Такой подход применяется в государственном управлении. В идеале государственное управление поддерживает высокие стандарты прозрачности, когда человеческий фактор практически перестаёт оказывать влияние. Другими словами, основное требование государственного управления заключается в том, что любой работник при выполнении должностных функций или находясь перед каким-либо выбором, примет одно и тоже решение. В попытке перевести позитивизм в управление страной, чиновники ссылаются на цифры и показатели, которые, как они утверждают, объективно измеримы и гарантируют справедливое отношение ко всем.

Теоретически это, когда соблюдаются принципы меритократии и демократии. Более способные люди показывают лучшие результаты, и занимают более важные посты, чем люди, которые демонстрируют результаты хуже. Однако в академических кругах не все измеряется цифрами. Я понимаю положение, в котором находятся политики и чиновники. С одной стороны им нужно разбираться в растущем числе университетов, учёных, академических публикациях, с другой на них оказывается давление, чтобы государственные деньги не расходовались зря. Нужно объяснить налогоплательщикам, на что были потрачены их деньги. И они не могут сказать: «Благодаря вашим деньгам один из наших университетов опубликовал статью, которая пользуется большим уважением». Что значит пользуется уважением? Что значит большим?

Следовательно, министерство или учреждение контроля качества будут задавать вопрос не «насколько хорошо», а «сколько». Наблюдается растущая тенденция использования количественных показателей для измерения качества. Контроль качества часто передаётся на аутсорсинг корпоративному сектору. Создаются базы данных, и ученых просят проверить качество журналов, выполняется ли ими рецензирование статей профессионально и честно. Однако затем журналы классифицируются согласно импакт-фактору, который в свою очередь зависит от количества цитирования статей другими журналами. На практике получается, что хороший журнал от плохого отличается показателями.

По мере создания системы предпринимаются попытки создания определённых стандартов качества. Однако в стремлении объективизировать критерии качества и сделать их понятными для всех, процесс формирования академической репутации для учреждений государственного управления был ослаблен рядом стандартов и рекомендаций, которые академическое сообщество по-прежнему считает важными. Отсюда возникает вопрос: кого считать хорошим учёным? Академическое сообщество или учреждения контроля качества?

Эти два подхода оценки учёных не обязательно пересекаются, и я легко могу представить ситуацию, в которой ваш руководитель говорит: «Я считаю, что вы отличный Учёный, и мне очень нравится ваша работа, логика и исследования указывают на очень интересные выводы. Однако, согласно показателям, которые мы получили от нашего министерства, вы не справляетесь с поставленными задачами. Вы публикуете в неправильном формате, в неправильных изданиях, и они не учитываются нашей национальной системой оценки ... вы уволены!».

Ваша задача – определить верные показатели и ориентироваться на них. Но бывают случаи, когда несмотря на то, что вас широко ценит академическое сообщество, вы остаётесь белой вороной на своём факультете. Это происходит потому, что вы не выполняете целевые показатели факультета.

Деэлитизация (de-elitisation) университетов означает, что правительство должно быть в состоянии объяснить широкой аудитории, как расходуются деньги налогоплательщиков. Граждане имеют, по крайней мере теоретически, право голоса. Мы не на уровне песенного конкурса «Евровидение», где вы можете отдать свой голос в режиме реального времени, но общественная подотчётность требует, чтобы учреждения, выполняя свои миссии, поддерживали доверие людей, за счёт которых они финансируются (налогоплательщиков, то есть практически любого человека в стране).

Люди должны иметь возможность выбирать, куда идут их деньги, и вносить свой вклад в политику страны, в которой они живут. В этом и есть смысл демократии. Однако сколько полномочий давать людям, принимающим решения по проблемам, в которых не всегда компетентны? Этот вопрос выходит далеко за рамки академических кругов.

Моя работа – читать и думать. Я потратил годы на то, чтобы найти себя в научном сообществе и понять, о чем пишут мои коллеги. И мне не всегда удаётся все понять. Какой процент населения страны будет обладать достаточными знаниями, чтобы сделать сознательный и осознанный выбор при ответе на вопрос о финансировании того или иного исследования. Несколько лет назад губернатор Флориды предложил сократить финансирование антропологических программ по всему штату, поскольку они не привели к созданию реальных рабочих мест[5].

Быстрый и умный ответ большого сообщества выпускников антропологии продемонстрировал, что антропология даёт отличных работников. Но эти работники не стекались массово в одно место работы, а научились работать с людьми и применяли свои новые навыки в самых разных контекстах. Так что да, прямой связи между получением диплома по антропологии и получением работы не было. Но антропология предложила ряд неосязаемых навыков, которые в конечном итоге принесли пользу обществу и рынку труда.

Стивен Дубнер и Стивен Левитт в своей замечательной книге и блоге «*Фрикономика*»[6], которые стали популярным феноменом, делятся ещё одной историей, также связанной с Флоридой. Местная администрация проконсультировалась с авторами блога о возможности ликвидации всех пешеходных переходов в данном городе. Обоснование было простым: по статистике, подавляющее большинство несчастных случаев, приведших к гибели или причинению вреда пешеходам, произошли на пешеходном переходе. Таким образом, устраняя их, местная администрация рассчитывала резко сократить количество несчастных случаев в этом городе.

Как объяснили авторы блога, большинство несчастных случаев происходит там, потому что именно там должны находиться люди. На квадратный километр, где расположена больница, умирает больше людей, потому что именно сюда попадают больные. С точки зрения статистики, ликвидируя больницы, мы также можем избавиться от тех мест, где средняя

---

[5] См. об этих дебатах: http://blogs.plos.org/neuroanthropology/2011/10/11/florida-govern or-anthropology-not-needed-here/
[6] http://freakonomics.com/

смертность выше, чем в остальной части страны. Но действительно ли нам нужно избавляться от больниц?

Несомненно, предложения о ликвидации антропологии или пешеходных переходов, имеют смысл и звучат привлекательно. Достаточно заявить: «Наша цель – уменьшить количество несчастных случаев» или «Наша цель – связать университет с рынком труда, чтобы ваши дети могли легко найти работу после окончания учёбы». Эмоционально я был бы склонен поверить этим заявлениям. Однако поразмыслив о косвенных последствиях этого решения, я пришёл к выводу, что это не самая лучшая идея на свете.

Ученым, научному сообществу, а также ряду экспертов платят за то, чтобы они думали. Думали и размышляли о средне- и долгосрочных последствиях того или иного решения, тратили время на рассмотрение различных вариантов и информировали лиц, принимающих решения, об имеющихся альтернативах и решениях. Оставлять решения в руках академика или эксперта, означает исключить большую часть общества из некоторых процессов принятия решений. Предоставление равного права голоса всем членам общества может означать, что значительная часть полномочий по принятию решений остаётся в руках тех, у кого может не хватить времени поразмыслить о более широких последствиях данного решения, возможных альтернативах или его долгосрочных последствиях.

Приведённые выше размышления об академических целях могут показаться обманчивыми. Как получать удовольствие от работы, когда приходится удовлетворять с одной стороны требования академического сообщества, а с другой учреждения по контролю качества. Еще сложнее если то, что вы действительно любите делать, не совпадает ни с одним из вышеперечисленных. Если вы работаете в академических кругах, я бы предположил, что признание коллег, уважение и в целом ваша собственная репутация важны. Можно из спортивного интереса выполнить все требования министерства или государственного учреждения по контролю качества или желания обретения значимости на работе (чтобы руководство восхищалось вами).

Но мы не роботы. На каком-то этапе вашей карьеры вы можете захотеть развить навыки, которые не обязательно требуются в вашей области или секторе. Возможно, вам не хватает мотивации для выполнения определённых задач или вы захотите попробовать что-то новое. Есть Учёные, которые меняют карьеру или сферу деятельности в ходе своей профессиональной жизни, но многие остаются и просто находят свою нишу.

Администрация может оказывать на вас слишком сильное давление и заставить вас выполнять определённые задачи и следовать указаниям, которые вам не нравятся. Подумайте о растущем спросе на учёных, способных находить внешнее финансирование для проектов и управлять ими. Что, если вы плохой менеджер или просто не мотивированы быть менеджером? В принципе, когда вы сделали выбор в пользу работы учёным, вы посвятили себя исследовательской и преподавательской карьере, но мало знали об административных задачах, с которыми вам пришлось столкнуться.

Любое исследовательское учреждение, как и любое другое рабочее подразделение, состоит из команды. Существуют чёткие критерии того, чтобы стать частью команды, но это просто идеальный портрет. На самом деле успех команды зависит также от её разнообразия. Иметь десять человек с одинаковыми данными не имеет большого значения. Полезнее иметь людей достаточно разных, чтобы иметь возможность выполнять разнообразные задачи в зависимости ситуации. Подумайте о футбольной команде. Хотелось бы, чтобы все игроки были подтянутыми, высокими, быстрыми, с крепкими нервами и дальновидностью. Это была бы самая идеальная команда на свете. Вместо этого очень хороший игрок, который недостаточно высок, но бегает так быстро, что идеально подходит для выполнения определённых задач. Кто-то медленнее, но такой высокий, всегда необходим, чтобы поймать летящий мяч. А у самого талантливого игрока слабые нервы, и иногда он становится очень вспыльчивым. Другой низкорослый игрок, даже немного полноват, не слишком быстр. Но этот игрок в некотором роде гений, и вы принимаете его таким, какой он есть[7]. Вопрос здесь не в том, почему не все соответствуют критериям идеального игрока, а в том, можно ли жить с этим. Все ли игроки подходят друг другу? Если да, то нет необходимости что-либо менять.

Точно так же в исследовательской группе вам не нужно, чтобы сто процентов ваших исследователей были отличными фандрайзерами (пер. с анг. fundraiser – это человек, занимающийся поиском ресурсов и привлечением потенциальных спонсоров). Если у вас их достаточно для достижения вашей цели, остальным не нужно концентрироваться на привлечении финансовых средств. Возможно, ваш лучший фандрайзер не является преданным учителем, и лучше освободить его от этих задач, чтобы потратить больше времени на заявку на финансирование. Напротив, один из «плохих» фандрайзеров любит преподавать и может пройти несколько дополнительных курсов. Это потребует от него большего обучения, но он знает, что вы закроете глаза на его навыки сбора средств.

Есть несколько способов собрать исследовательскую группу, в зависимости от того, что вам нужно. Один из ваших членов группы мог бы стать медиакатализатором, который всегда будет на телевидении и сможет объяснить широкой аудитории, чем занимается ваша лаборатория или исследовательская группа. Возможно, он не самый лучший исследователь на свете, но пока вам нужна реклама, вам нужен именно этот человек в вашей команде.

У некоторых ученых есть репутация, потому что они пишут высоко цитируемые статьи. Некоторые другие знамениты, потому что их всегда показывают по телевизору. Они мало пишут, но все в стране знают их, и они приносят известность. Некоторые другие могут быть распознаны по другим навыкам.

---

[7] Если вы родились до 1980 года, мы думаем об одном и том же человеке.

Итак, я бы построил свои компетенции или нашёл свою нишу на предполагаемом факультете, основываясь на следующем:

1. 1. нужно выживать – если кто-то платит зарплату, нужно сделать хотя бы минимум, чтобы заслужить эту зарплату. Если это означает выполнение показателей, вам нужно это сделать (или сменить свою работу, если это невозможно);
2. 2. нужно быть счастливым – если вы посвящаете чему-то восемь или более часов в день, вам нужно, по крайней мере, быть довольным, если не счастливым. Особенно в академических кругах. Немногие здесь ради денег. Академики, как правило, слишком образованны. Таким образом, не сложно переквалифицироваться, сменить профессию и найти себе работу, которую вы ненавидите, но которая приносит вам много денег. В конце концов, важно, по крайней мере для меня:

- делать то, что хочется, что нравится и что заставляет чувствовать себя живым;
- иметь мотивацию, чтобы делать – я не говорю о раздражающих и скучных задачах, которые всегда будут присутствовать, независимо от того, насколько интересна ваша работа;
- делать, что вам нужно сделать, чтобы вас не уволили. Есть нижняя граница, и, если вы пойдёте ниже неё, у вас будут неприятности. Безопаснее оставаться немного выше этой черты и более полезно иметь возможность выполнять достаточно, чтобы завоевать уважение вашего начальника и коллег. Если вас это не интересует, по крайней мере, делайте то, что вам нужно, чтобы считаться активным исследователем;
- найти компромисс со своим руководителем. Возможно, найдутся другие коллеги, которые смогут предложить другие навыки лучше, чем вы. Но у вас действительно есть специальность, вещи, за которые вас ценят и, в конечном счёте, которые являются дополнительной

ценностью для факультета. Подумайте и обсудите со своим начальством, в чем заключается ваш уникальный вклад и как он может быть компенсирован другими людьми, которые в некоторых задачах менее эффективны, чем вы. Если вы сделаете это, вам будет легче не испытывать давления из-за других вещей, которые вам неприятны или в которых вы просто не очень хороши;

- найти компромисс с академическим миром и тем, что вы можете предложить. Идеальная исследовательская карьера состоит из ряда шагов, которые не каждый может сделать, по крайней мере, не в одинаковом темпе. Во-первых, каждый хочет статью в ведущем журнале своей дисциплины, но не каждый туда попадёт. Какие сильные стороны вы можете предложить своим коллегам, чтобы повысить свою репутацию и быть оцененным по достоинству? Это может быть так же просто, как быть кем-то, с кем весело объяснять вещи. Вы могли бы быть «академиком с чувством юмора» в своём окружении. Вы, вероятно, никогда не получите Нобелевскую премию, но ваши коллеги будут знать, когда вас искать, и ценить вас.

Независимо от того, насколько вы хороши, всегда найдутся причины для разочарования. Если в прошлом году у вас было 15 статей, вы планируете, что в этом будет 17, и так постоянно. Если в прошлом году вы набрали 500, 1000, 2000 цитат, вы можете (разумно) ожидать, что в этом году вы наберёте больше, поскольку вы более известны, у вас больше статей или вы больше рекламируете. Но где же предел? А что произойдёт, если вы опубликуете не 17 статей, которые были у вас в качестве цели, а «только» 14?

В принципе, я разделяю идею, что жизнь, и, в частности, профессиональная жизнь, – это крещендо успехов. За исключением некоторых единичных случаев, например, когда вы получаете Нобелевскую премию, и это предел, или когда вы по какой-то причине дискредитированы, шансы получить лучшее вознаграждение увеличиваются по мере того, как вы становитесь более опытным.

Однако получение большего вознаграждения или получение большего удовлетворения также зависит от того, как вы оцениваете вещи, каковы ваши ценности и по каким критериям вы оцениваете свой успех[8].

Вы можете публиковать по книге в год, а коллега публикует только одну книгу за пять лет и получает контракт с издательством Оксфордского университета, куда вы никогда бы не осмелились обратиться. За последние три года у вас больше цитирований, чем у кого-либо другого, но в целом у них их больше, чем у вас. И вы расстраиваетесь. Или, наоборот, вы в конечном итоге завидуете кому-то, кто продвигался быстрее вас за последние три или четыре года. Кто-то другой публикует гораздо меньше, чем вы, но он всегда присутствует в средствах массовой информации и, следовательно, гораздо более заметен, чем вы. Может быть, кто-то гораздо продуктивнее вас, но вы знаете, что у него нет детей, или они есть, но они уже выросли, поэтому они тратят на работу больше времени, чем вы.

Мы разные, и есть еще сотня причин для разочарования. Есть лишь несколько шансов, что вы можете считать себя удовлетворенным в соответствии с какими-то гипотетическими универсальными критериями. Всегда найдутся критерии, которым вы не соответствуете. Но вы все равно можете считать себя счастливым и удовлетворенным тем, что у вас есть, и по вашим собственным критериям. Все зависит от ваших жизненных ценностей. Иногда полезно остановиться и поразмыслить не только о том, чего вы достигли в профессиональном плане, но и в своей жизни в целом. Возможно, вы добились меньшего, чем ваш коллега, но и вложили в свою работу меньше усилий. Но посвятили большую часть своих выходных своей семье, детям или общению с друзьями. Или вы разработали какой-то другой

---

[8] Другие блестящие предложения можно найти в книге Марка Мэнсона «Тонкое искусство пофигизма». https://markmanson.net/books/subtle-art

навык, освоили новое хобби или просто любите смотреть фильмы, гулять в лесу, плавать или заниматься другими делами, и вы находитесь в хорошей физической форме.

Отсутствие карьерного и личностного роста:
история успеха в некотором роде

Моему другу и коллеге в течение многих лет приходилось сталкиваться с несколькими вопросами, которые так или иначе ограничивали его карьеру. Он начинал как исследователь в относительно молодом возрасте и с хорошими перспективами продвинуться до младшего специалиста, а затем, возможно, и до профессора. Однако, спустя пятнадцать лет после его пребывания в должности преподавателя, он все ещё формально является младшим научным сотрудником.

В течение последних пятнадцати лет ему пришлось столкнуться с рядом событий, большинство из которых касались его семейной жизни, что мешало ему сосредоточиться на своей карьере. Ему приходилось много путешествовать, в основном живя и преподавая в двух разных местах одновременно. Большинство формальных критериев, которым он должен был соответствовать, чтобы сохранить свою работу, были связаны с преподаванием, что заставляло его пренебрегать исследовательским аспектом своей работы.

На определённом этапе из-за личных проблем ему пришлось отказаться от одной преподавательской должности и остаться на другой. В конце концов он застрял на должности младшего научного сотрудника в другом университете, потому что был слишком занят другими делами, чтобы позаботиться о стратегических элементах своей карьеры.

Возможно, это не похоже на историю успеха, и я согласен, что с профессиональной точки зрения все могло бы пройти лучше. Однако суть здесь не в том, чтобы рассматривать профессиональное развитие само по себе, а в контексте.

Во время недавнего разговора он сказал: «Я знаю, что мой руководитель может подумать, что я впустую потратил свой талант и энергию из-за моего выбора жизненного пути, но это дало мне другие шансы. Я выучил язык и познакомился с культурой, и это важно не только для меня лично, но и профессионально. Как учёный, по сути, я являюсь мостом между двумя языками и двумя культурами, что, по моему мнению, очень важно в моей области».

Кроме того, я бы добавил, что он живёт в небольшом, но красивом доме в пяти минутах ходьбы от пляжа, воспитывает двух замечательных детей и играет в музыкальной группе. Возможно, он не самый организованный и ориентированный на карьеру человек, которого я знаю, но, насколько мне известно, он не знает, что такое слово «стресс».

Теперь я не уверен, что это сработало бы для меня или для многих других людей, но, в определённой степени, это сработало для него. Он не самый известный Учёный, но у него есть свои друзья и почитатели, а также он вносит свой вклад в исследовательские проекты. Он не самый активный и цитируемый учёный в своей сфере, но он и не делает ничего особенного для этого и не расстраивается. Если смотреть с моей точки зрения, я вижу это как историю успеха.

Это не означает, что какие-либо личные успехи могут компенсировать тот факт, что вы не справляетесь. Одно дело – иметь минимально необходимый результат. Другое дело – недоработать. В основном это зависит от вашей энергии и мотивации делать что-то, что может измениться в течение жизни. Книга, опубликованная в издательстве Йельского университета, будет впечатляюще смотреться в вашем резюме, но убедитесь, что, участвуя в этом проекте, вы не забудете о других требованиях вашей национальной системы оценки. Точно так же общественная работа, такая как оценки, коллегиальные обзоры и комитеты, требуют времени и энергии, вплоть до того, что у вас не остаётся достаточно времени для выполнения ваших стандартных и ожидаемых обязанностей.

Выбор в карьере остаётся за вами, суть в том, чтобы иметь возможность делать выбор, который позволит вам работать, по крайней мере, выше порога между активным исследователем (то есть исследователем, который считается оказывающим положительное влияние в соответствии с национальными критериями оценки) и неактивным. Как только вы сделаете это, вы сможете решить, инвестировать ли в дальнейшую деятельность, которая полностью признана вашим министерством, или во что-то другое. Но если вы будете делать недостаточно, ваше положение окажется под угрозой, и это в конечном итоге может повлиять и на вашу личную жизнь.

Возросшая популярность баз данных, поддерживаемых коммерческими издателями, и определение библиометрических критериев для оценки науки послужили тому, чтобы сделать вещи более «измеримыми». Вы могли бы не согласиться с тем, как они измеряются, но подавляющее большинство академических оценок используют их в своих интересах. В конце концов, либо вы создаёте свои собственные методы оценки и лоббируете их, либо вам нужно смириться с тем, что вас просят сделать. Это не обязательно означает слепо выполнять все, о чем вас просят. Речь скорее идет о том, чтобы сделать вашего работодателя счастливым. С остальными вашими усилиями, вложенными в то, во что вы верите, но которые не обязательно признаются «полезными» вашей бюрократией.

Другими словами, библиометрические измерения, базы данных и ряд других критериев важны для разных стран, регионов и дисциплин. Иногда они используются во время проверок и для составления национальных рейтингов, но также и на индивидуальном уровне при оценке кандидатов, подавших заявки на получение стипендии или других оплачиваемых государством должностей.

Библиометрические критерии не только легче оценить, потому что вы можете просто извлечь статистику из базы данных. Они дешевы в использовании, потому что их можно рассчитать механически. Наконец, они сами по себе претендуют на объективность, поскольку основаны на цифрах, а общепринятая мудрость предполагает, что как только у вас есть цифры, объяснять уже нечего. Цифры объективны, но выбор одних показателей вместо других или алгоритма, используемого для генерации этих чисел, является субъективным.

Пример – список лучших академических издательств Эстонии Эстония потратила много усилий на создание системы, позволяющей университетам и государственным учреждениям оценивать академические результаты, учёных и их отделы. Но они также столкнулись с проблемой. С одной стороны, необходимо было найти способ сделать эстонские исследования измеримыми в соответствии с международными стандартами. Однако, с другой стороны, Эстония все еще была страной с низкими показателями, когда разрабатывались стандарты измерений. В результате система должна была найти баланс между амбициями, ожиданиями и реальностью, чтобы оценивать академические результаты по реалистичным критериям.

Чтобы привести вам пример нереалистичных критериев, подумайте о случае, когда почти в одиночасье только публикации Scopus стали учитываться при приёме на работу или при подаче заявки на получение денег на исследования. Публикации Scopus, в среднем, труднее получить, чем обычные академические публикации, по которым нет общепризнанного академического стандарта. Если у вас есть выбор между журналами Scopus и журналами, не относящимися к Scopus, я бы предположил, что значительное число ученых выбрали бы кратчайший путь и выбрали научную публикацию, не относящуюся к Scopus. Когда планка повышается и учитываются только публикации Scopus, подавляющее большинство учёных оказываются в отставании. Оказание давления на людей может быть способом добиться перемен, но можно также столкнуться с сопротивлением. Например, подумайте о «старой гвардии», то есть признанных ученых, которые занимают соответствующие должности и консультируют правительство, построили свою карьеру, престиж и репутацию на других ценностях. Одобрение новых критериев означает для них не только признание того, что они не достигли достаточного качества, но и «дисквалификацию» самого себя для выполнения некоторых задач или видов деятельности, т.е. больше не соответствовать формальным требованиям подачи заявок на некоторые исследовательские гранты.

Другими словами, могут возникнуть ситуации, когда подавляющее большинство ваших учёных не привыкли публиковаться на международном уровне, а некоторые другие активно выступают против изменения стандартов измерений. Если вы создадите правила, по которым будут оцениваться только международные публикации, ваша страна пройдёт «переходный этап», который может длиться годами, в течение которого большинство или значительная часть ваших учёных не будут соответствовать установленным минимальным требованиям к качеству. Это немного похоже на то, как если бы вы выстрелили себе в ногу. Если вы хотите, чтобы люди приняли определённые стандарты, эти стандарты должны быть реалистичными, и вам нужно оказать некоторую поддержку тем, кто хочет расти, чтобы соответствовать им.

Одним из компромиссов, на который пошла Эстония, является относительно гибкая классификация «лучших академических издателей». Имейте в виду, что для книг не существует базы данных, эквивалентной Scopus. Легко представить, что издательство Гарвардского университета является ведущим, но как насчёт издательства Ливерпульского университета? Должны ли органы контроля качества считать его «хорошим» или «не очень хорошим»? А издательство Эдинбургского университета? Они оба имеют хорошую репутацию среди учёных, но репутация не является осязаемой или оправдываемой с помощью формальных критериев.

Кроме того, поскольку публикация книги является меньшим достижением в науке, чем в социальных науках, нет особой срочности в создании такой базы данных. Тем не менее, страны должны иметь возможность каким-то образом классифицировать академических издателей и, следовательно, авторов. В некоторых странах министерство проводит опрос среди университетов, которые должны предоставить список издательств, которые, по их мнению, имеют самое высокое качество. В результате получается список двойных стандартов. Там находятся лучшие издательства, но также и издательства, в которых публиковались сотрудники каждого университета. Что бы вы сделали, если бы кто-то пришел к вам и спросил, каковы лучшие издательства в мире, и вы знали, что, основываясь на этой классификации, ваш университет (или кафедра) могут похвалить как лучший в стране или презирать как непродуктивный? Было бы справедливо предположить, что в ваш список лучших издателей войдут самые известные из них и те, где публикуются ваши сотрудники (в противном случае вы признаете, что ваши сотрудники охотно выбирают издателей низкого качества).

Тогда ваш аргумент был бы таким: да, Гарвард лучше, но у того или иного издательства также отличное качество, и именно поэтому мы публикуем статьи там. С другой стороны, у нас есть классификация, используемая некоторыми странами, которые в стремлении к высочайшему качеству отдают должное книгам только ведущих академических издательств мира. Например, список издателей категории А+ в Гонконге включает не более 17 издательств. Все остальное считается более низким стандартом.

Эстония каким-то образом находится на полпути между ними. Список лучших академических издательств включает книги издательств, которые имеют более 500 наименований в 5 крупнейших европейских библиотеках, отобранных министерством исследований. В этом есть смысл. Если основные библиотеки продолжают покупать книги у этого издателя, и это респектабельные библиотеки, то издатель должен быть хорошим.

Если у вас есть много названий от одного и того же издателя, это означает, что публика, и Ученые, в частности, ценят этого издателя. Вывод может заключаться в том, что издательство, о котором идёт речь, хорошее и печатает книги хорошего качества.

Это хорошее предположение, но не обязательно точное. Чтобы иметь 500 названий в библиотеке, издателю необходимо опубликовать 500 или, возможно, больше книг. Только крупные академические издательства могут соответствовать этому критерию. Подумайте о независимых издателях, которые выпускают всего несколько наименований в год, внимательно проверьте их продукцию, качество и тщательно продумывайте детали, которые коммерческие издатели оставляют позади, уделяя больше внимания количеству, чем качеству. Чтобы опубликовать 500 или более книг, им потребуются годы, не говоря уже о том, чтобы иметь 500 названий в крупных библиотеках. Аналогичным образом подумайте об электронных издателях с открытым доступом. Если они не продадут ваши книги, вполне вероятно, что библиотеки не будут их покупать, и вы останетесь вне списка.

Как учёному, вам, возможно, придётся работать как вол, чтобы иметь возможность публиковаться в этом издательстве, пройти через несколько рецензий и другие болезненные задачи, но, пока речь идёт о национальных рейтингах, вы не получите никаких похвал. А потом, когда на кону окажется ваша работа, это может стать решающим фактором, и ваш университет может спросить вас, почему вы не выбрали более стандартного издателя. Или ваша администрация может рассуждать следующим образом: "Да, это хорошая книга, но это не лучший издатель. Мы доверяем компаниям, которые опубликовали много книг. На самом деле, цифры показывают, что они выпускают первоклассные книги".

Это также означает, что книги издательств, которые являются «колбасными фабриками», будут там в силу численности. Достаточно, чтобы кто-то увидел заманчивое название, подумал, что книга будет актуальна для их исследования, и заказал её. Если издатель выпускает 500 книг в год, то через десять лет они получат 5000 опубликованных названий. Тогда достаточно, чтобы 10% их книг были куплены, чтобы издатель был допущен на Олимп (или в зал славы, для тех, кто не знаком с греческой мифологией) лучших издателей.

Коммерческое издательство заинтересовано в увеличении своей прибыли больше, чем в выпуске качественных книг. Чем больше они публикуют, тем больше продают, тем больше зарабатывают. Кстати, чем больше они продают, тем больше у них шансов иметь 500 наименований в библиотеке и, таким образом, считаться первоклассным издателем. Это не единственный подход, у которого есть недостатки. В действительности, любая система, которая пытается установить общие правила для большой популяции, не сможет учесть некоторые ситуации или ограничения по конкретным случаям и окажется слишком всеобъемлющей или слишком исключительной.

Вот список издателей, для тех, кто хочет его проверить. Что может привлечь ваше внимание, так это мирное сосуществование ведущих издателей с издателями среднего и даже низкого уровня. Для министерства все они считаются равными 2.1 (книга от ведущего издателя), но все остальные равны, зачем беспокоиться о том, чтобы обращаться в Издательство Гарвардского университета, когда вы можете обратиться в издательство намного ниже статусом и получить такое же количество кредитов от своего учебного заведения и за него[9].

Есть два вывода, которые я бы предложил:

Во-первых, учёных в стране можно разделить на две категории: тех, кто публикуется в лучших издательствах, и тех, кто публикуется в компаниях, которые, хотя и не отличаются высоким качеством, но удовлетворяют критериям министерства в отношении публикаций. Теоретически, в глазах государственного учреждения они стоят более или менее одинаково, так что, если у вас нет реального мотива работать с ведущим издателем, вы можете легко смириться с малоизвестным издателем.

Во-вторых, существует тонкая грань между теми, кто заинтересован в публикации в самых престижных издательствах, и теми, кто предпочитает работать с издателями более низкого уровня, но все равно получает за это баллы. Если формальные оценки за издателей одинаковы, только небольшая часть ученых в стране будет отдавать предпочтение лучшим издателям. Они заработают лучшую репутацию, но такое же количество кредитов, чем те, кто

---

[9] Смотрите полный список https://www.etis.ee/Portal/Classifiers/Index?lang=ENGhttp://www.etis.ee/Portal/Classifiers/Index?lang=ENG

публикуется у издателей более низкого уровня. Остальные будут больше озабочены выживанием. Другими словами, обе категории могут получить свой кусок торта и съесть его. Но в первом случае они могут добавить немного взбитых сливок или вишенку сверху. Сколько вы готовы заплатить за эту вишню со взбитыми сливками?

Теоретически, нет разницы между публикацией статьи в обычном академическом журнале и журнале, который индексируется в Scopus или WoS. То есть, единственное достоинство этих журналов по сравнению с журналами, не входящими в Scopus, заключается в том, что они подали заявку и были приняты в базу данных, которая широко рассматривается как стандарт академического мастерства.

Журнал прошёл формальную оценку, и принято решение включить его в базу данных. Качество статей может немного отличаться в зависимости от выпуска, так же как редактирование и экспертные оценки будут зависеть от субъективного суждения редакционной группы и рецензентов, хотя применяются некоторые общепринятые стандарты. Но главное различие между хорошим журналом и не очень хорошим в академических кругах заключается, как ни странно, в человеческом участии. Считается, что в любом академическом журнале достойного уровня есть редакционная коллегия, один или несколько редакторов и одинаковый процесс рецензирования для всех статей. Однако существуют значительные различия в качестве между журналами в зависимости от:

Стандарта качества главного редактора и редакционной коллегии: учёные разные, у них разные подходы и стандарты. Кто-то привык к определённым стандартам качества и может игнорировать некоторые критерии, которые важны для других людей. Кроме того, не все редакторы одинаково мотивированы выполнять свою работу. Некоторые могут оказаться там просто случайно, потому что им нужна эта должность или потому, что их попросили. Поэтому преданность делу также важна.

Взаимодействия редакционной коллегии: в некоторых журналах члены редакционной коллегии едва знают, что они являются частью правления (иногда они там, потому что их имя хорошо выглядит на бумаге). В некоторых других они регулярно встречаются и принимают решения. В некоторых случаях мы говорим об ученых с большим количеством отличных связей, которые знают признанных ученых, которые мотивированы и которые сами имеют хорошие стандарты качества. В других случаях они могут быть недостаточно мотивированы, или иметь достаточный опыт, или связи, или просто недостаточно активно интерпретировать свою роль.

Оборот статей: приоритетом журнала является регулярная публикация выпусков в соответствии с заранее определенным планом. Наличие большого количества статей повышает вероятность получения статей хорошего качества. Но получение всего нескольких материалов в год ставит вас перед дилеммой: публиковать все, что у нас есть под рукой, когда журнал должен пойти в печать, или пропустить выпуск. Ни один из вариантов не подходит для репутации журнала, поэтому, в целом, журналы с более высоким оборотом статей с большей вероятностью опубликуют более качественные статьи.

Процесс рецензирования: журналы имеют разные стандарты. В некоторых случаях они отправляют статью только одному рецензенту, в то время как в других случаях они могут запросить отзыв ещё у четырех или пяти ученых. В некоторых случаях достаточно одного раунда проверок. В других случаях статья может пройти два или даже три раунда рецензирования, прежде чем она будет принята. Пятнадцать рецензентов и восемь раундов рецензирования не обязательно гарантируют качество (но определённо гарантируют значительную трату времени), но, в среднем, чем точнее процесс рецензирования, тем больше вероятность того, что статья будет соответствовать лучшим стандартам качества.

Рецензенты: любой, кто активно участвует в исследовании, может выступать в качестве рецензента. Но у рецензентов могут быть разные стандарты качества, предпочтения и вкусы.

Когда редактор ищет рецензентов для данной статьи, он может остановиться на первом человеке, обладающем некоторыми знаниями по теме статьи, или потребовать более конкретных критериев. Возможно, вам нужен рецензент, признанный в данной области, или кто-то, кто известен тем, что быстро и в срок рецензирует, или тем, что он конструктивен и дает хорошие советы. В некоторых случаях вам также может понадобиться очень критичный или жесткий рецензент. Вы определенно не хотите, чтобы кто-то высказывал деструктивную критику или тратил год на рецензирование статьи. Но это случается, особенно когда вы не знаете своих рецензентов или не ищете их внимательно. Некоторые журналы сами выбирают своих рецензентов и ведут внутреннюю базу данных хороших и не очень рецензентов. Чем лучше вы справитесь с процессом рецензирования, тем больше вероятность того, что вы получите статьи от авторитетных ученых (возможно, предоставляющих статьи хорошего качества, даже если это не гарантировано), которые хотят избежать траты времени и нервов на отправку.

Чем лучше журнал справляется с вышеуказанными моментами, тем больше вероятность того, что он обеспечит качество, тем больше вероятность того, что он получит хорошие статьи и сохранит хорошее качество на протяжении всего времени. В некоторых случаях это может привести к тому, что журнал улучшит свою репутацию и получит более высокий рейтинг в Scopus. Однако это не происходит автоматически, и, возможно, это особенность системы. Рейтинг в Scopus (и WoS) основан на импакт-факторе журнала, рассчитываемом как количество цитирований по сравнению с опубликованными документами за определенный период. Это основано на представлении о том, что хорошие статьи широко читаются и цитируются, что позволяет журналу подниматься в рейтинге. Однако может быть и наоборот, и статья по умолчанию может считаться хорошей, потому что она опубликована в данном журнале, который уже имеет хорошую репутацию. Это также может означать, что низкокачественные статьи, если они широко цитируются, поднимают журнал в рейтинге, а статьи хорошего качества, которые остаются незамеченными (и не цитируемыми), опускают журнал в рейтинге.

В целом, я думаю, справедливо предположить, что журналы с более высоким рейтингом можно считать лучшими журналами, но это не всегда обязательно так. Я видел отличные журналы, которые остаются низкими в рейтинге по нескольким причинам. Они публикуются по очень специфической теме, которая представляет интерес для немногих ученых. Или же их редакторы не вкладывают достаточно средств в цитирование (некоторые журналы прилагают много усилий, чтобы получить наибольшее количество цитирований каждый год). В конце концов, можно было бы задать вопрос: что было первым, курица или яйцо? Некоторые журналы получают больше и более качественные статьи, потому что они выше в рейтинге, или они выше в рейтинге, потому что их воспринимают как хорошие, и ученые с лучшими статьями, как правило, подают заявки туда?

В любом случае, система оценки в большинстве стран заставляет вас предполагать, что журнал с рейтингом Q1 в Scopus лучше, чем журнал с рейтингом Q2 или ниже. В некоторых случаях вы получите больше баллов, если опубликуете статью в журнале Q1. В результате ученые могут подать заявку в журнал Q1, потому что они хотят получить больше пользы от статьи, не обязательно потому, что они думают, что журнал лучше, чем другой журнал с рейтингом Q2 или Q3. Или они могут предположить, что журнал в первом квартиле лучше, что приводит к тому, что этот журнал получает гораздо больше материалов, чем другие, которые иногда лучше подходят или лучше управляются.

Если цель – журнал Scopus, то нужно учитывать две вещи: что вы хотите сделать и что нужно сделать. Как академик, ищущий славы и известности (существуют ли они в академических кругах?) вам нужно настроиться на журнал Q1 квартиль, который, как утверждается, читает больше людей, чем Q2, Q3 или Q4. Однако вы не единственный, кто думает подобным образом, поэтому журналы Q1 являются самыми «переполненными». Возможно, они получают больше рукописей, имеют медленные сроки обработки, более сложные процессы рецензирования и ряд других препятствий.

Возможно, стоит приложить усилия к более сложным журналам, но это сопряжено с риском, поскольку публикация вашей рукописи может быть отложена или вероятность отклонения выше. Однажды я получил запрос на публикацию статьи, которая уже была принята другим и «лучшим» журналом. Проблема заключалась в том, что статья должна была быть напечатана до конца года, чтобы быть рассмотренной для прохождения национальной оценки, иначе автор мог потерять работу. Как раз, в то время мне не хватало статьи, поэтому я отправил её на рецензию коллегам, которые, как я знал, быстро ее рассмотрят. В конце концов, статья была принята и быстро опубликована (быстрота в академических кругах не имеет того значения, которое она имеет в реальной жизни). Автору пришлось «понизить рейтинг» своей публикации с журнала до третьего квартиля, но он выполнил свою цель прохождения оценки.

Есть журналы, которые получают слишком много материалов и которые позволяют себе отклонять статьи, даже если оба рецензента предполагают, что статья может быть опубликована после серьезных доработок. Но в Scopus также есть много достойных журналов, которые не получают достаточного количества материалов и которые были бы рады проконсультировать вас и провести через процесс, в конечном итоге ведущий к публикации у них. Как и в приведенном выше случае, если от вас требуется публикация в журнале Scopus (независимо от того, в каком квартиле), чтобы сохранить свою работу, вы можете выбрать журнал с более низким рейтингом. Делайте то, что от вас требуется, а затем сосредоточьтесь на журнале с более высоким рейтингом для следующей статьи, когда ваша работа больше не будет на кону. Безусловно, иметь статьи в ведущих журналах выгодно, но они требуют больше времени и усилий, и существует риск того, что, если вы опубликовали недостаточно публикации за определенный период, вас могут счесть непродуктивным или неактивным.

Вот почему люди часто говорят о двухскоростной стратегии в академических кругах: один журнал с самым высоким рейтингом каждые X лет и журналы с более низким рейтингом чаще. Лучший журнал олицетворяет качество и указывает на то, что при желании вы можете написать отличную статью. Журналы с более низким рейтингом дополняют картину, показывая, что вы все время активны и продуктивны. Другими словами, вы полностью удовлетворяете критериям качества и количества.

Как "войти" в Scopus (Web of Science или "зал" славы любого другого журнала)?

Мы много говорим о журналах, которые уже есть в Scopus. Но как они там оказались? Ну, они подали заявку, в первую очередь. Требования могут меняться со временем, но, в целом, вам нужно будет показать, что ваш журнал может поддерживать некоторые стандарты качества, регулярно публикует статьи и его читает академическая общественность.

Регулярно публиковаться – очень просто. Вам просто нужно показать, что ваш журнал выходит в срок. Если вы объявляете, что ваш выпуск в июне и декабре, вам следует придерживаться этих месяцев. Вы можете отложить выпуск на несколько дней, но публикация июльского выпуска в августе на самом деле небезопасна.

Стандарты качества будут проверены вручную некоторыми экспертами, которые прочитают несколько последних номеров вашего журнала. Этот процесс выполняется только один раз, когда оценивается ваш журнал. Но я не уверен, повторяется ли он регулярно после того, как журнал был принят. Я имею в виду, что существуют очевидные и трудные препятствия, которые необходимо преодолеть перед попаданием в базу данных, но я сомневаюсь, что статьи регулярно проверяются после того, как журнал попадает в базу данных. Общее предположение состоит в том, что, при значительном снижении качества, специалисты по обслуживанию базы данных получат предупреждение и проверят журнал. В силу этого, если качество немного "снизится", произойдёт что-то незначительное или вообще ничего. Наконец, то, что академическая общественность читает это журнал, означает, что другие Ученые взаимодействуют с его статьями, цитируя их. Обычно предполагается, что те, кто читает статью, будут ссылаться на неё, поэтому, чем больше вас цитируют, тем больше вас читают (предположительно). Если ваш журнал будет положительно оценен по этим критериям, вам могут предложить присоединиться к базе данных.

В ходе этого процесса будет рассчитан импакт-фактор вашего журнала. Если у вас относительно мало цитирований, ваш ИФ может опуститься к нулю. Фактически, журналы с самым низким рейтингом – Q4 будут иметь ИФ, близкий к нулю. Это относительно несущественно в странах, чья система оценки, как правило, отдаёт должное публикациям Scopus независимо от того, занимает ли журнал первое или последнее место в своей дисциплине. В этом случае вам просто нужно опубликовать статью в журнале, индексируемом в Scopus, но то, насколько высоко или низко этот журнал оценивается, не имеет значения для вашего руководителя, университета или министерства. В таких случаях вам решать, сколько дополнительно вы хотите работать. Предположим, что публикация в журнале Q4 может занять 3 месяца, но для публикации в Q1 журнале потребуется 6 или более месяцев написания. Готовы ли вы потратить столько времени или вам достаточно публикации в Q4 журнале? Имейте в виду, что я говорю об общих тенденциях, так как могут быть некоторые журналы Q4, в которые так же трудно попасть, как и в журналы Q1.

Практический пример (кейс) – неанглоязычные журналы и Scopus

С 2011 года я являюсь соредактором небольшого независимого англоязычного журнала с открытым доступом[10]. Несколько лет назад мы подали заявку на включение журнала в Scopus и Web of Science (WoS). Нас попросили доказать, что журнал выходит регулярно в запланированные месяцы. Нас также попросили представить несколько последних выпусков, чтобы эксперты могли ознакомиться со статьями и оценить их качество. В конце концов, нас приняли в Scopus, но не в WoS.

В отчёте Scopus упоминалось, что, хотя статьи журнала цитировались немного занижено, их качество было достаточно хорошим для того, чтобы включить журнал в базу данных. У WoS была такая же оговорка по поводу цитирований но они решили не включать в их базу данных. Однако важно отметить, что в отчёте WoS нам сказали, что количество цитирований в нашем журнале было недостаточным для включения в базу данных журнала на английском языке и с нашей дисциплинарной направленностью. Другими словами, цитирование было оценено против с внутреннего стандарта.

Я извлёк несколько стратегических уроков, рассуждая об этом различии. У меня нет никаких научных доказательств, подтверждающих мои выводы. Но я делюсь ими, поскольку может оказаться полезным учитывать их при принятии решений о вашем журнале. База данных Scopus была создана позже, чем база данных WoS, которая изначально была основной и в некоторых отношениях уникальной несколько лет назад. Действительно, учреждения с более консервативным взглядом на научную оценку по-прежнему ссылаются на WoS как на единственную базу данных. Чтобы

---

10   Studies of Transition States and Societies, STSS (Исследования переходных государств и обществ) – журнал, который полностью управляется и поддерживается Таллиннским университетом. Он был создан в 2009 году командой, возглавляемой моим другом и коллегой Райво Ветиком, которому следует отдать большую часть заслуг за первоначальные достижения журнала и которому я очень благодарен за его блестящую инициативу.

иметь возможность конкурировать с WoS, Scopus должен был позиционировать себя на рынке и использовал несколько подходов, два из которых важны для меня. Один из них заключается в том, что Scopus попытался стать крупнейшей (и, следовательно, наиболее инклюзивной) существующей базой данных научных журналов. Другая заключается в том, что Scopus приложил много усилий в области социальных и гуманитарных наук, которые изначально не были в центре внимания WoS. Таким образом, Scopus проявил больший интерес к нашему журналу, чем WoS, и был готов немного изменить свои критерии качества, чтобы включить наш журнал. Это позволило базе данных продолжать расширяться и охватывать больше стран, которые до сих пор были недостаточно представлены.

В настоящее время существует несколько разногласий между учеными и подходами к оценке. Кто-то может сказать, что Scopus слишком инклюзивен и, следовательно, не гарантирует качество журнала. Другие говорят, что WoS слишком престижен, эксклюзивен и оставляет без внимания отличные журналы. Некоторые системы оценки учитывают статьи, опубликованные в журналах, индексируемых Scopus или WoS, но есть короткий путь. Большинство, если не сказать все журналы, индексируемые в WoS, также индексируются в Scopus, но не все журналы Scopus индексируются в WoS. Так. Это означает, что, если вы не знаете, куда будете устраиваться на работу, самым выгодным вариантом будет публикация в журналах WoS, поскольку они включены в обе базы данных. Если вам нужно опубликовать в журнале, который есть в любой базе данных, вы можете расслабиться и выбрать журнал Scopus, поскольку он более инклюзивен, и у вас есть из чего выбирать.

В любом случае, компании, поддерживающие базы данных (например, Scopus, WoS), живут до тех пор, пока существует интерес к их базе данных. Они также растут, поскольку могут расширяться в сторону новых стран, которые заинтересованы в покупке их продукта. Возьмем страну с низкими показателями исследовательской деятельности, где мало ученых публикуют статьи в журналах, индексируемых Scopus, и мало или вообще нет отечественных журналов, индексируемых в Scopus. Какой был бы смысл покупать сервис у Scopus, если бы это позволяло стране оценивать лишь часть исследователей, работающих в местных университетах? Это означает, что для того, чтобы иметь возможность продавать свои услуги новым странам, Scopus должен быть заинтересован во включении местных журналов в свою базу данных и облегчить присутствие в ней отечественных исследователей. Только на этом этапе они могут продать алгоритм или услугу, позволяющие министерству образования или научных исследований оценивать своих учёных по библиометрическим критериям.

То, как была сформулирована оценка нашего журнала, также предполагало, что количество цитирований, необходимое для внесения в базу данных, было сопоставлено со средним количеством цитирований, которые имеют журналы по той же дисциплине и на том же языке. Мало того, что некоторые дисциплины приносят больше цитирований, чем другие (сравните ИФ журналов по астрофизике и антропологии), но, что не менее важно, некоторые языки приносят больше цитирований, чем другие. Английский – общепринятый язык для науки, но, безусловно, не единственный. На самом деле научный журнал может существовать на любом языке, и, если он ориентирован в основном на местное научное сообщество, можно вести его и на местном языке. В конце концов, испанский, русский, китайский, французский и арабский языки широко распространены во всем мире. Написав на одном из этих языков, вы все равно сможете участвовать в дебатах с рядом стран. Соответственно, существует ряд журналов, не относящихся к английскому языку, как в Scopus, так и в WoS.

С точки зрения цитирования, эти журналы, возможно, не смогут достичь такого количества цитирований, как это может сделать англоязычный журнал. Это заставляет меня задуматься о том, что, если бы мой журнал был не на английском языке, у него было бы больше шансов быть принятым в WoS. Я предполагаю, что количество цитирований неанглоязычного журнала ниже, чем его английские аналоги. Если журнал издаётся на таком языке, как эстонский, и его цитируемость сопоставляется со средним числом цитирований других журналов на эстонском или балтийском языках, то достичь показателя выше среднего по региону должно быть несложно[11].

В этом есть смысл. Если не использовать такую систему, никогда не получится принимать журналы, ориентированные на очень небольшое академическое сообщество, и нет никаких причин, по которым журнал не может быть на латышском или грузинском языках. У них также есть академические сообщества, они занимаются наукой и имеют право публиковаться на языке, на котором говорят у себя в стране.

С точки зрения качества, поскольку допуск в базу данных зависит от качества, а качество необходимо проверять, читая статьи, опубликованные в вашем журнале, журналы, опубликованные на разных языках, оцениваются по-разному. Представьте, что журнал на мальтийском языке подаёт заявку на получение Scopus. Кто мог бы оценить качество этих статей? Я бы предположил, что только говорящий по-мальтийски, что отсекает большинство ученых в мире и сокращает круг экспертов, на которых можно положиться в этой работе. Подумайте также, что в базе данных может не быть никого, кто говорит на доступном языке, поэтому им придётся идентифицировать кого-то, кто, возможно, проводит такого рода оценку впервые.

Мой вывод заключается в том, что журналы на разных языках могут в конечном итоге оцениваться по-разному и по критериям качества, которые сильно различаются. Это также может означать, что при создании нового журнала

---

[11] Население Эстонии составляет 1,4 миллиона человек. Академическое сообщество составляет лишь небольшую часть населения, а академическое сообщество, говорящее на эстонском языке, еще меньше, учитывая, что эстонские университеты были очень открыты в своей политике найма и приняли на работу большое число иностранных ученых.

стратегически имеет смысл выпускать его на местном языке. Журнал на местном языке не означает, что вы не можете публиковать на английском языке. Это просто означает, что основным языком вашего журнала не является английский. Например, вы можете выпускать 2 выпуска в год на местном языке и один на английском или публиковать каждый выпуск на обоих языках.

> **Почему я создаю журнал на другом языке кроме английского?**

Выше я предположил, что создание журнала на местном языке может быть хорошим подходом. Но кто-то может возразить, что международное научное сообщество широко использует английский язык. Тогда зачем оставаться на обочине научных дебатов, публикуя или управляя журналом на местном языке?

Во-первых, грамотность в английском языке варьируется в зависимости от дисциплины. Некоторые национальные дебаты все ещё проводятся на местных языках. Во-вторых, возможно, стоит рассмотреть уровень доступа, который можно получить к публичным дебатам (школы, политика), публикуясь на местном языке, особенно в странах, где английский язык не широко известен. Наконец, вы по-прежнему можете публиковать статьи как на местном, так и на английском языках. Некоторые журналы фактически выпускают один или два номера на местном языке и один или два на английском в течение года и могут считаться журналами на местном языке.

В любом случае, журнал на местном языке, на мой взгляд, даёт следующие преимущества:

Затраты: Редактирование на английском языке – это затраты, и немалые. Даже если вы являетесь носителем английского языка, время, которое вы тратите на чтение всех статей для проверки языка, дорого обходится, это утомительно, и нет никакой гарантии, что вы справитесь с работой должным образом. Редактирование – это работа, и есть люди, которые специализируются на этом. В качестве альтернативы вы можете попросить авторов нести ответственность за их собственную редакторскую работу, но нет никакой гарантии, что они выполнят ее должным образом. Вам было бы гораздо проще найти кого-нибудь для окончательной проверки на местном языке журнала, и это значительно сократило бы расходы.

Ниша: в некоторых странах количество журналов хорошего уровня очень невелико. В некоторых странах вообще нет журналов, индексируемых в Scopus по некоторым дисциплинам. При правильном управлении ваш журнал быстро займёт нишу на национальном уровне и может стать одним из форумов, где национальное научное сообщество или все ученые, работающие на этом языке, обсуждают некоторые важные вопросы.

Читательская аудитория: существуют миллионы академических журналов. Предположительно, у каждого из них есть амбиции стать начитанным и эталоном в дисциплине или области исследований, где крупные ученые жаждут публиковаться. Но скольким из них это удаётся? Английский – это язык, на котором существует наибольшее количество научных журналов, статей и документов. Но вы могли бы захотеть попытаться выделиться на внутреннем рынке, прежде чем выходить на международный. Возможно, в долгосрочной перспективе вы также могли бы решить остаться и участвовать в национальных дебатах, если они достаточно актуальны в вашей стране.

Как создать академический журнал?

Первоначальные "ингредиенты" для создания академического журнала относительно просты. Вам нужно:

1. редакционная коллегия для принятия решений, определения рецензентов, запроса статей;

2. управляющая команда, которая занимается отправкой и обработкой статей, вёрсткой, редактированием копий и печатью.

Проблема с новообретенным академическим журналом заключается в запуске "двигателя", чтобы заставить его работать. Я имею в виду разрыв в энтузиазме между теми, кто основал журнал и потенциальными авторами. Главный редактор и команда подумают: «Мы только что запустили новый журнал. Разве это не самая прекрасная вещь в мире? Мы усердно работали и готовы предложить лучший сервис, быстрое рецензирование и море энтузиазма».

Потенциальные авторы, в лучшем случае, подумают: «О, есть ещё один академический журнал. Название звучит привлекательно. Теперь посмотрим: если журнал не прекратит свою деятельность после двух выпусков, возможно, я отправлю свою статью туда». Получать статьи ещё сложнее из-за «экономики Scopus». Если моя национальная система оценки проводит грань между статьями Scopus и статьями, не относящимися к Scopus, чтобы иметь возможность претендовать на признание моей работы, мне нужно публиковаться в журналах Scopus. Таким образом, как я могу оправдать вложение своих усилий в статью, которая попадает в журнал, не входящий в Scopus, и только что появившийся на свет?

Я предполагаю, что новый журнал не индексируется в Scopus, потому что, за редким исключением, маловероятно, что недавно созданный журнал будет включен с самого начала в базу данных Scopus. Во-первых, проверить его качество невозможно, потому что ещё не опубликовано ни одной статьи.

В принципе, это означает, что практически ни у одного учёного из страны Scopus (страны, которая даёт учёным баллы, если они публикуются в Scopus или другой базе данных) не возникнет соблазна представить статью. Здесь я вижу большой подвох: чтобы получать хорошие статьи, вам нужно быть проиндексированным в Scopus; но чтобы быть проиндексированным в Scopus, вы должны продемонстрировать, что можете публиковать статьи хорошего качества.

Есть только один выход из этого круга. Вам нужно убедить людей, способных писать хорошие статьи, в том, что стоит инвестировать в ваш журнал. Правда, ваши авторы не получат свой кредит Scopus за публикацию с вами, но вы можете предложить несколько вещей:

- Фокус, который не предлагает ни один другой существующий журнал.
- Редакционная коллегия с устоявшейся репутацией, одобряющая журнал.
- Быстрый и дружественный процесс экспертной оценки. Это зависит от того, как вы работаете, но при ограниченном количестве заявок это становится очень выполнимым.

Вышеуказанные пункты могут быть восприняты как "обещание", что журнал быстро получит консенсус в научном сообществе и что время, потраченное на статью в вашем журнале, принесёт больше или просто альтернативную пользу, чем время, потраченное на публикацию в уже известном журнале. Этому также может способствовать тот факт, что потенциальные авторы знают вас лично и решают поверить в вас и ваши способности развивать журнал. Достоверность также может зависеть от подхода журнала и его желания не замахиваться слишком высоко. У каждого есть амбиции и надежды на то, что их журнал станет ведущим в этой области. Но нет необходимости предвосхищать это и утверждать, что недавно созданный журнал уже является (или обязательно будет) ведущим в этой области. Иногда проявление скромности и реалистичных ожиданий помогает завоевать доверие среди ваших "инвесторов", которые являются потенциальными авторами. Я с большей вероятностью отдам свою статью в журнал, который знает, что они не будут выдающимися, но работает над тем, чтобы быть хорошим журналом, чем в тот, который стремится стать ведущим журналом, но даёт мало подробностей о своём видении.

Статья для нового журнала – это что-то вроде пожертвования. Коллеги предлагают вам пожертвовать часть своего времени и усилий на поддержку какого-либо дела. Таким образом, очень помогает, если они не только верят в вас, но и в проект. Таким образом, ваш журнал должен предлагать что-то уникальное или то, что раньше было недоступно.

Пример (кейс) – появление новых академических журналов

Мой коллега и хороший друг недавно опубликовал статью в недавно созданном академическом журнале. Я проинформировал его что он не сможет претендовать на какие-либо заслуги в соответствии с его университетской системой. Но у него было несколько контраргументов.

Во-первых, журнал был уникален по своей направленности. Действительно, до недавнего времени ни в одном другом журнале не было такого специфического регионального освещения, как в этом журнале. В результате журнал, вероятно, должен был стать основным справочником для учёных, работающих в этом конкретном регионе. Он не смог бы претендовать на баллы для аттестации, но его статья, таким образом, достигла бы нужной ему аудитории, и он смог бы взаимодействовать с учёными и экспертами по интересующему его региону.

Во-вторых, журналом руководил известный учёный, который был очень активен в сборе статей, и благодаря своей репутации он мог попросить людей поверить в его проект и прислать ему одну статью.

В-третьих, поскольку журнал был относительно неизвестен и независим, академическое сообщество оказывало на него незначительное давление в отношении того, как должна выглядеть его статья. Кроме того, редактор лично попросил его написать статью, и он ожидал получить рецензентов, которые, в рамках процесса слепого рецензирования, отнеслись бы с большей симпатией к его подходу. Следовательно, он мог бы написать статью так, как ему нравится, а не так, как она должна выглядеть, чтобы понравиться анонимным рецензентам.

Наконец, благодаря стольким замечательным усилиям главного редактора, журнал недавно был приобретен крупным издателем. В то время он не знал, что издатель разрешит доступ к журналу только подписчикам, что повлияет на видимость его статьи. Тем не менее, тот факт, что журнал приобрёл крупный издатель, можно рассматривать как признак качества, поскольку журнал должен был стать справочным и в какой-то момент будет включён в Scopus.

Второй коллега отправил статью в журнал, демонстрирующую аналогичную картину, хотя и проходящую через разные этапы в своей короткой жизни. Журнал был создан полностью в режиме открытого доступа, но с жёстким и конструктивным процессом рецензирования, в нем была сосредоточенность, которую в то время не предлагал ни один другой журнал. Журнал также пользовался отличными связями и активной редакционной коллегией, которой удалось привлечь в качестве приглашенного редактора специального выпуска одного из ведущих социологов мира.

Как ученый, я, возможно, не проявлю желание отправлять статью в недавно созданный журнал. Однако, если бы мой академический гуру или, по крайней мере, профессор, которым я восхищаюсь, был приглашенным редактором номера журнала, я мог бы пойти по их стопам и тоже опубликовать статью в данном журнале. Во-первых, их присутствие может навести меня на мысль, что при поддержке их репутации журнал, скорее всего, быстро взлетит и станет ведущим журналом в этой области. Во-вторых, это может быть вопросом морального удовлетворения – войти в академическое издание, где публиковался человек, которым я восхищался всю свою карьеру.

В обоих случаях я считаю, что редакционная коллегия сделала несколько хороших ходов и "сделала ставку на правильную лошадь", потому что оба журнала сейчас набирают популярность и, даже если не входят в Scopus, все чаще рассматриваются в качестве главного источника в этой области. Возможно, они еще долгое время останутся вне Scopus, но они не будут единственными хорошими журналами, решившими остаться вне данной базы данных.

Преимущества и ловушки публикации в открытом доступе

Ценность публикаций в открытом доступе к настоящему времени широко признана. Обычно предполагается, что доступность результатов исследований в интернете позволяет учёным со всего мира, независимо от того, насколько оснащена их библиотека, иметь доступ к вашим результатам. Кроме того, публикация в открытом доступе также является способом популяризации науки, поскольку любой, кто интересуется вашими открытиями, будь то представители академического сообщества или нет, может загрузить и прочитать вашу статью.

Этот последний пункт немного двусмыслен, мне было бы любопытно посмотреть, сколько людей, занятых своей повседневной работой, желают и имеют время загрузить что-то длиной 5 000-10 000 слов, наполненное техническими словами, и прочитать это в свободное время. Альтернативой могло бы быть предложение учёным, чтобы каждая статья (или каждое количество статей) была обобщена в виде короткого блога, поста или статьи (максимум 800-1000 слов), написанной на неспециализированном языке. Это было бы легче прочитать и переварить неспециалистам, что стало бы хорошим способом ознакомить широкую общественность с последними достижениями исследований в данной области.

Во всяком случае, когда речь идет об открытом доступе, доступны два основных варианта.

Вариант первый – опубликовать в журнале, который находится полностью в открытом доступе. Это означает, что журнал по умолчанию хранит все свои статьи в свободном доступе и для загрузки в определённой базе данных (часто на веб-сайте журнала). Это также обычно означает, что журнал не имеет претензий в отношении коммерческого использования (авторского права) вашей статьи.

Авторские права, когда речь идет об академических статьях, можно разделить на моральные и экономические права. Как автор интеллектуального продукта, вы обычно сохраняете полные моральные права на свою работу. По сути, это означает право быть идентифицированным как автор данного произведения. Моральные права обычно остаются за автором(-ами) данного произведения.

Напротив, экономические права относятся к возможности коммерческого использования продукта и получения денег от его продажи. Когда вы публикуете статью у коммерческого издателя, вас обычно просят заполнить форму об авторских правах и отправить ее им обратно. Делая это, вы передаете свое экономическое право на статью журналу и компании, управляющей журналом. По сути, вы пишете статью. Они продают это и зарабатывают на этом деньги. Для книги процесс немного отличается. Вы по-прежнему передаёте свои экономические права на свои академические результаты, но взамен получаете компенсацию в виде единовременной выплаты или процента от продаж. Однако компания, управляющая книгой, удерживает большую часть доходов от вашей творческой работы.

Полный открытый доступ означает, что издатель не претендует на какие-либо экономические права на вашу работу, которая затем может быть распространена практически без ограничений, при условии, что издатель признан. Это, в принципе, идеальная ситуация. Проблема в том, что, по крайней мере, в некоторых дисциплинах, количество международных признанных журналов, которые используют эту модель, ограничено. Большинство журналов, напротив, по-прежнему предлагают варианты открытого доступа, но по-другому.

Действительно, второй вариант означает публикацию у коммерческого издателя, передачу ваших экономических прав на вашу статью, но попросите их сделать её доступной бесплатно на их веб-сайте. Делая это, они несут убытки, поскольку не могут продавать ее больше. Следовательно, они просят вас возместить им предполагаемый эквивалент их потерь, подсчитать, сколько им не хватает заработка (обычно несколько тысяч евро), и выставить вам счёт на эту сумму.

Процесс проходит гладко и имеет коммерческий смысл. Но есть две странности. Одна из них заключается в том, что вы работаете, раздаете свою работу бесплатно, некоторые другие ученые рецензируют вашу работу бесплатно, но тогда вам приходится платить компании, потому что они не могут использовать в коммерческих целях работу, которую вы сделали бесплатно для них.

Другая странность заключается в том, что, как правило, вы не платите себе за то, чтобы ваша работа была доступна в открытом доступе.

Вы используете университетские средства[12], и многие отмечают, что в большинстве случаев ваша работа оплачивается дважды (часто налогоплательщиками). Если вы работаете в государственном университете, то ваша зарплата, по крайней мере частично, оплачивается из государственных средств, и вам платят за проведение исследований. Время, которое вы потратили на проведение исследований или экспериментов, а затем на написание статьи, чтобы поделиться результатами, оплачивается из вашей зарплаты. Если вы захотите сделать своё исследование общедоступным, вы можете заплатить плату за открытый доступ. Но обычно это делается за счёт средств вашего университета или исследовательского гранта (опять же, это деньги государственных налогоплательщиков).

Даже если оставить в стороне вопрос о том, являются ли это деньгами налогоплательщика, ваша работа оплачивается дважды. Это приходит к вам в качестве зарплаты только один

---

[12] Например, Европейская комиссия разработала схему финансирования, позволяющую вам подать заявку и получить деньги обратно, если вы заплатили за предоставление вашей статье открытого доступа коммерческому издателю

раз. Во второй раз деньги идут компании, обрабатывающей вашу статью. Можно утверждать, что эти деньги идут на редактирование текста, редактирование языка и другие расходы, но на самом деле сумма, которую вы платите за «освобождение» вашей статьи, слишком высока, чтобы оправдать всю сумму, которую вы должны заплатить за открытый доступ. По этому поводу ведутся бесконечные дебаты. Основной механизм заключается в том, что коммерческие компании предоставляют услугу по цене, которая постоянно растёт и, возможно, слишком высока для того, что вы получаете[13].

Итак, стоит ли публиковать статью в открытом доступе? Делайте это, если есть желание, время, деньги на исследования, чтобы заплатить издателю за публикацию статьи. Однако в первом случае вы предоставляете учёным и всем заинтересованным лицам со всего мира доступ к вашим статьям. Во втором случае вы также помогаете учёным и всем заинтересованным лицам. Но в то же время вы делаете подарок частной компании, помогая им зарабатывать на вашей интеллектуальной собственности в обмен на престиж, который вы получите от публикации. Вы также поддерживаете специфическую модель в науке, у которой мало оснований для существования. В настоящее время, благодаря интернету и бесплатным программам вёрстки и дизайна, большинство услуг, предоставляемых коммерческими издателями, могут быть доступны по чрезвычайно низкой цене. Механизмы контроля качества и гарантии также легко обеспечить, привлекая к процессу признанных учёных и работая над обеспечением прозрачности и целостности процедур. Можно ли уменьшить роль коммерческих издателей в процессе публикации? Я не уверен. В чём я уверен, так это в том, что некоторые вещи легко можно сделать по-другому.

---

13 Можно посмотреть на сайте The researchers.one Mission www.researchers.on e/article/2018-07-1 and Untangling Academic Publishing https://zenodo.org/record/ 546100#.W5O8uhh8Lys

Как сделать свою работу доступной для всех, даже если доступ ограничен?

Когда статья опубликована издателем с открытым доступом, и вы сохраняете за собой моральные и экономические права на свою статью, вы можете делать все, что хотите и переиздавать работу столько, сколько захотите, при условии, что вы соблюдаете правила новых издателей. Напротив, когда вы публикуете статью у коммерческого издателя и передаёте свои экономические права, вы попадаете в другой режим эксплуатации со многими ограничениями. Однако все ещё существуют некоторые способы сделать статью доступной для широкой общественности без необходимости платить за открытый доступ.

В случае публикации через коммерческого издателя, вы обычно получаете ссылку, которой можно поделиться со своими коллегами, с возможностью загрузить PDF-файл вашей статьи пятьдесят раз. Это немного, но это позволяет пятидесяти вашим коллегам получить доступ к вашей статье. Кроме того, статьями по-прежнему можно делиться в частном порядке, например, в рамках рассылки по электронной почте, что эквивалентно сарафанному радио в интернете.

В большинстве журналов действует период эмбарго (обычно 12-24 месяца), по истечении которого вы можете загрузить окончательную версию своей статьи на частный веб-сайт. Например, если у вас есть свой собственный веб-сайт, вы можете уточнить у издателя как долго нужно ждать, но вы можете сделать статью доступной спустя некоторое время.

В настоящее время широко распространена и приемлема загрузка предварительной версии статьи в репозиторий вашего университета. Предварительная версия статьи – это версия, которую вы получаете с окончательными комментариями, на которые вам необходимо ответить до того, как журнал перейдёт к финальной стадии публикации. Немного неловко делиться своими опечатками и несовершенствами практически со всеми, но эта версия (или просто текстовая версия статьи, когда она была отправлена) может быть доступна с первого дня без каких-либо дополнительных затрат.

Журнальная статья может быть переиздана в виде главы книги. Это может оказаться бесполезным, если издатель снова является коммерческим и доступ к вашей недавно опубликованной главе ограничен. В любом случае, переиздание статьи обычно влечёт за собой уплату гонорара за переиздание, если только вы не являетесь автором или редактором книги, и в этом случае гонорар обычно не взимается. Плата за перепечатку или переиздание также взимается, если новая глава написана на другом языке. Однако это серая зона. Переводы на языки могут сильно отличаться. В результате компании может оказаться трудным или просто нецелесообразным доказывать, что глава, которую вы только что опубликовали на бутанском языке, совпадает с главой, которую вы опубликовали на английском языке в их знаменитом журнале.

Вы можете опубликовать что-то похожее на то, что уже было опубликовано в коммерческом издании, при условии, что в предыдущей публикации будет не более 400 общих слов. Тем не менее, с общим объёмом до 800 слов публикация аналогичной работы все ещё возможна после согласования авторских прав с первым издателем.

Правила могут меняться в зависимости от компании, в которой вы публикуете. Приведённые выше примеры даны для того, чтобы дать вам отправную точку для последующего обдумывания наилучшей стратегии максимизации отдачи от вашей работы, оставаясь при этом в рамках законности.

Пример (кейс): некоторые стратегии переиздания

1. Мы с коллегой отредактировали специальный выпуск журнала, а затем книгу на ту же тему. Нашим первым намерением было просто выпустить специальный выпуск, но мы получили так много многообещающих тезисов, что

решили сделать гостевой выпуск журнала и отредактированную книгу.

Книга вышла примерно через двенадцать месяцев после специального выпуска, и все главы были оригинальными и неопубликованными. Однако, когда дело дошло до моей главы, я понял, что у меня нет времени писать что-то совершенно новое, и начал изучать имеющиеся у меня возможности.

Тем не менее, тема, которую мы использовали для статьи, идеально вписывается в рамки книги. Таким образом, было бы целесообразно использовать некоторые материалы, которые у нас были, для подготовки главы. Поскольку книга рассчитана на другую аудиторию, аналогичная глава будет приемлемым компромиссом, и сделает нашу работу доступной для другого сегмента академического сообщества.

Нам предложили подать заявку на разрешение повторно использовать до 800 слов из статьи, но мы хотели избежать этого (мы опоздали с отправкой книги, и было неясно, сколько времени потребуется, чтобы получить разрешение), поэтому я решил попробовать другой подход. Статья, которая была опубликована годом ранее и была написана тремя годами ранее, прошла два раунда рецензирования и была радикально изменена как в эмпирической, так и в теоретической частях. Технически опубликованная статья радикально отличалась от той, которая была представлена ранее.

Я взял первую представленную версию, удалил большую часть теории и расширил эмпирическую часть выводами из первоначальной версии статьи. Затем добавил некоторые теоретические понятия во введение, чтобы обеспечить некоторую минимальную теоретическую концептуализацию исследования, сохраняя при этом эмпирическую направленность главы. Как только это было сделано, я отправил её издателю для проверки авторских прав. Они использовали программное обеспечение для защиты от плагиата, и в этой главе не было никаких обвинений в повторном использовании или плагиате. Другими словами, издатель счёл главу отличным продуктом по отношению к статье и разрешил публикацию без разрешения.

Один мой чрезвычайно продуктивный коллега однажды предложил совершенно законную стратегию получения максимальной отдачи от эмпирического исследования. Если исследователь проводит полевое исследование в трёх различных географических единицах (город, сообщество, страны, назовём их А, Б и В), он может в процессе работы опубликовать первую статью с результатами, полученными в единице А, затем вторую статью с результатами единице Б и одну с результатами в единице В. Затем можно опубликовать исследование сравнивая результат А-Б, А-В, Б-В. И наконец можно опубликовать статью, сравнивающую результаты А, Б и В.

Я сам не горю желанием использовать такую стратегию, но должен признать, что в ней есть смысл. Технически, вы публикуете разные фрагменты своего исследования, и вполне допустимо ссылаться на одну и ту же теоретическую основу, если вы не копируете и не вставляете один и тот же раздел во все свои статьи. Введение ко всем этим статьям также может относиться к аналогичной теоретической парадигме, но она будет меняться в соответствии с эмпирическими данными, представленными в каждой статье.

В ряде менее удачных случаев я не смог воспользоваться преимуществами своей собственной работы. Иногда меня приглашают переиздать некоторые из них на другом языке, кроме английского. Если я владею экономическими правами на статью, то никаких проблем нет. Но когда мы говорим о работе, на которую я передал свои экономические права на статью, тогда правильнее всего подать заявку на разрешение на авторское право. Это означает запросить разрешение на переиздание статьи на другом языке и, где это применимо, компенсировать издателю понесённые убытки. Предположительно, публикация на другом языке означает, что некоторые потенциальные покупатели статьи на английском языке могут решить прочитать её на другом языке (бесплатно или заплатив другому изданию), и, таким образом, издатель заработает меньше.

На практике я не вижу, как это могло бы произойти, если бы статья была опубликована на эстонском языке. Сколько эстонских учёных воздержались бы от покупки моей статьи, потому что она вышла на эстонском языке? По моим расчётам, никто. Все эстонские университеты уже получили доступ к моей статье через свои базы данных. Наличие такой же статьи на эстонском языке означало бы, что некоторые коллеги, возможно, предпочли бы прочитать её на своём родном языке.

Однако, на всякий случай, существует процедура, и я наивно надеюсь, что издатели поймут, что на самом деле нет никаких реальных потерь от разрешения переиздания на втором языке. Но с корпорациями трудно иметь дело, потому что они настолько велики, что у них мало времени или желания заниматься отдельным случаем или исключением. У них есть свои правила, и они просто применяют их к стандартной ситуации. Переиздание статьи в моей области, на другом языке, имеет стандартную цену, независимо от того, какое потенциальное влияние она оказывает на корпорацию.

В конце концов, разрешение на повторную публикацию обычно предоставляется, но оно сопровождается просьбой оплатить регистрационный сбор. У меня есть несколько оговорок по этому запросу, и именно поэтому я до сих пор никогда ничего не платил, даже если бы у меня были на это деньги. Во-первых, статья будет опубликована в изданиях с очень небольшими бюджетами, которые не взимают плату за доступ к своим материалам. Во-вторых, обычно журнал предлагает перевести текст бесплатно, что уже влечёт за собой значительные расходы даже без платы за оформление. В-третьих, переиздание обычно не приносит никакой прибыли. Я перепечатываю свои работы в журналах открытого доступа, чтобы сделать их доступными для разных аудиторий. Наконец, как упоминалось выше, компания не несёт реальных потерь, и мне пришлось бы платить или собирать средства, чтобы иметь возможность использовать свою собственную работу.

Недавно мне предложили оплатить гонорар за публикацию со скидкой в размере 30 процентов от суммы, которую я должен был заплатить. Я был тронут. Я мог бы заплатить эту сумму из исследовательских проектов. Но как эти расходы могут быть морально оправданы, когда то, что я должен был заплатить, было годовым бюджетом журнала, в котором я собирался публиковаться? И какие потери пришлось бы понести коммерческому издателю, если бы моя статья была переведена и опубликована на украинский язык для украинского научного сообщества? Я ответил, что мне польстило их предложение сделать мне скидку, но я не смог бы принять их предложение. Я понимаю коммерческую логику, и я знаю, что администратор не имеет права размахивать моими гонорарами. Но мой вопрос о правомерности такой логики остаётся.

Наличие различных показателей для оценки академической работы усложняет решение о том, где «засветиться». Некоторые журналы индексируются в одной базе данных, но не в другой, и перекрёстные ссылки на базы данных не учитываются. Если ваша статья опубликована в журнале Scopus, и кто-то цитирует её, Scopus не получит вашу цитату, если этот другой журнал не проиндексирован в Scopus.

В качестве отправной точки следует проверить, что является наиболее важным для вашей национальной системы оценки, поскольку именно это определяет ваш карьерный путь (продвижение по службе, заявки на получение гранта или даже способность сохранить свою работу). Если вы планируете подать заявку на стипендию за границей, вы могли бы следить за тем, каковы критерии оценки в принимающей стране, и следует ли отдавать предпочтение одной базе данных или стандартам публикации. Также я бы предложил три категории баз данных: эксклюзивная; эксклюзивная, но растущая и инклюзивная.

Эксклюзивной является, на мой взгляд, WoS. База данных постоянно включает новые журналы, но делает это консервативными темпами. В силу этого иногда считается, что она обеспечивает более качественную оценку журналов и метрик. Я помню один конкретный случай, когда я подал заявку на стипендию, и меня оштрафовали из-за того, что у меня было несколько публикаций в WoS, вместо предусмотренной планом Scopus.

Эксклюзивная, но растущая – это Scopus. Существует проверка контроля качества, но в последние годы база данных расширялась относительно быстро, *де-факто* нарушая квазимонополию, созданную WoS. Из-за своей инклюзивности база данных стала эталоном в странах, которые пытаются измерить и повысить своё научное совершенство, но понимая, что WoS слишком избирательна и эксклюзивна особенно по некоторым дисциплинам. Другими словами, Scopus – это способ немного снизить планку и стать более инклюзивным при измерении научного совершенства. Но именно поэтому, по крайней мере в некоторых направлениях, публикации в журнале Scopus уже недостаточно. Ваш журнал должен попадать в определённый квартиль Scopus (обычно Q1 или, самое большее, Q2).

Google Scholar можно назвать как «все включено». Это не база данных, но она часто используется в качестве прокси-сервера (proxy) для измерения научного мастерства данного ученого или научных подразделений. Google Scholar подвергся широкой критике за то, что он выбирает цитируемость ученого независимо от того, цитировалась ли его работа в книге, индексируемом журнале или любом другом документе. Если ваше имя есть в каком-то документе, скорее всего, Google Scholar найдёт его и добавит к вашим цитатам. Google Scholar также подвергся сомнению, потому что относительно легко обмануть алгоритм, на котором он основан, и даёт дополнительные цитаты «просто так». Однако это было использовано в качестве компромисса системами оценки, которые не видят преимуществ в том, чтобы быть слишком исключительными или избирательными. Другими словами, если я отвечаю за измерение качества научной работы в моей конкретной стране и понимаю, что, используя WoS или даже Scopus в качестве эталона, у большинства ученых данной страны недостаточно публикаций для оценки, мне нужно найти другие критерии. Это то, что произошло в некоторых университетах, где первоначальные амбициозные попытки измерения качества научной работы привели к одобрению данной базы данных. Взяв Scopus в качестве эталона, оказалось, что только десять или двадцать процентов исследователей в стране (по крайней мере, по некоторым дисциплинам) имели достаточное количество цитирований, чтобы считаться активными и качественными. Если один, два или несколько исследователей в моем отделе работают ниже среднего уровня, я все равно могу заменить их, мотивировать и / или предоставить им льготный период. Однако, если у меня есть критерии для оценки превосходства, и только пара учёных соответствуют им, становится легче изменить критерии, а не увольнять весь отдел (или страну).

 # Обретение ещё большей славы

Оставляя в стороне ряд основополагающих работ, которые будут известны практически любому специалисту в данной области, каждый ученый, которого вы встретите, предложит вам некоторые работы, о которых вы никогда не слышали. Они будут утверждать, что та или иная книга поможет вам лучше развивать свои исследования так, как вам это нужно. У меня двоякая позиция по этому поводу. Я полагаю, что люди будут предлагать работы, которые помогут развить мои исследования так, как они это видят, но не обязательно так, как это вижу я или как я хочу. Тем не менее, я должен признать, что меня очень вдохновляет общение с самыми разными людьми, которые предлагают самые разные работы, которые идеально соответствуют моим исследованиям. Это не только расширяет мой кругозор, но и позволяет мне находить возможные источники вдохновения в исследованиях, на которые я бы иначе не обратил внимания.

В любом случае, появление интернета, и особенно научных поисковых систем, открыло (очень большое) окно к работам, публикуемым по вашей теме во всем мире. Это потрясающе. Если раньше вам нужно было идти в библиотеку и надеяться, что там есть достаточно работ по вашей теме, то теперь вы погружены во множество вещей, которые нужно процитировать прочитать, чтобы сделать ваше исследование более достоверным.

Существует двоякая проблема большого количества литературы, и я называю это «иерархизацией литературы». Невозможно процитировать все, что предлагается и имеется в Интернете. Но можно ранжировать работы по важности и привести определённое количество исследований из составленного списка. Сюда войдут ваши любимые работы, те, которые вас вдохновляют. Но как насчет остального? Если вам случается поговорить с двадцатью-тридцатью учёными каждый год, и каждый из них предлагает пять работ, нужно ли вам добавлять столько в свою окончательную библиографию?

И можете ли вы себе это позволить с точки зрения времени и места в статье?

Ещё сложнее, когда вы готовите раздел литературы для заявки на получение исследовательского гранта. Чем больше литературы, тем меньше места остаётся для других разделов, которые могут быть более важными. С другой стороны, слишком короткий раздел о текущем состоянии дел плохо смотрится в приложении, и вы, скорее всего, будете исключены. Как предполагают многие руководства по написанию проектов, текущее состояние – это просто способ показать, что вы в курсе основных дебатов, поэтому не нужно вставлять всевозможные работы по теме. Что нужно сделать, так это отдать приоритет 20-30 работам, которые должны быть в списке, иначе рецензент подумает, что вы недостаточно осведомлены по теме.

Немногие упоминают об этом, но практически все знают, что чтение отнимает время от других дел. В результате я не уверен, что чтение с первой до последней страницы любых предложенных вам работ или исследований будет хорошей стратегией. Вы могли бы, конечно, пройти курс скорочтения, но даже в этом случае было бы у вас время усердно читать все подряд?

Что ж, я этого не сделал, и именно поэтому я пришел к классификации источников, которую я нахожу во время поиска в Интернете, по четырём категориям:

1. Работа представляет никакого интереса или она не теме моего исследования.
2. Работа не представляет особого интереса и не изменит точку зрения на проводимое исследование.
3. Работа настолько близка к проводимому исследованию и её необходимо хотя бы упомянуть.
4. Работа вызывает определённый интерес и её необходимо процитировать, так как судя по количеству цитирований, рецензент заметит её отсутствие в обзоре литературы. Я взгляну на

аннотацию или быстро просмотрю статью, чтобы понять, нужно ли мне ее прочитать.
5. Работа интересная и актуальная, поможет отточить мои аргументы или углубить некоторые аспекты моего исследования. Мне нужно ее прочитать.

В конечном счёте, работы, которые вы используете для своего обзора литературы и решите процитировать, зависят от вашего стратегического выбора. Вы предпочитаете цитировать самые известные работы и иметь более распространённый обзор литературы? Или вы добавляете критические и региональные исследования? Если мне нужно написать обзор литературы для проектной заявки или журнала, необходимо убедиться, что не упущена ни одна из работ, которая считаются основополагающей. Если я буду писать для более критического журнала, возможно нужно использовать больше критической литературы, иногда игнорируя основополагающие работы. Если я пишу главу книги для издания, которое обратилось ко мне, я волен выбрать исключительно того, что мне нравится.

В этом отношении библиометрия может быть полезна для нескольких целей.

Во-первых, если вы новичок и вам нужно составить карту основных работ в новой дисциплине, области или теме, ваш начальный вопрос может быть таким: «Какие наиболее цитируемые работы по моей теме?». Цитируемость мало что говорит о качестве работ, понравятся они или нет, и ещё меньше о наиболее важных критических работах в этой области. Но это отправная точка, и я могу быть уверен, что большинство рецензентов согласятся с моим выбором. Кто-то может заметить, что я пропускаю некоторые важные критические работы, или я не знаю некоторых региональных исследований, которые актуальны в регионе, который я изучаю. Но в целом, цитирование того, что цитируют другие люди, в основном означает, что я молодец.

Во-вторых, если вы не новичок, то нужно перепроверить, не упустили ли вы какие-либо важные работы. Даже если вы работали над данной темой в течение многих лет, вы могли непреднамеренно что-то упустить. Или небольшое изменение фокуса в вашем исследовании требует повторной проверки наличия релевантных или широко цитируемых работ по рассматриваемому вами вопросу. Это необходимо сделать, чтобы заново не изобретать колесо.

Есть инструмент, который я широко использую всякий раз, когда не уверен, использую ли я все работы. Это бесплатное программное обеспечение «Publish or Perish»[14], которое можно установить на компьютер для выполнения поиска работ по автору, ключевым словам или ряду других критериев.

Вы вводите имя автора, одно или несколько ключевых слов, и результаты поиска отображают количество опубликованных документов, авторов и количество цитирований. Это далеко не единственный способ поиска работ. Можно просто зайти в Google Scholar или даже попробовать один из наших известных индексов Web of Science, Scopus. Тут подход тот же.

Программа «Publish or Perish» позволяет сразу увидеть, сколько раз цитировалась работа. Если, по ключевым словам, найдена работа, которая процитирована 10 000 раз, скорее всего нужно использовать ее в своей статье. В противном случае рецензенты могут спросить, почему проигнорирована работа, на которую ссылаются все остальные. Если работа подходит для научных дебатов, в которых вы участвуете, я думаю, что имеет смысл её процитировать.

При нажатии на заголовок в списке, сгенерированном по вашим ключевым словам, осуществляется автоматический переход на исходный документ или его страницу. Ознакомившись с абстрактом, можно понять, действительно ли нужна эта статья или книга. После этого составляется длинный список с названиями и абстрактами наиболее цитируемых работ, которые вы сочли интересными или имеющими отношение к теме вашего исследования. На

---

[14] См. https://www.harzing.com/resources/publish-or-perish

следующем этапе вы просматриваете абстракты, статьи и документы, чтобы составить краткий список работ, в который в конечном итоге будут включены источники вашего исследования.

Это может дать вам некоторое представление о том, какие ключевые слова и заголовки появляются чаще или какие заголовки сразу привлекли ваше внимание. Некоторые размышления о ключевых словах и названиях статей помогут вам придумать название для ваших работ, которые будет легко найти с помощью поиска в Google и привлекут внимание потенциальных читателей.

Программа «Publish or Perish» или любой другой количественный подход, который вы используете – это не способ заменить знания, беседы с коллегами. Также не сработает лень и составление библиографии за час. Во-первых, есть книги, которые имеют отличную репутацию, но вышли год назад и поэтому не набрали достаточного количества цитирований, чтобы занять первые места в поисковых системах, основанных на библиометрии. Чтобы узнать об этих книгах, нужно выполнить качественный поиск: рекомендации, списки рассылки, случайности. Это часть вашей работы – быть в курсе всего, что выходит через год. Тем не менее, этот подход может быть использован для проверки того, что вы на правильном пути и что занимаетесь теми работами.

Один участник семинара сказал, что мой подход звучит немного потребительски. Тем не менее, это также способ снизить риск пренебрежения некоторыми работами, которые являются актуальными и полезными. Вы читаете абстракт, рецензию на книгу, синопсис, а затем принимаете решение о том, нужно ли просто иметь ввиду ее существование, либо представление о ее общих чертах и содержании, либо действительно нужно ее прочитать и использовать в своей статье.

После описанных выше действий у вас будет список источников, которые вам нужно или вы хотите процитировать.

Конечно, списки меняются. Ваши навыки помогут понять, какие ключевые слова вы должны использовать для данной статьи. Разные ключевые слова дадут вам разные результаты, можно попробовать несколько комбинаций из них и понять, что лучше всего подходит для дебатов, в которых вы планируете участвовать.

Другими словами, как только вы соберёте все необходимые ингредиенты, пришло время смешать их и подготовить обзор литературы, согласованный с остальной частью статьи. Теперь, какой подход вы могли бы предпочесть, зависит от планируемого результата. Обычно я классифицирую журналы от полностью теоретических до полностью эмпирических. Все журналы находятся где-то на одной линии между этими двумя позициями.

Чем больше журнал носит теоретический характер, тем больше его редакторы ищут статьи, в которых содержится убедительное теоретическое сообщение. Это означает, что эмпирические данные важны только до тех пор, пока они могут подтвердить или оспорить какую-либо соответствующую теоретическую парадигму, часто в ущерб представляемым эмпирическим данным. Основной посыл теоретической статьи может быть таким: «Мы верим, что ваши эмпирические данные в порядке, теперь расскажите нам, что это значит для фундаментальных исследований или для общей теории». Напротив, эмпирические журналы будут более заинтересованы в представлении недавно обработанных эмпирических данных и не обязательно будут заинтересованы в немедленном определении их роли для общей теории. В этом случае ответ журнала может быть таким: «Позаботьтесь о своих доказательствах, покажите, что данные были собраны и обработаны безупречным образом. Тогда кто-то другой узнает, какова их теоретическая значимость или где они могут быть применены для решения какой-то серьёзной теоретической проблемы».

Обзор литературы включает:

1. работы по фундаментальным исследованиям и общей теории, на которые вы будете опираться;
2. эмпирические исследования на аналогичные темы;
3. конкурирующие работы, т.е. аналогичные исследования, проведённые в других регионах мира.

В литературном обзоре теоретической статьи должны быть упомянуты работы 3 и 2, если они помогают контекстуализировать вашу статью и объяснить её актуальность для работ 1. Чем больше эмпирической будет ваша статья, тем больше нужно будет выделять работы 3, сводя к минимуму 1. В некоторых случаях статья, в которой представлены совершенно новые данные, можно просто игнорировать пункты 1, 2 и 3 и просто сосредоточиться на методологии сбора данных или результатах эксперимента, понимая, что некоторые другие ученые в будущем будут использовать эти данные, чтобы предложить некоторые теоретические выводы.

Кроме того, моё понимание академических дебатов заключается в том, что по каждой теме у вас будет позиция 1 (или А), которая была одобрена рядом учёных и исследований. Эта позиция считалась надёжной до тех пор, пока кто-то не предложил позицию 2 (или В), которая бросает вызов позиции 1 и может рассматриваться как ее антитезис. Все дальнейшие исследования должны будут затем одобрить позицию А или В: полностью отвергнуть А, чтобы затем одобрить В; или предположить, что А недостаточно для понимания данного явления. В какой-то момент кто-то выдвинет позицию С, которая изменит силу динамики между А и В и заменит А или В и получит синтез двух, так что новые дебаты затем начнутся с А и С или В и С.

Как только вы определите ваши А и В, вы можете начать собирать свою головоломку и найти каждое из исследований, которые вы хотите процитировать в отношении А или В. Делая это, вы начинаете работу над основным аргументом вашей статьи. Вы объясняете, какие исследования относятся к А и В и почему им удалось или не удалось ответить на данный вопрос. В результате вы поймёте какой вклад в дебаты вносит ваша статья.

На семинарах я предлагаю такое упражнение: взять одну и ту же тему и написать введение к трём разным статьям – от полностью эмпирической до полностью теоретической. Давайте рассмотрим исследование идентичности в Украине. Как можно начать?

Ряд исследований идентичности показали, что на нее в основном влияют такие факторы, как... и (позиция 1). Напротив, ряд недавних работ указывает на дополнительные возможные элементы, влияющие на формирование идентичности, а именно (позиция 2). В этой статье используются эмпирические данные, полученные в Украине, чтобы поставить под сомнение позицию 1 и предположить, что позиция 2, возможно, более актуальна.

Идентичность в Украине давно является предметом научных дебатов. В то время как некоторые ученые склонны рассматривать (позицию 1), некоторые другие ученые сосредоточились на (позиции 2) как на более актуальной. Эта статья предоставляет дополнительные доказательства в поддержку позиции (1 или 2), показывая, это.

Более экстремальным вариантом вышеизложенного может быть простое представление результатов опроса или любых других эмпирических данных по идентичности в Украине. На мой взгляд, это было бы более уместно в качестве главы книги, но некоторые журналы с Украиной в качестве основного направления, возможно, были бы рады принять статью даже в таком виде.

Дебаты о формировании идентичности в странах бывшего СССР, как правило, концентрировались на (позиция 1) и на (позиция 2). Обе позиции рассматривались как исключения из предполагаемых теоретических парадигм...Эта статья подтверждает (или оспаривает) эти позиции (или одну из них), используя эмпирические данные, подтверждающие это...

В конце концов, ваша статья – это упражнение по синхронизации всех частей её раздела. Очень легко отклонить статью, если вы видите, что введение обещает луну, а эмпирическая часть мало что даёт. Вы можете хорошо знать теорию, но испытывать недостаток в эмпирических данных или наоборот. В хорошей статье вам не нужно показывать, что вы знаете все. Вам просто нужно знать достаточно, чтобы объяснить взаимосвязь между выбранными вами переменными. Есть точка, которую я называю точкой насыщения, после которой любая другая информация ничего не добавляет или добавляет так мало, что она вам на самом деле не нужна.

Перед отправкой в журнал, возможно, стоит посмотреть, какие статьи они публикуют, чтобы понять потенциальный интерес не только к вашей теме, но и к вашему теоретическому или эмпирическому подходу. Некоторые журналы открыто предпочитают эмпирические статьи, в то время как другие – теоретические. Наконец, не забывайте, что рецензенты – это люди, и они могут не знать, не понимать или им может не нравится ваша тема. У вас больше шансов, если вы подадите заявку в журнал, который в прошлом публиковал материалы, похожие на ваши исследования.

Практически все знают издательство Кембриджского университета и его ценность с академической точки зрения. В последние годы появился новый издатель, использующий кембриджский лейбл. Cambridge Scholars Publishers (CSP) – компания, базирующаяся в Ньюкасле и основанная группой выпускников Кембриджа. Они запрашивают книги у учёных, младших и старших, из самых разных регионов мира. Их предпринимательский подход в конечном итоге был оценён по достоинству, и в настоящее время большое количество учёных публикуется у них. С несколькими коллегами связались с просьбой рассмотреть их для будущей книги, которую они, возможно, напишут или отредактируют, или опубликуют материалы конференции, которую они в то время организовывали.

Что делать, когда это происходит? Должны ли вы публиковаться у них? Мой ответ, как обычно, заключается в том, что это зависит от вашей национальной системы оценки и от ваших амбиций. В ряде стран CSP, как и многие другие, считается достойным издателем. Вы публикуетесь вместе с ними и получаете баллы за свою книгу. Коллеги в некоторых странах сказали мне, что они могут претендовать на признание, если их книга на английском языке, без особой разницы в том, кто издатель. Если да, то почему бы не обратиться в CSP?

Что становится немного сложнее, так это получить оценку не от вашей национальной системы оценки, а от академического сообщества. Если вы отправитесь на крупную конференцию и подпишете договор с таким издателем, как CSP, я не уверен в том, какую оценку вы получите от своей аудитории и коллег, но я подозреваю, что меньше, чем если бы ваша книга была опубликована в издательстве Cambridge University Press.

На более низком уровне по шкале академического престижа находится ряд тщеславных или хищнических издателей, число которых в последние годы росло. Я считаю хищническим любого издателя, который вымогает рукописи по той простой причине, что хочет извлечь из этого прибыль, совершенно не интересуясь качеством конечного продукта. Это в конечном итоге влияет на качество рукописей как с академической точки зрения (поскольку нет рецензирования), так и с технической (часто редактирование копий не выполняется или даже вёрстка низкого качества). Тщеславные издатели перемещаются по одной и той же территории, и они в основном ориентируются на учёных или вообще людей, которые счастливы от того, что их имя просто стоит на любой рукописи.

Когда я защитил докторскую диссертацию, со мной связалось издательство «Presses universitaires européennes» с предложением опубликовать мою докторскую диссертацию.

Поскольку название издательства звучало солидно, я поддался искушению. В конце концов, моя диссертация уже была написана на французском языке, и я знал, что не опубликую её в виде книги на английском языке, потому что ее главы были слишком непоследовательными. Но именно поэтому книга на французском языке с солидным издателем могла бы стать ценным дополнением к моему резюме. Я путешествовал по англоговорящему миру, и вероятность того, что потенциальный работодатель проверит мою диссертацию на французском языке, была низкой. Пока у издателя было привлекательное название, можно было предположить, что моя книга каким-то образом была приемлемого качества.

Однако договорённость сорвалась довольно быстро. Я предупредил их, что французский не является моим родным языком, и рукопись должна была, по крайней мере, пройти некоторую редактуру перед публикацией. Ответ издателя заключался в том, что они доверяют мне как автору и опубликуют мою рукопись такой, какая она есть. Эксперт просмотрел мою книгу и решил, что она была самого высокого возможного качества. Любой человек, даже носители языка, допускает опечатки и небольшие ошибки. Почему они думают, что у меня есть иммунитет от этого? Мне пришлось собрать весь свой критический настрой и подумать, как Граучо Маркс: «Я бы никогда не вступил в клуб, который принимает меня в число своих членов». Я также провёл некоторые исследования в интернете и выяснил, что, скорее всего, имею дело с начинающим хищническим издателем. Это означало, что, даже если бы они были практически неизвестны в то время, через несколько лет они стали бы печально известными в академическом сообществе, и мне пришлось бы убрать название публикации в резюме. Я перестал отвечать на их электронные письма и так и не опубликовал свою диссертацию, о чем до сих пор не пожалел.

Урок, который я извлёк из этого приключения, заключается в том, что усилия и результаты должны быть соразмерны. Чем выше ваша цель, тем лучше качество, которое вам нужно обеспечить, тем усерднее вам нужно работать. Но если ваша национальная система оценки не ставит вам в заслугу книгу у лучшего издателя, и вам просто нужна монография, чтобы подтвердить свою позицию, возможно, поиск лучшего издателя вообще не стоит усилий. На какого бы издателя вы ни нацелились, вы должны быть в состоянии отстоять свой выбор в будущем. Список тщеславных издательств постоянно меняется, и издания, которые считаются приличными в одной стране, могут иметь плохую репутацию в другой. Поэтому лучше проверить дважды и не опускайтесь ниже определённого уровня качества, чтобы избежать неприятностей на более позднем этапе вашей карьеры.

Публикация уже сама по себе является заслугой, поскольку это означает, что вы способны создать что-то, заслуживающее внимания журнала. Но между публикацией и получением признания академическим сообществом ещё предстоит пройти долгий путь. Существует не один, а множество отличных журналов в вашей области, и все они публикуют по несколько статей в год. Почему кто-то должен быть готов прочитать то, что вы написали, а не то, что кто-то другой, возможно, более известный, чем вы, опубликовал за тот же период?

Как докторант, первая возможность, которая у вас есть, чтобы выделиться из толпы – это использовать каналы вашего научного руководителя (-ей). Как правило, во время получения докторской степени вы должны находиться под наблюдением признанного учёного и учиться у него. Как однажды сказал мой друг: «Мы мастера, мы учимся своей работе у того, кто учит нас, и именно поэтому необходимо хорошо выбирать своего руководителя». Ваш научный руководитель является не только вашим консультантом по академическим вопросам, но и должен быть первым человеком, к которому следует обратиться, когда вам нужен стратегический совет о том, где публиковаться или куда подавать заявку.

Наблюдение за тем, кто является высококвалифицированным специалистом может во многих отношениях облегчить вашу жизнь. Во-первых, соавторство с вашим руководителем немедленно сделает вас видимым и, возможно, вы получите несколько цитат. Если ваш руководитель регулярно пишет для блога, газеты или журнала, он может в какой-то момент пригласить вас стать соавтором. Они также могут попросить вас написать статью самостоятельно, как только они сочтут, что ваши навыки письма достаточно развиты, или если они считают, что это действительно может быть хорошим упражнением. Аналогичным образом, в тот день, когда некоторым радио- или тележурналистам понадобится ваш консультант, а он не сможет пойти, вас могут попросить пойти вместо него. Вы можете помогать руководителю при консультировании правительства или международной организации и работать с ними годами. С вами могут даже связаться напрямую в случае необходимости получения консультации и попросить вашего руководителя к кому обратиться.

Однако работать с кем-то чрезвычайно известным – все равно что быть ребёнком очень известного родителя. Ваш путь может быть легче, но тень вашего родителя всегда будет рядом. Так как ваш руководитель не является вашим отцом или матерью, у вас есть выбор, насколько точно следовать их пути и идти позади них. Поскольку это полезно и позволяет ускорить процесс в ряде случаев, в долгосрочной перспективе это может оказаться вредным, поэтому хорошей идеей может быть поиск баланса между зависимостью и автономией.

В мире моих грёз я сижу в своей комнате, размышляя над некоторыми фундаментальными вопросами науки, и тут мне звонят. Кому-то нужно, чтобы я прочитал лекцию о чем-то, и они готовы организовать все, чтобы я был там. Я не исключаю, что на каком-то этапе вашей карьеры вы впишетесь в этот супергеройский сценарий. Но, возможно, пройдёт ещё много времени, прежде чем это произойдёт.

А пока гостевые лекции обычно являются результатом случайности. Статья, которую вы опубликовали в нужный момент в нужном журнале, случайная встреча на конференции или в интернете. Однажды я увидел на «LinkedIn», что кто-то ищет приглашённых докладчиков, и связался с ней. К моему удивлению, она пригласила меня выступить на серии семинаров её отдела и заплатила за все.

Как учёному, вам нужны гостевые лекции по крайней мере по трём причинам.

Во-первых, в ряде случаев вас просят указать в своём резюме, где вы выступали, и чем выше рейтинг университета, тем лучше для вашего резюме.

Во-вторых, гостевая лекция эквивалентна сарафанному радио в академических кругах, когда вы общаетесь с относительно небольшой аудиторией (меньше, чем ваши потенциальные читатели, если вы публикуетесь в интернет-блоге), но взаимодействие более интенсивное и увлекательное.

В-третьих, это позволяет вам получать обратную связь от различных общественных организаций, учёных из других дисциплин или людей, просто незнакомых с вашей работой. Если вы им понравитесь как личность, более вероятно, что они сохранят ваше имя и прочитают или, по крайней мере, заметят ваши следующие публикации.

Гостевая лекция не имеет стандартного формата. Бывает, что вы произносите речь перед десятью тысячами человек на крупном мероприятии, куда вас доставляют бизнес-классом и все организовано вокруг для вас. А бывает, вы просто идёте в университет, находящийся недалеко от вашего (например, если в вашем городе два университета) и выступаете перед 10-15 коллегами, которые никогда не слышали о вашей работе, за исключением, возможно, того, кто пригласил вас в свой университет.

Гостевую лекцию можно организовать легко, и единственным предварительным условием является наличие кого-то в приглашающем институте, кто считает хорошей идеей пригласить вас в гости. Она может быть организована в рамках стажировки, которую вы проходите в другом университете, в соседнем городе, после конференции, которую вы посетили в университете, если вы останетесь на один или два дополнительных дня. Она может быть результатом приглашения от коллеги, который нашёл вас с помощью поиска в интернете и у которого есть средства, чтобы пригласить вас. Но она также могут быть проведена во время путешествия или отпуска (но убедитесь, что люди, с которыми вы отправляетесь в отпуск, не против этого). У вас есть коллега, работающий в городе, которого вам нужно посетить. Ваш коллега мог бы организовать комнату, немного перекусить и распространить сообщение по всему своему университету.

Это может показаться банальным, поскольку мы все думали, что должны выступать на конференциях с самых первых лет нашей докторской или даже магистерской степени. Но существуют разные способы приземления и отношения к взаимодействию в конференц-среде. Каков наилучший возможный результат презентации на конференции? Я бы сказал, две вещи.

Во-первых, ваша панель очень переполнена. Вы только что представили абстракт и оказались в группе с самым известным человеком в этой области. С этого момента все в ваших руках. Вы проводите чёткую, интересную и динамичную презентацию и приобретаете значительное число академических поклонников, которые запишут ваше имя и будут читать ваши работы или даже приглашать вас к сотрудничеству в будущем.

Другой вариант заключается в том, что вы встречаетесь с некоторыми коллегами во время общественных мероприятий, таких как нетворкинг-ужин или кофе-брейки, знакомитесь с ними и решаете начать сотрудничество.

Вполне возможно, что любой исход будет результатом случайности – или везения, как я это вижу. Но каковы шансы, что это произойдёт без каких-либо усилий с вашей стороны? Если вы относительно неизвестны, вы, скорее всего, окажетесь в какой-нибудь анонимной панели, иногда на последней сессии в последний день. Какими способами вы можете максимизировать конечный результат вашего участия? Выберите правильную конференцию. Чем ближе мероприятие к вашему исследовательскому интересу, тем больше вероятность того, что вы найдёте людей со схожими профессиональными предпочтениями. Кроме того, если у вас есть какая-то репутация в данной дисциплине, области или сфере, велика вероятность, что вы попадёте в группу, где вам будет уделено больше внимания. Недавно я присутствовал на конференции, где моя тема не совсем подходила, и моя презентация была запланирована на последнюю панель в последний день. Нам все ещё повезло, что нас слушали пять человек, но иногда вам, возможно, придётся выступать в пустой комнате.

Будьте активны в профессиональной ассоциации, организующей конференцию, или, по крайней мере, попытайтесь начать сотрудничество с некоторыми членами правления. Если организаторы знают вас, они могут поручить вам некоторые задачи, и у вас будет шанс познакомиться с большим количеством людей и получить более лучшее время для выступления или панель на конференции.

Пообщайтесь на книжной выставке, приёмах или других общественных мероприятиях, экскурсиях, конференц-ужинах и кофе-брейках. Ученые – это люди, и они любят отдыхать, как и все остальные. Возможно, в конечном итоге вы будете сидеть за одним столом со своим будущим работодателем или болтать о повседневных вещах со своим следующим соавтором.

Внесите свой вклад в научную программу. Это может варьироваться от выполнения функций председателя секции и, следовательно, необходимости управлять несколькими десятками презентаций до простого представления панели и работы ещё с четырьмя или пятью людьми. Это даст вам стартовую базу людей, которых вы уже знаете. Затем вы можете подключиться к их сети и рассчитывать на то, что их поклонники появятся на вашей панели. В качестве альтернативы, отправьте доклад или организуйте панель с кем-то более авторитетным, чем вы. В конечном итоге вы будете выполнять большую часть административной работы за них, но ваша панель, скорее всего, привлечёт лучшие доклады и людей благодаря известности вашего соорганизатора.

Изучите программу конференции и заранее решите, с кем вы хотите встретиться. Если у вас есть кто-то на примете, с кем вы хотите поговорить, вы можете пойти на их презентацию. На протяжении многих лет я был удивлён тем, как много людей, которых я не ожидал встретить (и чьё существование я игнорировал), стали хорошими коллегами или даже друзьями просто потому, что я встретил их на конференции, и мы понравились друг другу. В конце концов, если вы кому-то нравитесь как личность, то более вероятно, что они заинтересуются вашей работой, процитируют вас и предложат сотрудничество в будущем. Вот почему для меня конференции – это не просто повод представить свою работу, но шанс познакомиться с людьми. На самом деле, этот последний аспект стал даже более важным, чем первый.

Неакадемические статьи, в принципе, не входят в ваши рабочие обязанности. Все больше университетов официально требуют от исследователей работу по связью с общественностью. Однако нет механизма учёта баллов за короткие статьи, не ориентированные на академическое сообщество. Если у вас мало времени, вы концентрируетесь на том, что необходимо для выживания, а короткие статьи для общественности – это определённо не то, что вам нужно для продвижения по карьерной лестнице. Привлечение внимания общественности может осуществляться через радио- и телеинтервью, участие в ток-шоу и других видах вещания. В вашей должностной инструкции не предусмотрен данный вид деятельности. Тем не менее, это даёт ряд преимуществ ориентации на более широкую аудиторию, особенно если вы появляетесь по телевизору в вечернее время или прайм-тайм.

Привлечение внимания общественности имеет несколько неотъемлемых преимуществ:

Все больше и больше разных людей будут читать ваши имиджевые статьи. Не у всех будет время прочитать вашу статью из 5 000-10 000 слов. Когда у вас нет времени прочитать всю статью целиком, вы можете, по крайней мере, проверить её аннотацию. Однако короткая статья из 800-1000 слов может быть более привлекательной, и на ее чтение уходит немного больше времени, чем на абстракт.

Коллеги взглянут на вас с другой стороны (если прочтут короткую статью в газете). Если чья-то работа заключается в чтении статей, то чтение газет и журналов обычно является хобби или чем-то, чем люди занимаются в свободное время (или когда делают перерыв в работе). Публикуя статью в неакадемическом издании, вы ориентируетесь на другие вещи. Вы не просите их читать вас, потому что ваше исследование имеет отношение к их работе. Вы предполагаете, что им было бы интересно почитать вас в свободное время.

Представим учёного, который открывает газету, когда делает перерыв в своей работе. Чтобы по-настоящему отдохнуть от своей жизни, можно представить, что они решают почитать светские журналы или жёлтую прессу. Но это редко бывает так, и я бы поспорил, что из-за моих рабочих привычек меня может привлечь что-то, так или иначе связанное с моей работой, если мой взгляд упадёт на это при чтении газеты.

Если ваша статья написана увлекательно, её могут даже прочитать до конца и узнать вас как автора ненаучных работ, а затем, в конечном итоге, оценить вас как ученого. Что ещё более интересно, так это то, что, прочитав вашу короткую статью, основанную на вашем исследовании, они могут, в конечном итоге, уделить ей больше внимания, чем если бы где-то столкнулись с абстрактом вашей статьи. Если статья покажется им интересной, они примут это во внимание, запомнят вас и, возможно, процитируют в своей следующей статье. Даже если они не читали вашу статью во время своей работы (или не читали ее вообще).

Имиджевые публикации можно рассматривать как ваш моральный долг. Однажды коллега сказал мне: «Вы – специалист в этой области. Если вы не объясняете обществу, что происходит, то кто это делает?». Действительно, Ученые обладают достаточной квалификацией, чтобы говорить, обладая определёнными знаниями, на некоторые темы, которые они изучали годами. Если не мы информируем общественность или политиков, которые затем должны принимать решения о политике, основанной на фактических данных, то кто ещё может это сделать? Когда что-то произойдёт, средства массовой информации будут искать людей, которые могли бы говорить авторитетно, и вы, по крайней мере теоретически, один из таких людей. Помимо того, что это доставляет удовольствие, это также можно рассматривать как моральный долг.

Действительно, когда происходит что-то важное, журналисты ищут специалистов, чтобы объяснить общественности, что происходит. Если журналисты не находят специалиста, то они должны понять это сами, а затем объяснить это. Но если они не работали по данной теме ранее, они не могут стать специалистами в одиночасье.

Давление донора. Все большее число доноров просят нас не хранить наши знания в секрете в наших башнях из слоновой кости, а поделиться ими с общественностью. Публичное распространение почти стало формальным требованием для ряда схем финансирования, что означает, что вы не обязаны обещать это в своей заявке, но, если вы этого не сделаете, есть вероятность, что кто-то другой (кто обещал опубликовать материалы для публичного распространения) получит финансирование вместо вас.

Видимость. Государственные служащие, работники международных организаций и частных компаний не обязательно читают академические статьи. Но справедливо предположить, что в той или иной степени они читают газеты и журналы. Публикация в средствах массовой информации даёт вам дополнительную известность, которая может побудить кого-то нанять вас в качестве консультанта или просто попросить вашего совета. В зависимости от вашего соглашения с вашим университетом, это может принести вам дополнительные деньги, престиж, свободу или все вместе.

Коммерческая ценность для университета. Даже в системах, которые не дают официальных поощрений за короткие статьи, взаимодействие с общественностью повышает узнаваемость вашего университета. Если вы известны короткими статьями в прессе, некоторые из людей, которые вас читают, возможно, захотят учиться у вас или захотят, чтобы их дети учились у вас. Поскольку финансирование, как государственное, так и частное, частично зависит от количества студентов, которых вы привлекаете, ваш факультет и университет будут рады принять кого-то, кто широко известен. Даже если невозможно измерить влияние одной из ваших статей на количество людей, поступающих на получение степени на вашем факультете, существует общее мнение, предполагающее, что статьи приносят известность, а значит, и студентам.

Ваше исследование также может быть изложено в более длинном формате, например, в научно-популярной книге. Я имею в виду здесь книгу «The Dictator's Handbook» («Настольная книга диктатора»), которая написан в приятном стиле и полна интересных фактов, но она также основана на гораздо более тщательном исследовании в виде 500-страничной книги. Недавно мне также понравились «Predictably Irrational» («Предсказуемо иррациональный») и «Freakonomics» («Фрикономика»), обе основаны на солидных эмпирических работах, но рассказаны так просто, что я купил их, чтобы почитать в свободное время. Тем не менее, эти книги хорошо цитируются, так что я могу вернуться к исследованиям, на которые они ссылаются, и в конечном итоге использовать их для своей собственной работы.

Поиск своей ниши, обретение баланса, позиционирование

Широко распространено мнение, что получение степени доктора философии является важной вехой в научной карьере. Однако то, что означает и влечёт за собой наличие докторской степени, может существенно измениться в зависимости от того, как вы её получили.

Подумайте о случае с человеком, получившим полную стипендию, который заканчивает обучение через 3-4 года, полностью посвятив себя одному исследовательскому проекту. Подумайте теперь о ком-то, у кого нет стипендии или кто заканчивает обучение в течение 7-8 лет, уже проработав в нескольких университетах, работая над разными проектами одновременно. Для этих двух ученых степень доктора философии имеет разное значение. Человек выходит на рынок труда с гораздо меньшим опытом, публикациями, сотрудничеством и, в свою очередь, с определенным видением мира. Главным конкурентным преимуществом в данном случае является способность быстро получить докторскую степень и, возможно, достоинства, связанные с получением стипендии для обучения в аспирантуре. У другого, вероятно, будет гораздо более обширное резюме, опыт и сотрудничество. Им потребовалось больше времени, чтобы получить докторскую степень, возможно, им было трудно пережить докторские годы, и они устроились на несколько разных работ. Но их опыт шире, и они, скорее всего, приобрели ряд дополнительных навыков в процессе работы.

Кем вы станете в конце получения докторской степени, зависит также от вашего научного руководителя и от институционального контекста. В более консервативной среде вам будет предложено работать только над вашими академическими навыками и над вашей темой. Более прогрессивный взгляд на аспирантуру будет включать серию тренингов, дающих вам возможность развить некоторые дополнительные навыки. Некоторые университеты требуют, чтобы вы написали докторскую диссертацию в виде монографии. Напротив, некоторые другие придерживаются модели «PhD по публикации». Это означает, что вам нужно опубликовать свои главы в виде журнальных статей, а затем объединить их, добавить раздел введения и заключения и подготовить диссертацию.

Учитывая разнообразие доступных вариантов и разнообразие моделей карьерного роста, невозможно предсказать, кем вы станете в конце процесса. Это зависит от вашего личного пути, времени, которое вы ему посвящаете, и стратегии, которую вы выбираете в каждой конкретной ситуации.

Однако некоторые недавние тенденции говорят о том, что диссертации в настоящее время:

Короче по срокам. Аспирантура, как правило, короче, чем это было несколько лет назад в ряде стран. Это связано с влиянием доноров, предоставляющих финансирование на определённое количество лет (обычно три или четыре), и их стремлением увидеть результаты как можно быстрее. Это также связано с тем фактом, что в ряде случаев финансирование государственных университетов распределяется по количеству докторантов, успешно защитившихся за последнее определённое количество лет. В этом случае докторанты находятся под давлением необходимости закончить обучение, причём быстро, как и их университеты. Я знаю случаи, когда факультеты были оштрафованы, если их студенты не заканчивали обучение в течение определённого количества лет.

Легче. Поскольку существует общий интерес к подготовке докторантов, программы PhD в ряде случаев стали легче. Примером ограничения может быть замена более коротким циклом обучения, как французская *докторская* степень, которую раньше считалось вполне нормально получить в течение многих лет, часто до десяти, чтобы убедиться, что кандидат получил степень с обширным опытом. Более короткая и лёгкая подготовка в докторантуре даёт вам необходимую степень и некоторые компетенции, которые могут быть использованы на рынке труда. Однако по мере того, как программы становятся все проще в выполнении, все дополнительные активы, которые вам могут понадобиться, должны приобретаться по отдельности. Возможно, это может произойти во время постдокторской стипендии, когда потребуется больше времени для завершения вашей докторской подготовки или инвестирования в серию внешних тренингов. Таким образом, это становится поиском наилучшего компромисса между скоростью и качеством (докторской степени) и публикациями и другими навыками, приобретёнными в ходе процесса.

Прикладные. Исследования, проводимые в рамках докторских программ, как правило, носят более прикладной характер, в отличие от фундаментальных или полностью теоретических исследований. Это результат растущего числа стипендий для докторантов, предлагаемых и финансируемых извне. Доноры не только хотят видеть какое-то конкретное применение или применимость финансируемых ими исследований. Они также могут проявлять интерес к определённой теме или ожидать, что их финансирование поможет решить некоторые социальные проблемы. В таких случаях исследование должно касаться конкретной проблемы, которая считается актуальной в данной среде или обществе.

Отправная точка. Таким образом, степень доктора философии становится необходимым, но недостаточным условием для конкуренции на рынке труда. Она предлагает вам формальную квалификацию, позволяющую называть себя доктором[15] и подавать заявление на работу (хотя есть случаи, когда исследователи были наняты до их завершения обучения). Но степень доктора философии даёт вам работу только там, где вам приходится конкурировать с другими выпускниками PhD с другими специалистами со своими

---

[15] За исключением таких случаев, как Германия, где вам необходимо опубликовать свою диссертацию, прежде чем вам официально присвоят звание доктора

достоинствами и активами. Вам придётся проявить себя благодаря заслугам, которые вы накопили во время или после получения докторской степени.

Кроме того, академическое сообщество относительно открыто для выслушивания новых мнений, даже если они исходят от докторанта. Это означает, что вы могли бы начать публиковать что-то относительно значительное ещё до того, как стали врачом. Но на общее восприятие вашей работы и вас самих может в разной степени повлиять (в зависимости от страны, дисциплины и т.д.) наличие у вас докторской степени.

Докторскую степень на руках даёт вам право голоса. Тогда вам решать, во что инвестировать и какие активы развивать. Вы можете использовать свою докторскую степень, чтобы попробовать стандартный карьерный путь, но вы могли бы использовать её, чтобы казаться более авторитетным при выполнении консультационной и аналитической работы. Это может быть даже то, что вы используете, чтобы затем специализироваться на популяризации науки. Вы пользуетесь своей степенью и недавно приобретёнными аналитическими навыками, чтобы перевести последние результаты исследований на более доступный язык и облегчить их понимание более широкой аудиторией.

Каждая специализация имеет свои преимущества и свои проблемы. Чем уже ваша сфера деятельности, тем меньше конкуренция. Если вы изучали древнеарамейский язык, вы могли бы, по крайней мере теоретически, быть единственным кандидатом на работу. Но это случается не часто. Возможно, вам придётся подождать, пока кто-нибудь откроет вакансию в такой экзотической области, и это может занять годы. С другой стороны, такая широкая специализация, как «политическая экономия», позволяет вам претендовать на самые разнообразные рабочие места. Также вероятно, что конкуренция за каждую из должностей, на которые вы хотите подать заявку, будет намного жёстче.

Когда Советский Союз распался, нехватка местных специалистов и необходимость быстро находить способы инвестировать деньги в регион способствовали карьере многих россиян. Тот, кто немного говорил по-английски, связывался с иностранными инвесторами и обещал помочь решить некоторые проблемы, был вознаграждён огромной властью и деньгами. Карьеры были построены таким способом. Некоторые местные ученые в конечном итоге сменили карьеру, а возможно, автомобили и дома, учитывая количество денег, которые они смогли заработать, просто оказавшись в нужном месте в нужное время[16].

Чтобы ответить на этот вопрос, сначала следует решить, где и у кого следует требовать признания заслуг за публикации. Объем и уровень признания, которое вы могли бы получить от академического сообщества и от учреждений, отвечающих за вашу работу, могут сильно отличаться. В конце концов, на что вы можете претендовать, зависит от того, где вы находитесь (академически и физически), где вы хотите получить зачёт и какова ваша дисциплина. Подумайте о журналах по гуманитарным наукам, их медленном обороте и более низком уровне цитирования людей, занимающихся гуманитарными науками, по сравнению с естественнонаучными. Напротив, такие области, как медицина или биология, имеют гораздо быстрое время выполнения.

Это также означает, что ожидания в разных странах – разные. Несколько лет назад я подавал заявку на должность, и коллега сказал мне, что количество цитирований, которые я получил в Google Scholar, заслуживает упоминания в заявке, потому что оно превышает количество цитирований, которые удалось получить многим другим старшим коллегам. Однако таково было ее восприятие дисциплины, которая была «медленной» в стране, где средний ученый был не очень заметен на международном уровне. Аналогичное количество цитирований считалось бы крайне низким в той же стране, но

---

[16] См. Джанин Ведель (1998) Collision and Collusion: The Strange Case of Western Age to Eastern Europe (Столкновение и сговор: странный случай западной эпохи в Восточной Европе, 1990-1997), Лондон: Пэлгрейв Макмиллан

по другой дисциплине, или в другой стране, где социальные и гуманитарные науки имеют более международный профиль.

Подумайте о Европейском индексе гуманитарных исследований (ERIH) и причинах создания такой базы данных. До появления базы данных Scopus большая часть академической успеваемости и журналов оценивалась на основе библиометрических данных, предоставляемых базой данных WoS Thomson и Reuters, которая является довольно всеобъемлющей в отношении научных журналов, но ограничена количеством включённых журналов по общественным наукам. Однако, если бы ученые-социологи могли жаловаться на отсутствие нескольких журналов в базе данных WoS ученые-гуманитарии были в худшем положении. Немногие гуманитарные журналы имели такое количество цитирований, чтобы их можно было удобно включить в ISI, и в гуманитарных науках не было реального примера, который помог бы отличить хорошие журналы от менее хороших. Таким образом, база ERIH была создана для того, чтобы оценивать ученых-гуманитариев, но это не что иное, как список журналов, которые заслуживают того, чтобы считаться более качественными. Идея, лежащая в основе этого, заключалась в том, что статья, опубликованная в журнале, включённом в список ERIH, имеет достаточно хорошее качество, чтобы позволить её автору получить за это баллы.

Пример (кейс)– Ловушки разнообразия систем академической оценки

В отсутствие каких-либо других примеров, идея, лежащая в основе создания ERIH, в принципе, превосходна. Однако ее применимость зависит от того, насколько широко используется база данных. В Эстонии министерство почти сразу же приняло ERIH в качестве эталона, и статьи, опубликованные в их журнале, по умолчанию считались первоклассными. Таким образом, можно представить себе карьеру, основанную на публикациях в журналах ERIH. Это означает, в конечном счёте, что люди, занимающиеся строгими науками, будут использовать ISI в качестве ориентира, а люди, занимающиеся гуманитарными, а иногда и социальными науками, будут использовать ERIH.

Однако проблема может возникнуть если вы хотите выйти на международный уровень. Проведя некоторое время в Эстонии, я подал заявку на стажировку в Испанию, и был исключён из конкурса за недостаточное количество соответствующих публикаций, которые у меня были. Когда я попросил объяснений, мне сказали, что их стандартом оценивания был ISI и что журналы, не проиндексированные в Web of Science, не считались для них достаточно релевантными. Мне это показалось чрезвычайно странным, поскольку Scopus в то время находился в стадии становления, и я ожидал, что они смогут использовать его для социальных наук. Однако, когда результаты были наконец опубликованы, я понял смысл этой особенности. Более девяноста процентов стипендий досталось учёным по техническим наукам. Очевидно, что, если вашим приоритетом является привлечение ученых в области точных наук, и вы предоставляете несколько стипендий общественным наукам, чтобы заявить, что ученые из любой дисциплины могут подать заявку, вам на самом деле не нужно ничего другого, кроме ISI. Зачем утруждать себя включением чего-то ещё? В принципе, если вы ориентируетесь только на журналы Q1 в ISI, вы должны быть в более безопасном положении, чтобы иметь возможность конкурировать практически на любых рынках и в любых дисциплинах. Но в этом подходе есть, по крайней мере, два подводных камня.

Во-первых, сколько людей всегда могут публиковать на уровне Q1 всегда и везде? Или даже просто у них в приоритете журналы Q1? Это, безусловно, стратегия, за которую можно попасть в зал славы мировых ученых, но она неприменима широко и, вероятно, оставляет вам мало времени на личную жизнь.

Во-вторых, все ещё существуют системы, в которых это не сработало бы. Если в стране очень низкие показатели научных исследований, ее учреждениям по контролю качества необходимо будет снизить порог академического качества. Хотя это и понятно, это может привести к ситуации, когда лучшие исследователи в стране в конечном итоге окажутся неэффективными по сравнению с другими. Принятие статьи в журнал Q1 занимает в среднем больше времени, чем ее принятие в журнал, не входящий в Scopus или ISI. В результате те, кто подают заявки в журналы, не относящиеся к Q1, смогут публиковать несколько статей в год. Напротив, те, кто ориентируется на журналы Q1, вероятно, в конечном итоге опубликуют меньше (но лучшего качества), чем другие. Если институт контроля качества учитывает только количество статей, подготовленных каждым ученым, то те, которые ориентированы на лучшие (и более медленные) журналы, могут считаться менее продуктивными несмотря на то, что они пользуются лучшей репутацией в академическом сообществе.

Есть ещё один возможный парадокс. Италия недавно учредила комиссию по оценке академического мастерства, которая отвечала за составление списка из журналов, которые можно было бы считать первоклассными по каждой дисциплине. Статьи в любом из журналов из этого списка являются приоритетом для ученых, которые должны быть наняты, а затем повышены до уровня профессора. В принципе, это отличная (хотя и дорогостоящая) идея: смешать международные стандарты и начать с признанных баз данных и журналов[17], имеющих национальное значение. Но для каждой дисциплины был создан отдельный список. Если, будучи социологом, вы случайно опубликуете статью с некоторыми биологами в журнал «биология», то она не будет учитываться. Для смежных дисциплин, например политологии и социологии, ситуация та же: вы публикуетесь в социологическом журнале и не можете претендовать на публикацию при подаче заявки на должность политолога. Мне сказали, что вы все ещё можете написать в комиссию и

---

17 http://www.anvur.it/attivita/classificazione-delle-riviste/classificazione-delle-riviste-ai-fini-dellabilitazione-scientifica-nazionale/elenchi-di-riviste-scientifiche-e-di-classe-a/

предложить включить журнал в список. Но нет никакой гарантии, что это произойдёт, и даже если в конце концов это произойдёт, процесс может быть медленным. Представьте себе случай, когда вы подаёте заявку на должность в области социологии и замечаете, что журнал, в котором вы публиковались, включён только в список «антропология», вы можете попросить комиссию включить его также в «социология», но это, вероятно, будет сделано после завершения конкурса на эту должность.

Примером более инклюзивной системы оценки является эстонская, где ISI и ERIH изначально были приняты в качестве показателей академического мастерства. Поскольку ERIH был относительно всеобъемлющим, было несколько статей, на которые я мог бы претендовать, потому что они были включены в него несмотря на то, что это были не только гуманитарные журналы. Но тогда ERIH можно было бы считать слишком всеобъемлющим, поскольку я смог найти также журналы, которые, хотя и считались превосходными в своей области, но не рецензируемыми. Сейчас все изменилось, и Scopus теперь учитывается министерством Эстонии в качестве гарантии качества. Это означает, что вы не можете использовать универсальную стратегию и ожидать, что станете конкурентоспособными во всех возможных условиях.

Кроме того, я бы сказал, что репутация все ещё имеет значение. Ваше продвижение по службе, пребывание в должности или что-то другое не будет зависеть только от формальных критериев. Чем больше у вас в комитете по оценке людей, которые считают вас отличным ученым, тем легче будет преодолеть любые препятствия (например, вы не соответствуете одному из формальных требований или кто-то в комитете категорически против вас). С точки зрения вашего министерства, статья в топовом журнале Q1 может стоить столько же, сколько статья в самом низком квартиле из той же базы данных или даже любого другого журнала. Но есть и другие критерии, которые не всегда поддаются измерению или осязаемости, например, люди, которым действительно нравятся ваши работы, которые считают, что вы делаете то, что делаете хорошо, или думают, что с вами интересно работать. В конце концов, когда вы подаёте заявку на должность или просто хотите, чтобы академическое сообщество признало, что вашу последнюю книгу стоит прочитать, у вас должен быть капитал репутации, связанный с вашим именем. Чтобы достичь этого, вам не нужно соответствовать критериям министерства, но следует подумать о том, чтобы убедить окружающих, что ваша работа заслуживает внимания. Вы должны принять участие в одной или нескольких дебатах, регулярно читать работы своих коллег и быть прочитанным коллегами. Это не простое упражнение, я думаю, что это так же важно, как соответствие формальным критериям для получения должности.

Итак, вы наконец-то устроились на работу. Вы были выбраны приличным университетом в качестве лектора. Но вы знаете, что ваша позиция не является прочной. Вы новичок в команде, и вам нужно проявить себя. Это означает, что вы должны продемонстрировать, что вы достойны доверия, которое они вам оказали, и что вы можете работать не хуже, чем кто-либо другой в отделе.

Что ж, если вы хотите выжить, вам не обязательно быть лучшим на факультете. Помните, что в стае антилоп, преследуемых леопардом, вам не нужно быть самым быстрым. Достаточно быть предпоследним, чтобы леопард съел того, кто стоит позади вас, и оставил вас в покое. Точно так же, чтобы выжить на факультете, вам достаточно не быть худшим, чтобы, если упадёт несколько голов, вашей среди них не было.

Один из способов сделать это – создать свой имидж. Но как?

Когда вы вошли в академический мир, вы, вероятно, думали, что вам придётся преподавать и проводить исследования, возможно, придётся посещать какие-то скучные собрания, но это было бы все. И тогда вы могли бы делать все, что захотите. Вы видели, как некоторые ученые писали для газет, заседали в комитетах, консультировали правительство и так далее. Но знали ли вы, что вам придётся делать все это и даже больше? Экспертная оценка, общественная деятельность, заявки на финансирование, редактирование, оценка, организация конференций, международных форумов, участие в профессиональных организациях – все это часть игры. И вы должны участвовать в большинстве, если не сказать во всех этих мероприятиях. Но были ли вы предупреждены раньше? Или это часть формальных обязанностей, перечисленных в вашем контракте?

Это не так. Но если все вокруг вас что-то делают, а вы нет, разве вы не почувствуете давления, заставляющего делать то же самое? Как вы могли бы оправдаться перед своим боссом, коллегами или даже перед самим собой, что все сидят в каком-то скучном комитете, а ты нет? Если вы единственный, кто чего-то не делает, ваши коллеги могут быстро подвергнуть вас остракизму, даже большему, если вы новичок.

Но самая страшная угроза будет исходить не от ваших коллег, которые вас презирают, а скорее от тех, кто такой же как вы. Они будут теми, кто искренне верят в советы, которые они дают вам, когда вы спрашиваете их, как они получили должность. Проблема в том, что как это блестяще проиллюстрировала Радхика Нагапал[18], ваши милые коллеги, пытаясь помочь вам, разрушат вашу мораль. Они предложат вам сделать то, что сделали они, что им советовали сделать, но они этого не сделали, потому что у них не было достаточно времени, и это те вещи, которые они осознали только спустя годы после того, как они должны были сделать. Другими словами, совет, данный вам, будет заключаться в том, чтобы делать в три раза больше того, что делали они. Конечно, их советы должны быть добросовестными и с наилучшими намерениями. Но в конечном итоге это зависит от количества старших коллег, к которым вы обращаетесь за советом, и у вас есть достаточно предложений, чтобы в конечном итоге получить беспрецедентное выгорание.

---

[18] https://blogs.scientificamerican.com/guest-blog/the-awesomest-7-year-postdoc-or-how-i-learned-to-stop-worrying-and-love-the-tenure-track-faculty-life/

На мой взгляд, единственный способ остаться в должности – это стать незаменимым для вашего отдела. Что ж, как говорится, все нужны, но никто не заменим, так что незаменимый – это, пожалуй, громко сказано. Допустим, вы должны стать кем-то, от кого слишком сложно или слишком дорого избавиться или заменить. Если вы привносите в отдел уникальный и ранее отсутствовавший актив, и ваши коллеги понимают это, то уволить или заменить вас становится чрезвычайно сложно, даже если вы плохо справляетесь с другими задачами, связанные с работой. Чем более уникальны ваши способности, тем труднее вас заменить, тем больше вы можете вести переговоры и сами решать, что делать, а чего не делать. Это может произойти путём открытых переговоров или просто по молчаливому согласию..

Это ни в коем случае не означает, что вы становитесь неприкасаемыми. Если вы убьёте коллегу, очень вероятно, что даже если вы лучший ученый в мире, им придётся вас уволить. Но чем больше вы жизненно важны для отдела, тем легче вам будет оставаться, даже если в некоторых задачах вы слабее многих других коллег.

Например, если вы лауреат Нобелевской премии, какова вероятность того, что ваш руководитель будет жаловаться на то, что вы недостаточно привлекаете внимание к университету? И если, будучи лауреатом Нобелевской премии, студенты пожалуются на то, что вы не являетесь хорошим учителем, прислушается ли к ним администрация? Нобелевская премия есть Нобелевская премия, и ее ценность выходит далеко за рамки исследовательской и преподавательской деятельности. Она означают видимость, публичность, славу, престиж. Вы не увольняете лауреата Нобелевской премии, если у вас нет на это действительно веской причины.

Существует только одна Нобелевская премия в год, и даже не во всех дисциплинах, и вполне вероятно, что вы не попадёте в список претендентов. Но есть и другие способы, которыми вы можете найти место в своём отделе, и все они зависят от того, где у вас мало конкурентов или их вообще нет. Например, отличные навыки управления и администрирования означают, что вы можете справляться с управленческими задачами гораздо быстрее, чем большинство ваших коллег. Поэтому вы могли бы предложить стать руководителем отдела или администратором в течение многих лет. В обмен вы могли бы попросить о некотором освобождении от преподавания или понимании того, что ваши публикации не так хороши, как публикации коллег с меньшим количеством обязанностей.

Не так давно я нашёл способ, который фактически был откупом. Я бы согласился преподавать любой курс, который попросили бы меня преподавать, обычно тот, в котором никто из моих коллег не был заинтересован. В обмен я попросил бы предоставить мне возможность самостоятельно определять график преподавания и преподавать только компактные модули. Наличие только факультативных курсов и студентов, которых никто больше не хотел, делало мои преподавательские обязанности далеко не приятными, и именно поэтому в какой-то момент я нарушил соглашение. Но моя жизнь была относительно спокойной, и никто не беспокоил меня другими просьбами.

В докторантуре в Великобритании коллега однажды сказал мне: «Если вы плохой учитель и хороший исследователь, вам это может сойти с рук. Если наоборот, хороший учитель и плохой исследователь, то скорее всего не сойдёт». Это связано с тем, что при регулярной оценке исследований, проводимой в Великобритании каждые пять или шесть лет, исследования низкого качества приведут к более низкому показателю и, следовательно, к снижению государственного финансирования на ближайшие годы. В конце концов, вы же не хотите быть причиной тому, что ваш отдел потеряет 20 000 фунтов стерлингов в год в течение следующих пяти лет. Однако, с другой стороны, есть университеты, основным источником дохода которых является оплата за обучение студентов. Они должны уделять приоритетное внимание удовлетворённости студентов, чтобы они могли предпочесть хорошего преподавателя хорошему исследователю и закрыть глаза, если ваши студенты любят вас, но ваши исследовательские показатели ниже, чем у большинства ваших коллег. Отличные результаты исследований могут компенсировать плохое преподавание, и наоборот, способность привлекать государственное финансирование из государственного или делового сектора и управлять ими – может компенсировать и то, и другое. Если все ваши книги являются бестселлерами, у вас наибольшее количество цитирований среди всего факультета, и это является приоритетом для университета, вас будут считать золотой птицей. Работа со СМИ может также приветствоваться университетами, которым необходимо продвигать себя на рынке и у которых уже есть достаточное количество исследователей, чтобы продемонстрировать высокие результаты исследований. Готовность сделать управленческую или политическую карьеру на вашем факультете или в университете, особенно если вы хорошо справляетесь, может означать значительное освобождение от ваших преподавательских и исследовательских обязанностей. С бюрократической точки зрения вы никак не можете быть превосходны во всех аспектах академической деятельности, в которых вы должны преуспевать. Но вы можете собрать воедино уникальную комбинацию навыков и результативности, чтобы руководство было вами довольно. Это означает заставить их думать, что вы вносите какой-то существенный вклад в управление и развитие академического подразделения.

Все это крайне нестабильно, но такова жизнь. Если сменится руководитель вашего отдела, приоритеты отдела также могут измениться, и ваши навыки могут оказаться не такими важными, как раньше. Аналогичным образом, если политика университета изменится, и ваши способности не принесут никакого конкурентного преимущества вашей исследовательской группе или отделу, вам может быть сложно продавать себя, используя те же навыки, которые вы использовали раньше. Другая возможность заключается в том, что в какой-то момент будет нанят кто-то, обладающий более сильными навыками, чем вы. Если это так, вы можете потерять своё монопольное положение и больше не быть единственным, кто способен выполнить эту конкретную задачу. Но вы все ещё можете быть нужны, и в некоторых случаях олигополия не слишком отличается от монополии. Вы можете быть целую вечность относительно нетронутым, если будете блистать над всеми остальными какими-то особыми навыками или умениями.

Некоторым, особенно представителям социальных и гуманитарных наук, этот вопрос может показаться странным, а ответ – очевидным. Книга длиннее, и у вас больше шансов стать «знаменитым» как автор этой превосходной книги о...", чем как автор статьи. Книга предполагает редакционный проект, контракт, переговоры, персонализированные каналы распространения и стратегии. Вы не можете организовать презентацию статьи, но вы определённо можете организовать презентацию книги. Так зачем же все ещё обсуждать, что лучше?

Аргумент «книга отнимает больше времени» может быть поставлен под сомнение. Недавно мой друг сказал мне, что, по его мнению, количество времени и усилий, затрачиваемых на хорошую статью и на книгу, почти одинаково. Однако для книги ему не нужно угождать рецензентам, которые говорят ему, что делать, отнимают слишком много его времени и действуют ему на нервы. В конце концов, книга для него – это способ написать то, что он хочет, так, как он хочет, и иметь возможность полностью заслужить это. Для некоторых это может быть не слишком далеко от реальности, если мы подумаем о времени, необходимом для публикации статьи в ведущем журнале. Я опубликовал некоторые из своих книг, начиная с контракта и заканчивая окончательной редактурой, менее чем за двенадцать месяцев. А сколько времени требуется для статьи?

С точки зрения формулировки, статья и книга имеют разную структуру. Статья короче, но часто более плотная, тогда как в книге у вас есть время и пространство, чтобы развить и развивать больше идей. Для сравнения, книга может содержать 80 000 слов или даже меньше. Подумайте о серии мини-книг, которую придумали несколько коммерческих издательств, чтобы побудить авторов публиковаться вместе с ними. Я говорю о тексте, который немного длиннее многословной статьи, около 40.000 слов.

Поэтому, если у вас есть 12 месяцев, свободных от каких-либо обязательств, стоит ли подготовить книгу или потратить эквивалентное время на работу над статьями?

Ценность книги или статьи зависит от дисциплины, в которой вы работаете. В социальных и гуманитарных науках книга по-прежнему имеет символическое значение. Это способ вступить в академическую зрелость, и он может понадобиться вам, чтобы быть признанным учёным. В других дисциплинах книга может рассматриваться как пустая трата времени, поскольку вам в основном начисляют за статьи. Но есть некоторые ориентиры, которые вы, возможно, захотите принять во внимание.

В некоторых системах наличие книги является формальным требованием либо для получения должности, либо для продвижения по службе. Другими словами, неспособность выпустить книгу на каком-то этапе вашей карьеры может замедлить ваш карьерный рост.

В некоторых других системах существует фиксированное количество баллов, которые вы можете получить за каждую публикацию, но баллы не всегда пропорциональны затраченным усилиям. Представьте себе систему, которая даёт вам один балл за статью и три балла за книгу. При прочих равных условиях, что для вас лучше, зависит от того, насколько легко и быстро вы сможете опубликовать то или иное. Я предполагаю, что некоторым ученым легче публиковать статьи, а другие лучше подготовлены к написанию книг. Если процесс рецензирования для вас настолько болезнен и отнимает много времени, что вы действительно предпочитаете написать десять тысяч слов вместо трёх статей, тогда выбирайте книгу. В других системах соотношение составляет пять к одному, то есть книга стоит пять баллов, а статья – один. Но я не исключаю, что в некоторых других системах книга и статья могут иметь одинаковую ценность для национального учреждения, отвечающего за академические результаты.

В конце концов, выберете свою стратегию после прочтения рекомендаций по оценке в том учреждении, где вы хотите продвинуться по карьерной лестнице или подать заявку на стажировку. Как только вам станет ясно, чего вы хотите достичь – получить повышение по службе, иметь более высокие шансы быть приглашённым куда-либо, вы можете рассмотреть более неформальные последствия вашей публикации. В общем, мой вопрос таков: «Как публикация будет воспринята международным академическим сообществом?». Это ещё более субъективно и лично, поскольку зависит от того, как вы хотите позиционировать себя в рамках дисциплины, субдисциплины и, следовательно, от того, как ваши коллеги (включая потенциальных врагов и конкурентов) отреагируют на вашу книгу или на одну статью.

Научные исследования бывают фундаментальными и прикладными. Фундаментальные исследования задают теоретические вопросы и пытаются решать проблемы независимо от их применимости в реальной жизни. Они отражает теоретические парадигмы, иногда не имеющие реальной связи с реальностью, в которой мы живём. Основное предположение заключается в том, что результаты будут использованы другими исследователями для решения реальной проблемы на каком-то этапе. Прикладные исследования, напротив, начинаются с решения реальной проблемы. Однако, поступая таким образом, можно было бы также указать на некоторые недостатки в общей теории или предложить альтернативные теоретические парадигмы, которые бросают вызов существующим.

Другими словами, фундаментальные исследования исследуют взаимодействие между двумя организмами в данной среде (или просто в вакууме). Прикладные исследования зададут вопрос, почему два организма в данной географической области с некоторыми особыми условиями окружающей среды взаимодействовали таким образом, чтобы вызвать, скажем, эпидемию, и как этого можно было избежать, либо в данной среде, либо в целом. Фундаментальные исследования в академических кругах традиционно пользуются относительно более высоким статусом, чем прикладные исследования. Однако, когда исследования встречаются с политикой, эта тенденция меняется на противоположную. Политик, возможно, захочет иметь возможность объяснить, какие проблемы наука решает на деньги налогоплательщиков, и ответ: «Наши Ученые интенсивно размышляют над вопросами кто и где находится и в чем смысл жизни?», – может оказаться недостаточным. По самой природе политики, основанной на фактических данных, нужно уметь использовать последовательность: у нас есть проблема, поэтому мы инвестируем в науку, чтобы решить ее. Это также привело к тому, что ряд политиков атаковали или, по крайней мере, критиковали дисциплины, которые считаются оторванными от реальности, не создают рабочую силу или не создают экономических возможностей для страны.

Иногда действительно трудно объяснить, что мы инвестируем во что-то, чего сейчас на самом деле не понимаем, но примерно через десять-двадцать лет мы должны принести какие-то результаты. Политикам нужно быть переизбранными через четыре или пять лет, и они должны доказать, что их решения положительно влияют на страну. Обещание, что страна выиграет от чего-то через десять лет, может на самом деле не сработать.

> Это определило два различных направления в академических подходах и поддержке исследований.

За некоторыми исключениями, какое бы финансирование ни выделялось на исследовательские проекты, оно предназначено для того, чтобы принести первые результаты в ходе проекта (следовательно, что-то уже должно быть видно в течение четырёх или пяти лет, но иногда и через два или три года). В результате ученые, работающие с внешним финансированием, должны быть ориентированы исключительно на краткосрочную перспективу и, возможно, применять свои исследования к какой-то другой проблеме, которая воспринимается донором и, возможно, широкой общественностью как более срочная и важная.

Однако необходимость в этом меньше, когда исследования финансируются за счет общего бюджета кафедры или факультета. Исследователям позволено думать, и единственное их обязательство – публиковать достаточно, чтобы оправдать сумму денег, выделяемых университету.

Эти два направления в большинстве случаев сочетаются. Действительно, исследования часто имеют разрывы между фундаментальными и прикладными исследованиями в зависимости от ряда факторов. Одной из относительно недавних тенденций является изучение конкретного явления в рамках какой-либо дисциплины. Университет Ковентри несколько лет назад инвестировал средства в «Центр доверия, мира и социальных отношений». Доверие может быть изучено эмпирически, применительно к стране или региону, и теоретически, как суб-тема нескольких дисциплин, начиная от психологии и заканчивая политологией и экономикой.

В конце концов, доноры все больше интересуются прикладными исследованиями, поскольку диапазон применимости исследований очень широк. Даже агентства по развитию или правительственные учреждения могут захотеть получить одобрение исследователей, чтобы показать налогоплательщикам или критикам, что доказательства, используемые для их основанных на фактических данных вмешательств, были собраны научным и систематическим образом. Тем не менее, все ещё существует несколько возможностей финансирования для исследователей, желающих сосредоточиться на фундаментальных исследованиях.

Полезно помнить об этом различии, чтобы разработать свою собственную карьерную стратегию, которая должна каким-то образом устранить дихотомию между этими двумя подходами. Один из них заключается в том, чтобы начать с данной теории, протестировать её в данной среде и информировать теоретические журналы, дисциплинарные конференции. Другой – начать с реальной ситуации, чтобы поразмыслить о том, как все развивалось именно таким образом, и, при необходимости, проверить, может ли объяснение помочь в изучении общей теории по данной теме.

В социальных науках, например, существует относительно сильное разделение между областными и дисциплинарными исследованиями. Исследователи регионов, журналы и конференции интересуются конкретным регионом мира и его развитием. В результате эмпирическое исследование с небольшим теоретическим участием может быть интересно журналу или аудитории, потому что, возможно, основанное на недавно полученных данных, оно предлагает некоторые объяснения того, почему данное явление развивалось определенным образом в данной среде. Объяснения могут заходить так далеко, что вступают в контакт с более широкими теоретическими парадигмами и даже бросают вызов общей теории. Однако, поскольку знания о регионе или стране развиты, не обязательно ожидать взаимодействия с социальной теорией. Дисциплинарные журналы или конференции, как правило, ценят работы, в том числе основанные на сборе эмпирических данных, поскольку исследование может найти своё место в текущих дебатах и объяснить значимость его результатов не для данного контекста, а для более широкой аудитории.

Как журналу, интересующемуся Юго-Восточной Азией, мне было бы интересно исследование о Вьетнаме, потому что я интересуюсь этой страной. Но если вы попытаетесь отправить свою статью в журнал по общей социальной теории, аудитория которого варьируется от ученых, интересующихся ЕС или США, до тех, кто интересуется Южной Америкой, ваш вопрос должен звучать так: «Почему кто-то проводит исследования по Суринам, когда им должно быть интересно то, что я пишу о Вьетнаме?». Ответом может быть «потому что в статье предпринята попытка использовать общую теорию в отношении конкретного вопроса». В конце концов, не так важно, насколько незначительна, мала или политически неважна область, которую вы изучаете. Что имеет решающее значение, так это ваша способность заинтересовать аудиторию другими регионами или связанными с ними явлениями, которые найдут вашу статью так или иначе полезной для своих собственных исследований.

Представьте себе гипотетическую ситуацию, когда глобальное издательство пытается продать вашу книгу о похоронных ритуалах в Албании. Факультеты, занимающиеся балканскими исследованиями, скорее всего, купят её. Возможно, отделы, где работают люди, проводящие подобные исследования, также будут заинтересованы. Но почему отдел общей антропологии или социологии должен покупать вашу книгу (которая, скорее всего, продаётся в печатном виде по цене более 100 евро) вместо чего-то гораздо более значимого для того, чем занимаются их исследователи? Тогда встраивание исследования в текущие научные дебаты становится важным, и вы должны сделать выбор.

Ваша книга может:

Использовать местные находки, чтобы ознакомиться с общей теорией ритуалов, а затем определить свои результаты в парадигмах социальной теории. В этом случае вы начинаете со своих эмпирических данных, чтобы участвовать в глобальной научной дискуссии и продвигать теорию. Место, где были собраны данные, не так важно, как новые теоретические направления, на которые они могли бы указать, и их интерпретация.

Подробно опишите похоронные ритуалы в Албании, обрамляя их в историческом и культурном контексте, чтобы попытаться стать ориентиром для любых дальнейших эмпирических исследований по этой теме и в регионе. Это отнесло бы книгу к категории прикладных исследований и сделало бы её чрезвычайно ценной для любого, кто проводит аналогичные исследования в регионе, но не обязательно важной для кого-либо за пределами региона.

Гонорар за публикацию (или отправку) статьи могут быть использованы журналом для любой из перечисленных ниже целей (или их комбинации).

Чтобы уменьшить количество материалов, которые получает журнал: если вы являетесь редактором лучшего журнала в своей области, вы, безусловно, получите достаточное количество статей хорошего качества. Но сколько учёных просто посылают что-то думая: «никогда не знаешь наверняка». Некоторые могут искренне думать, что у них отличная статья, другие просто переоценивают свои писательские навыки и не уделяют достаточно времени написанию и доработке. Какова бы ни была причина, получение дополнительных статей – это издержки журнала. Даже больше, когда восемьдесят процентов статей, которые вы получаете, даже не стоят того, чтобы отправлять их на рецензирование. Это тот момент, когда вы понимаете, что вам нужна точка опоры для преодоления барьера. Просьба к потенциальным авторам оплатить гонорар при отправке или после принятия работы уменьшает количество материалов, которые вы получите. Возможный недостаток заключается в том, что это также уменьшает географическое распределение потенциальных авторов, поскольку ученые из стран с низким уровнем дохода и университеты, которые имеют меньше доступные бюджеты для такой деятельности.

Для оплаты редакционных расходов, которые не оплачиваются никакими другими способами: в дополнение к сокращению количества материалов и объёма работы, которую вам необходимо выполнить, плата за представление или публикацию также может приносить некоторый дополнительный доход. Если бюджет коммерческих академических журналов ограничен, то бюджет независимых журналов (управляемых отделом или организацией) ещё более ограничен. Дополнительные средства всегда приветствуются и могут покрыть различные расходы или позволить журналу развиваться в новом направлении.

Зарабатывать деньги просто как компания: я рассматриваю этот аспект как определение границы между хищническим и не хищническим журналом. Даже когда компания управляет журналом и стремится выжать деньги из общедоступных знаний, присутствие в совете директоров «якобы» признанных учёных гарантирует определённый порог качества, ниже которого журнал не опустится. Когда этот порог очень низок или практически отсутствует, а основной подход заключается в том, что «чем больше мы публикуем (независимо от качества), тем больше мы зарабатываем денег», тогда журнал может быть классифицирован как хищнический.

Как отличить хищнический журнал от нехищнического? Я не думаю, что существует правило, по которому следует проводить черту. Можно было бы сказать, что хищнические журналы запрашивают рукописи, но то же самое могут делать и недавно созданные журналы. Иногда после участия в конференции вы можете получить сообщение с просьбой рассмотреть возможность отправки вашей статьи в журнал. В некоторых случаях это какой-нибудь новый сомнительный журнал, который стремится максимизировать количество материалов и, следовательно, доход. В некоторых других случаях это может быть приличный журнал, ориентированный на участников конференции, которая хорошо известна тем, что привлекает отличные доклады. Если среднее качество статей на этой конференции проходит на высоком уровне, тогда хорошей стратегией может быть привлечение статей от всех участников. После того, как рукописи отправлены, их все равно нужно принять, и редактор обычно оставляет за собой право отклонить статью. Независимо от того, была ли статья запрошена или представлена спонтанно, если её качество ниже ожидаемого журналом, она все равно может быть отклонена.

Между хорошими и хищническими журналами существует непрерывная грань, и многие журналы могут попасть между этими двумя категориями. Должен ли вас интересовать журнал или нет, зависит, в конечном счете, от вашей стратегии и карьерных целей. Обычно я задаю себе следующие вопросы:

1. В чем стратегическое значение этой статьи и журнала для моей карьеры? Возможно, формально эта статья никак не повлияет на мой карьерный путь. Но, напротив, я всегда хотел написать статью на заданную тему, и это издание обещало опубликовать её быстро. Или мне нужна статья в качестве подготовительного упражнения для отправки более лучшей статьи в журнал получше.
2. Какое место занимает журнал в моем национальном рейтинге? Смогу ли я претендовать на какие-либо баллы за статью, опубликованную в данном журнале?
3. Если статья будет опубликована в этом журнале, буду ли я рекламировать ее или попытаюсь скрыть, надеясь, что никто не узнает об этой публикации? Или я просто оставлю все как есть? То есть я не буду прилагать никаких усилий к ее рекламе, так как в ней не так много оригинальности, но, в то же время, я знаю, что статья достойная и скрывать её нет необходимости.

Ответы на эти вопросы носят сугубо личный и субъективный характер и могут оправдать ориентацию на журналы, которые считаются «плохими» в одних национальных системах, потому что в других они считаются приличными. Я не призываю вас подписываться на хищнические журналы. Во-первых, граница между журналами с точки зрения качества менее чёткая, чем можно было бы подумать. В целом, каждый журнал предлагает вам некоторые преимущества по определённой цене. Как только вы взвесите затраты и выгоды от публикации в данном журнале, вы сможете решить, продолжать или нет.

Публикация в открытом доступе означает сделать вашу работу доступной для всего академического сообщества или, если хотите, для всей планеты. Напротив, когда вы публикуетесь у коммерческого издателя, доступ к вашей работе в той или иной степени ограничен только теми, кто готов заплатить за её прочтение. Обратите внимание, что существует несколько моделей открытого доступа. Зелёный позволяет самостоятельно архивировать предварительную версию статьи, которая становится доступной для любого пользователя через данный веб-сайт. Доступ ограничен, однако окончательная версия статьи доступна только на веб-сайте журнала. В отличие от этого, золотой позволяет практически любому пользователю загружать и читать статью непосредственно с веб-сайта журнала. Это происходит либо потому, что был уплачен гонорар, либо потому, что журнал является некоммерческим и предоставляет бесплатный доступ к своим статьям. В первом случае, на мой взгляд, мы действительно не можем говорить об открытом доступе. Просто авторы спасают статью, платя за то, чтобы её посмотрели другие люди, что немного напоминает старую неаполитанскую традицию предлагать кофе людям, которых вы не знаете. Во втором случае я обычно говорю об открытом доступе.

За редким исключением, вы не получаете никакой денежной компенсации за статью. Моя логика заключалась бы в том, что, поскольку вы не получаете больше денег, публикуясь у коммерческого издателя, вы должны отдавать предпочтение публикациям, которые делают вашу работу в значительной степени доступной. Проблема с этим рассуждением заключается в том, что валютой в академическом секторе является престиж, который неравномерно распределяется между отдельными лицами и издателями.

Как начинающий и малоизвестный ученый, ваша цель – собрать читательскую аудиторию, получить признание как хороший исследователь и стать более заметным. Большинство журналов или издателей, которые предлагают вам эту перспективу, управляются частными компаниями, в то время как количество журналов, которые находятся в открытом доступе и могут предложить вам такой же престиж, ограничено, особенно в некоторых дисциплинах. Как признанный ученый, вы могли бы попробовать оспорить существующее положение дел. В принципе, что бы вы ни написали и где бы ни были опубликованы ваши работы, люди это прочитают и оценят. Но авторитетный ученый, желающий разорвать этот порочный круг, окажется под давлением других авторитетных ученых, которые не желают оспаривать нынешний статус-кво. Кроме того, если публиковаться в самых престижных журналах становится все проще и легче по мере продвижения вашей карьеры, какова ваша мотивация бросить вызов системе и выступать только за издателей с открытым доступом? Некоторые люди делают это, но они в меньшинстве и, следовательно, недостаточно пока заметны. Некоторые другие делают это время от времени, чередуя публикации в открытом и закрытом доступе.

Какой должна быть ваша стратегия, зависит от того, на каком уровне карьеры вы находитесь и от вашего личного выбора. Любой, кто начинает свою карьеру, должен ориентироваться на престижные журналы, которые, за исключением некоторых дисциплин, таких как астрофизика, предлагают ограниченный (или золотой при оплате гонорара) доступ к статьям.

Обратиться к престижному коммерческому издателю и иметь деньги, чтобы заплатить за золотой открытый доступ, вероятно, лучший выбор, с циничной точки зрения. Особенно в тех дисциплинах, где лучшие издатели являются коммерческими, вы получаете и славу, и известность. У вас также есть конкурентное преимущество, потому что у многих других авторов, публикующихся в том же журнале, может не хватить денег, чтобы заплатить за золотой открытый доступ. Однако этот выбор означает одобрение существующей системы, в которой компании зарабатывают деньги, а ученые с меньшими деньгами наказываются.

Вторым лучшим выбором по-прежнему может быть публикация в журнале с ограниченным доступом. Ваша статья по-прежнему будет доступна ученым и студентам из самых богатых (и, возможно, самых важных) университетов. В отношении повторного использования содержания вашей статьи или её переиздания будут действовать ограничения, но они могут стоить свеч, поскольку, опубликовав статью в некоторых изданиях, вы будете считаться вошедшим в зал академической славы.

С более приземлённой точки зрения, статья в открытом доступе означает, что каждый, и особенно ученые и студенты из более бедных университетов, смогут прочитать вашу статью. Кто-то, у кого нет доступа к электронной библиотеке, начнёт свой поиск с документов, свободно доступных в интернете, и ваши будут там для него. Особенно в начале вашей карьеры, вам нужно цитирование, чтобы повысить свой профиль. Поскольку авторитетные ученые заняты цитированием друг друга, ваша маркетинговая стратегия может заключаться в том, чтобы сделать вашу работу доступной максимальному количеству людей, чтобы повысить вероятность её цитирования.

Существует также промежуточное решение. Во-первых, есть несколько новых журналов, которые, будучи относительно устоявшимися, пытаются сохранить статус открытого доступа и, таким образом, обеспечат вам сочетание престижа и доступности. Во-вторых, во многих случаях теперь можно загрузить предварительно распечатанную версию статьи в репозиторий вашего университета, чтобы сделать вашу статью в престижном коммерческом издании широкодоступной (обычно это зелёный доступ). Так как это не окончательная версия, на неё не так приятно смотреть, но, по крайней мере, вы можете поделиться своей работой с тем, кто в ней заинтересован.

Журналы, управляемые коммерческими издателями, в конечном итоге приносят компании деньги за счёт платы за подписку на базы данных и библиотеки. В принципе, это долгосрочный эффект инвестиций, сделанных много лет назад и принёсших хорошую отдачу. Даже если у вас есть группа учёных, которые заботятся о контенте, все равно остаётся множество задач, за которые нужно платить, и в эпоху до интернета и до ноутбуков эти задачи были чрезвычайно дорогими.

В то время, когда редактирование, набор текста, вёрстка, печать и распространение стоили немалых денег, некоторые предприимчивые люди предложили взять на себя этот процесс и зарабатывать деньги для оплаты своих услуг, продавая конечный продукт заинтересованным субъектам (библиотекам, затем базам данных, индивидуальным подписчикам).

По мере расширения академического рынка бизнес начал становиться все более прибыльным. Кроме того, Ученые, обученные работать бесплатно, довольствовались престижем, который они могли получить, публикуясь в одном журнале или выступая в качестве главного редактора в другом. До сих пор ситуация была беспроигрышной, по крайней мере в теории. Ученые завоёвывают престиж, а компании зарабатывают деньги. Но они зарабатывают деньги, прося авторов отказаться от своих экономических прав на их работы (статьи), а затем ограничивают доступ к этим статьям, чтобы иметь возможность продавать их (отдельные статьи или номера журналов) за плату. В обмен они предлагают поддержку в различной степени на протяжении большей части редакционного процесса, от подачи до печати.

Кажется, это честная сделка. Однако недавние события в академических кругах заставили людей усомниться в этой модели. Во-первых, некоторые из них начали спрашивать: «Почему знания, обычно генерируемые публично, поскольку большинство учёных нанимаются государственными университетами, и наука должны быть ограничены с точки зрения людей и стран?». Было предложено решение, и коммерческие издатели предложили варианты открытого доступа зелёный и золотой. После оплаты гонорара статья становится свободно доступной в Интернете, и это может быть идеальным вариантом для автора. Вы получаете престиж, к которому стремились, публикуясь в журнале высокого уровня, и делаете свою статью читаемой всеми. Что не менее важно, гонорар компенсирует компании убытки от невозможности продать вашу статью и якобы покрывает их расходы. Но насколько справедлива эта модель и какую плату она покрывает? В эпоху интернета и ноутбуков, сколько стоит управление журналом? Если редакционная коллегия работает бесплатно, рецензенты работают бесплатно, и у вас нет помощника, готового взять на себя задачи по редактированию текста и вёрстке, сколько это будет стоить?

По моему опыту, не так уж много. Журнал, в котором я являюсь соредактором, находится в открытом доступе. Он не самый престижный и известный в мире, но его можно отнести к разряду достойных. Если бы у нас был редактор более авторитетный, чем я, я подозреваю, что мы привлекли бы ещё лучшие и больше статей. Однако на данный момент у нас есть правление, процесс рецензирования, и мы можем предложить статьи приемлемого качества, дизайна и вёрстки. Несколько лет назад мы отказались от бумажной версии, чтобы сократить бюджет и быть более экологичными, но в результате наш годовой бюджет на два выпуска, содержащих 8-10 статей и 2-4 рецензии на книги, примерно такой же, как деньги, требуемые некоторым коммерческим издателем для публикации одной статьи по той же дисциплине в открытом доступе.

Можно было бы возразить, что эти компании предоставляют услугу, и это цена услуги. Если вы хотите чего-то другого или хотите заплатить более низкую цену, вы можете пойти в другое место. Верно, но коммерческие издатели обладают квазимонополией на престижном рынке. Кто может позволить себе уйти в другое место и получить меньший престиж за публикацию? Даже признанным учёным трудно оспорить эту монополию, не говоря уже о тех, кто не уверен в своей карьере. Я мог бы представить, как несколько человек подумают: «Последний коммерческий издатель, тогда я перейду в открытый доступ». Это звучит немного как «последняя сигарета». Однако для большинства дисциплин престиж сосредоточен главным образом в руках горстки издателей, умело управляемых и имеющих отличное выгодное положение.

Это не означает, что все журналы, которые находятся в Scopus, управляются коммерческими издателями. Некоторые из них находятся в открытом доступе, а некоторые другие могут относиться к другим бизнес-моделям. Проблема, на мой взгляд, заключается в том, что Ученые часто привыкли думать о коммерческой модели публикации как о стандартной, и лишь изредка можно встретить ученых, которые пытаются оспорить эту точку зрения.

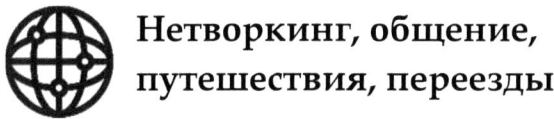# Нетворкинг, общение, путешествия, переезды

Есть ряд мероприятий, на которых Ученые могут презентовать свои работы. Основными и наиболее распространёнными из них являются конференции, конгрессы и воркшопы (семинары, workshop). Какой из них выбрать для презентации вашей работы, зависит от того, на какой стадии вы находитесь в своём исследовании.

Воркшоп обычно обозначает мероприятие, на которое приглашается для совместной работы ограниченное число участников. В результате это даёт участникам возможность взаимодействовать друг с другом. Общепринятого формата не существует, но, как правило, одновременно проводится только одна сессия, так что у вас есть возможность посетить их все. Семинар может проводится в открытом или закрытом формате. Так как обычно количество участников не большое, то каждая презентация будет внимательно выслушана и обсуждена. Обратная связь будет относительно подробной, настолько, что семинар – это идеальное место, где можно представить свою текущую работу, принять участие в дискуссиях, пообщаться и познакомиться с рядом других учёных. При ограниченном количестве участников организаторы проводят сессии нетворкинга, такие как кофе-брейки или неформальные ужины, что дает участникам возможность лучше узнать друг друга. Вы познакомитесь с ограниченным числом коллег, но проведете с ними больше времени и лучше узнаете тех, кого вы находите более интересными, полезными или просто имеете много общего.

Конференции и конгрессы проходят в другой динамике. Количество участников может доходить до нескольких тысяч. Одновременно проводятся несколько секций, и вам нужно принять более обдуманное решение куда пойти, что посетить и с кем пообщаться. Социальное взаимодействие, как правило, шире, но более поверхностное. Есть вероятность, что вы не встретите одного и того же человека дважды. С другой стороны, у вас будет доступ к сотням людей, которых вы, возможно, захотите узнать. Понадобится некоторое время на изучение программы и поиска способа познакомиться с теми, кого вы находите интересными или просто хотите узнать поближе. В силу этого секцию может посетить большее количество людей, чем семинар, и многие из них не будут знать вас и или могут оказаться там просто по совпадению или ошибке. Главная цель посещения конференции для меня – не получить обратную связь, а сделать свою работу видимой максимальному количеству людей. Возможно, стоит использовать конференции в качестве демонстрации вашей завершённой работы, представляя уже опубликованную статью или проведённое вами исследование. Люди там должны знать вас по тому, что вы делаете, а не по тому, что вы планируете делать.

Я разделяю конференции на две категории: регулярные или нерегулярные. Нерегулярные организуются, когда в исследовательском учреждении имеется дополнительное финансирование, и они считают, что стоит инвестировать в международное мероприятие. В силу этого в какой-то момент вы увидите объявление в интернете, но вы не можете заранее предсказать, когда это произойдёт.

Очередные конференции – это совсем другая история. Вы заранее знаете, когда и где они состоятся, и обычно они организуются одним и тем же учреждением, обычно профессиональной ассоциацией или, по крайней мере, университетом. Самые заядлые участники – это члены этой ассоциации или люди, имеющие давние отношения с университетом, но у вас также есть значительное количество новичков. Научная тематика конференции обычно широка, а название достаточно всеобъемлющее, чтобы каждый мог вписаться в неё, если он подходит к теме с точки зрения, которую ассоциация считает приоритетной.

В зависимости от направления деятельности профессиональной ассоциации или объединения, конференции ориентированы на определённую группу. Дисциплинарные конференции привлекают максимальное количество людей из определённой дисциплины (например, социологии, биологии, антропологии), либо определённого региона, либо со всего мира. Тематические конференции будут поощрять участие всех учёных, работающих над одной и той же темой, базирующихся в определённой области (например, Европейская ассоциация исследований рака, Американская ассоциация исследований рака) или по всему миру. Региональные конференции будут ориентированы на учёных, работающих в определённом регионе (например, в области азиатских исследований, латиноамериканских исследований) из различных дисциплин, если они заинтересованы в регионе. Почему это различие важно? Потому что, чтобы добиться максимального результата, вам следует подумать о том, куда вы направляетесь и чего вы можете ожидать от конференции, прежде чем подавать заявку на неё. В любом случае, посещение хотя бы одной конференции, организованной одной из ваших национальных ассоциаций, может оказаться хорошей инвестицией. Даже если вы работаете только на английском языке и большинство ваших совместных проектов являются международными, ваш университет по-прежнему финансируется на национальном уровне, и ваши государственные власти полагаются на свой пул национальных учёных. Связи в вашей стране означают возможность подавать заявки на государственные гранты, сотрудничать с национальными властями и, в конечном счёте, иметь возможность лоббировать или объединять усилия с другими коллегами для ведения переговоров с правительством. Это важно, например, в случае сокращения бюджета. Важно, чтобы ваши коллеги из той же страны знали, что вы там и активны.

Если вы планируете искать работу на американском академическом рынке, вряд ли имеет смысл подавать заявку на европейскую конференцию. Американские Учёные могут принять участие, если работают с некоторыми европейскими коллегами, но большинство докладчиков будут из европейских исследовательских центров. Если вы ищете работу социолога, то социологическая ассоциация должна стать вашей отправной точкой. Конференции, организованные вокруг региона или темы, – дело непростое. Вы обязательно встретите людей, заинтересованных в вашей области или теме, и у вас будет что-то общее с большинством других участников, но нет никакой гарантии, что вы встретите людей, которые являются ключевыми для получения вами работы или в кругу, в который вы хотите быть приглашены. Благодаря опыту и методу проб и ошибок вы поймёте куда лучше всего обратиться, но проверьте, кто входит в организационный комитет, какие основные исследовательские центры задействованы и кто входит в правление ассоциации, чтобы получить общее представление о том, что вас ждёт.

Когда вы подаёте заявление на работу или просто составляете своё резюме для какой-либо базы данных, от вас часто требуется перечислить профессиональные ассоциации, членом которых вы являетесь. Список доступных ассоциаций и членства практически бесконечен. Если мы говорим об академических ассоциациях, я подразделяю их на три типа:

- тематические (продвижение междисциплинарного взгляда на определённую проблему или подотрасль дисциплины, например, идентичность, конфликт, рак и тропическая медицина);
- региональные (собирают тех, кто изучает определённую область или регион мира);
- дисциплинарные (астрофизика, политические науки, антропология, медицина и т.д.).

Вышеуказанные направления могут быть объединены и привести к нахождению ассоциаций, которые занимают определённую нишу, например, социологи, работающие в Центральной Азии, или иммунологи, работающие в Юго-Восточной Азии.

Однако даже простое членство в какой-либо ассоциации может быть предпочтительнее, чем не членство. Членство в ассоциации позволяет вам участвовать в ней на разных уровнях, по крайней мере потенциально. Некоторые из возможных преимуществ членства в ассоциации:

- Получение информации из рассылки ассоциации (и потенциально распространение своих объявлений через этот канал).
- Посещение ежегодное (или регулярное) мероприятий (обычно конференций или конгрессов), организуемых ассоциацией.
- Представление докладов на мероприятиях, спонсируемых ассоциацией.
- Организация панелей на регулярных мероприятиях.
- Участвовать в работе организационного комитета регулярного мероприятия.
- Организация мероприятий, спонсируемых ассоциацией. Часто, в промежутке между двумя регулярными конференциями или конгрессами, ассоциация спонсирует несколько небольших мероприятий (например, межконгрессионные заседания, семинары).
- Быть членом правления ассоциации (включая президента или генерального секретаря).

Суть в том, что вы можете оплатить членство и стать членом, если хотите посетить ежегодное мероприятие, организуемое ассоциацией, или нужно указать в своём резюме, что вы являетесь членом какой-либо ассоциации. Часто дешевле оплатить членство и организационный взнос, чем платить только за организационный взнос, и это делается для того, чтобы увеличить формальное число необязательно активных членов ассоциации. Обоснование заключается в том, что чем больше у вас членов, тем больше вы можете показать, что ваша ассоциация имеет отношение к научному сообществу.

Для многих членство в той или иной ассоциации часто подразумевает посещение какие-то мероприятий и потенциальный охват определённой аудитории. Это показатель того, кого вы ищете в аудитории, с кем вы стремитесь к диалогу и взаимодействуете. У ассоциаций есть свои списки рассылки, группы, каналы быстрого доступа. Они могут взаимодействовать с политиками, деловыми партнёрами или другими заинтересованными сторонами. Ваш потенциальный работодатель подумает о преимуществах того, что кто-то в его команде является членом той или иной ассоциации, в зависимости от его собственной стратегии. Некоторые работодатели могут захотеть нанять кого-то, кто входит в ассоциации, членами которых уже являются нынешние сотрудники отдела, чтобы увеличить присутствие там своей исследовательской группы или определённого отношения. Некоторые другие работодатели могут использовать своих новых сотрудников для охвата новой аудитории.

В лучшем случае для вашего работодателя членство в данной ассоциации означает, что вы являетесь активной частью данного сообщества, показателем того, по каким каналам вы продвигаетесь, с какими дискуссиями или подходами вы склонны взаимодействовать. Кроме того, поскольку профессиональные ассоциации часто имеют свой собственный журнал, он также сообщает о том, какие журналы вы могли бы читать или иметь к ним доступ в случае необходимости. Если мне придётся выбирать нового коллегу или единомышленника, мне может быть интересно проследить, чтобы они участвовали в тех же дебатах, что и я, или, в некоторых случаях, чтобы они участвовали в других, возможно, дополняющих дебатах, чтобы иметь возможность охватить более широкую аудиторию.

В целом, чем больше вы активны и имеете членство в различных ассоциациях, тем больше вероятность того, что у вас будет больше контактов, чем у обычного человека. Тогда возникает вопрос о том, к каким ассоциациям присоединиться, по крайней мере стратегически. Как антрополог, вы могли бы отдать предпочтение Американской антропологической ассоциации, Европейской социальной антропологической ассоциации или вашей национальной антропологической ассоциации или некоторым более специализированным организациям, таким как ассоциация городских антропологов, антропологи Юго-Восточной Азии и так далее.

Членство в одной, двух или более ассоциаций? Слишком много – это сколько?

Возможно, я не самый подходящий человек, чтобы объяснить, как выбрать профессиональную организацию, поскольку я кочевник ассоциаций. Здесь имею в виду, что я был членом многих организаций, но никогда не следовал только за одной. У меня есть коллеги, которые более добросовестно посещают одни и те же конференции каждый год или постоянно ссылаются на одну и ту же ассоциацию. Однако мой опыт также может вдохновить некоторых сделать то же самое или избежать моего пути.

Моя стратегия заключалась в том, чтобы идти туда, куда меня несёт ветер. Иногда коллега приглашает меня принять участие в дискуссии, иногда я просто решаю протестировать ассоциацию или событие. Очевидно, что я не могу посещать все конференции и постоянно участвовать в них в качестве участника. Но можно чередовать. Коллега, с которым я познакомился на конференции, сказал: «Это прекрасно, если вы приходите раз в два года, а не каждый год».

В конце концов, я не очень активен ни в одной из организаций, к которым тяготею, но я общаюсь с людьми из разных дисциплин, областей и провожу немного времени с этой группой людей и немного с той. Преимущество в том, что я постоянно расширяю свой взгляд на вещи, я могу рассматривать свои собственные исследования с разных точек зрения, получать полезную и менее полезную обратную связь из различных дисциплин и каким-то образом подружиться со всеми. Недостатком, если можно так выразиться, поскольку я этого не упускаю, является то, что я не повышаю свой статус ни в одной ассоциации. Никто не поручает мне важную задачу и не просит меня вступить в правление или рабочую группу внутри организации.

Лучшей стратегии не существует, но однажды друг сказал мне, и я согласен, что люди, которые хороши в чем-то одном, достигают успеха или какого-то статуса быстрее, чем люди, которые инвестируют в несколько вещей одновременно. Но последние, в долгосрочной перспективе, с большей вероятностью достигнут большего.

Точно так же я вижу два идеальных типа моделей профессионального развития, когда речь заходит о членстве и активности в профессиональных ассоциациях. Если вы выберете ассоциацию и начнёте посещать все собрания, велика вероятность, что в конечном итоге вы будете общаться с правильными людьми. Вас попросят выполнить некоторые задания, помочь с организацией мероприятий, возглавить секции и вы завоюете доверие коллег-членов. Возможно, со временем вы также перейдёте в правление или станете частью организационного комитета некоторых более крупных мероприятий.

Люди в ассоциации узнают ваше имя и, по крайней мере, заинтересуются тем, что вы делаете. В настоящее время большинство ассоциаций имеют членов, базирующихся в нескольких департаментах и странах. Поскольку академический мир относительно невелик, велика вероятность, что в течение 4-5 лет ваше имя будет звучать знакомо ряду людей и факультетов, которые так или иначе связаны с ассоциацией.

Но, как только ваша профессиональная жизнь начинает вращаться вокруг определённой ассоциации, и у вас есть определённый уровень статуса там, почему вы хотите попробовать что-то ещё? Зачем пытаться вступить в другую ассоциацию, которая могла бы дать вам другую перспективу и контакты в другой профессиональной среде, но где вы бы начали с нуля? Все ещё возможно, что вас познакомят с каким-нибудь ключевым человеком из другой ассоциации, который уже знает вашу работу, так что на самом деле вы не начинаете с нуля. Но общее правило таково, что, если вы чувствуете себя слишком комфортно в данной среде, вы склонны оставаться и у вас мало стимулов исследовать мир за её пределами.

Кочевой образ жизни, то есть выбор посетить несколько конференций и протестировать несколько ассоциаций, на самом деле не находя дома, позволит вам исследовать несколько сред одновременно. Но ваше взаимодействие, скорее всего, будет менее глубоким или интенсивным, чем в случае, когда вы вкладываете себя в одну или две ассоциации. Вы часто обнаружите, что начинаете с самого начала на конференции, зная только тех, кто вас пригласил. Вам также придётся принять участие в ряде "похоронных панелях" и начинать с нуля снова и снова на каждом мероприятии[19].

Скорее всего, вы последуете описанному выше шаблону и остановитесь на одной или двух ассоциациях. Вы попадёте туда позже тех, кто присоединились к ассоциации пятью годами ранее, но с некоторым пониманием других ассоциаций и большим пониманием чего вы хотите. Я вижу сильную аналогию с ситуацией, когда вы хотите выбрать партнёра. Вы можете встретить кого-то и подумать, что чувствуете себя достаточно комфортно, чтобы связать себя обязательствами на несколько лет, или вы можете пойти дальше и попробовать несколько вариантов в течение некоторого времени, прежде чем в конечном итоге сделать свой выбор. Если вы немедленно остановитесь, у вас будет больше времени для построения и укрепления ваших отношений. В какой-то момент вы можете спросить себя, не было ли решение слишком поспешным, или как бы вы взаимодействовали с разными людьми. Если вы примете своё решение, попробовав несколько партнёров, вы станете лучше осведомлены о том, какие есть альтернативы. В конце концов, как только вы сделаете свой выбор, вы начнёте строить отношения «позже», по сравнению с теми, кто начал за несколько лет до вас.

---

[19] Похоронная панель – это панель, запланированная на последний день или последнюю секцию, когда большинство участников уже ушли. На конференциях основной докладчик обычно выступает в первый или второй день. Также как и самые популярные темы и академические звезды должны быть в начале. Те, кто не слишком подходит для конференции, кто не знаменит или о ком вы не заботитесь, будут выступать на анонимной панели в последний день, которую мало кто будет слушать.

Принятие решения о вашей должности в профессиональной ассоциации – это стратегический выбор, с которым вам придётся столкнуться на определённом этапе вашей карьеры, и на него может повлиять ваше желание получить работу в определённом месте. Если есть университет или, лучше, кафедра, где вы хотели бы работать, постарайтесь выяснить, на каких конференциях или с какими журналами работают ваши потенциальные коллеги и попробуйте присоединиться к ним. Неформальная беседа с коллегой из этого отдела на ужине на конференции иногда стоит тысячи рекомендательных писем, когда вы подаёте заявку на должность.

В отличие от количества времени и усилий, необходимых для того, чтобы просто отправить абстракт на конференцию, работа, необходимая для привлечения участников на панель, координировать их, отвечать на запросы, а затем управлять панелью – это гораздо больше времени. Итак, почему бы просто не отправить что-то и не позволить кому-то другому сделать это за вас? В конце концов, распределение докладов по панелям – важнейшая задача организаторов конференций. Зачем беспокоиться? У меня есть несколько причин, по которым я предпочёл панель докладу.

Во-первых, панель даёт вам возможность пригласить людей, с которыми у вас никогда не было возможности встретиться лично, или ваших лучших коллег и друзей выступить вместе с вами. Это также увеличивает ваши шансы одобрения заявки на участие, потому что панель – готовый продукт. Как организатор, если у меня есть один доклад на определённую тему для всей конференции, я могу не знать, куда его вставить, и в силу этого мне, возможно, придётся его отклонить. Внутреннее послание панели таково: «Мы уже команда. Просто дайте нам где-нибудь 1,5 часа, и вам не придётся разбираться с нашими докладами или искать для них место».

Организация панели даёт вам дополнительный шанс в конечном итоге встретиться с людьми, которые делают то же самое, что и вы. Не у всех организаторов есть время, желание или возможности найти панель, соответствующую вашему докладу. Иногда абстрактов по вашей теме недостаточно, но организаторы могут захотеть принять вас в любом случае по многим причинам. Или же недостаточно людей прислали абстракты, или у них есть цель с точки зрения того, сколько гонораров за конференцию им нужно собрать, чтобы профинансировать конференцию. Возможно, отборочной комиссии понравился ваш абстракт или она хотела бы, чтобы вы приняли участие, и только когда отбор завершён, они понимают, что нет панели, которая действительно соответствует вашей теме. Какова бы ни была причина, это может означать, что ваша статья о религии в Сербии попадёт в панель по бразильской экологии.

Панель – это ваш шанс решить, с кем вы идёте на ту или иную конференцию и с кем дискутировать. Это также шанс пригласить к вам более старших ученых и воспользоваться их аудиторией, которая придёт послушать ваших коллег, но останется на вашу презентацию. Если у меня есть на примете определённая аудитория для моей презентации, и я знаю, что приглашение кого-то привлечёт её к моей панели, я постараюсь пригласить этого человека. Я не против выполнить дополнительную административную работу, если это обеспечит мне дополнительную видимость.

Многие специальные выпуски журналов или изданные книги основаны на материалах успешных конференций. Собрав панель с ещё 3-4 докладами, вы не сможете опубликовать сборник работ после неё. Но доклады, которые у вас есть на панели, могут стать вводной частью книги или специального выпуска, а основная часть может быть написана позже после объявления о приёме заявок. В качестве альтернативы вы могли бы использовать доклады вашей панели, чтобы предложить журнальный симпозиум (тематический блок в журнале), для которого достаточно четырёх статей.

Панель – это также способ стать заметным для более широкой аудитории и показать, что вы активны, имеете международные контакты и добиваетесь успеха. Подумайте о случае, когда вам нужен эксперт по заданной теме и вы не знаете, где его искать. Хорошим местом для начала может быть проверка того, кто организовал мероприятие или, по крайней мере, дискуссионную группу по аналогичному вопросу. Однажды мне нужен был партнёр из Латвии для одного проекта, и я никого не знал. Есть много университетских профессоров, которым я мог бы написать. В принципе, я мог бы просто отправить общую рассылку, тем кто работает над этой темой в широком смысле, и посмотреть, кто ответит. Однако, помимо того, что это отнимает много времени, как бы я узнал, что этот человек не только заинтересован в моем проекте, но и способен справиться с некоторыми задачами? Я наткнулся на дискуссионную группу, организованную латвийским профессором, и я подумал, что она могла бы взять на себя ответственность за какую-то часть работы и руководить дискуссионной группой, так как она обладала административными навыками. Я написал ей, она ответила, и мы начали работать вместе.

В другой раз коллега попросил меня найти несколько организаций и частных лиц из региона Южного Кавказа, которые приняли бы участие в проекте, финансируемом Фондом Фольксваген. У меня были контакты, но их было недостаточно для создания академической сети, а времени было мало. Кроме того, я хотел обратиться к людям, не входящим в круг друзей моего друга. Я знал одну академическую сеть, финансируемую Швейцарией, которая предоставила гранты нескольким учёным из региона. Я проверил веб-сайт сети и написал всем победителям гранта. Я предполагал, что, если исследователь получил финансирование на исследования, то он написал хороший проект, и, если он руководит им, то у него должен быть административный опыт.

Вы все еще можете попытаться вовлечь в проект кого-то, с кем вы познакомились на конференции, но вы не можете быть настолько уверены в их административных навыках. Панель – это мини-проект, его можно организовать без особых усилий и людьми, которые не разбираются в административных вопросах, но это важная веха, и между учёным, который никогда не организовывал дискуссионный форум, и тем, кто это делал, я бы всегда выбрал последнее.

Будет ли вашему университету небезразлично, что вы организуете панель? Не всегда и не обязательно, но, когда вы устраиваетесь на работу, в некоторых местах спрашивают, какие международные мероприятия вы организовывали. Если вы никогда не организовывали настоящую конференцию, вы можете утверждать, что главной причиной была нехватка денег, но вы организовали панель на конференции. Таким образом, можно было бы разумно предположить, что, дав вам немного денег, вы нашли бы время и возможности организовать что-то большее, чем панель. В конце концов, это также касается вашего собственного роста. Некоторые люди могут чувствовать себя достаточно уверенно, чтобы организовать целую конференцию в начале своей карьеры, некоторые другие могут и не чувствовать, а панельная дискуссия – это способ окунуть пальцы ног в море перед тем, как отправиться купаться.

Я никогда не посещал конференции без доклада, но, похоже, некоторые люди это делают. Подумайте о посещении без доклада, если хотите познакомиться с людьми из определённой среды, а у вас еще ничего не готово и есть деньги на посещение. Но имейте в виду, что без доклада вы можете выглядеть менее интересно с профессиональной точки зрения, чем с докладом.

Если посещение без доклада – это вариант, то высокая активность на протяжении всей конференции – другой вариант. Можно принять участие и представить работу на одной или нескольких панелях. На некоторых конференциях разрешается выступать с более чем одним докладом, поэтому можно выступить на нескольких панелях. На некоторых конференциях можно выступить в качестве докладчика только один раз, но можно выступить в качестве председателя или участника дискуссии на других панелях.

Зачем утруждать себя дополнительной работой, если у вас и так достаточно дел? Что ж, это дополнительная работа, и она может быть напряжённой, особенно если вы выступаете в качестве участника дискуссии, но она даёт вам ряд преимуществ, о которых стоит хотя бы подумать. Как дискуссанту вам, вероятно, придётся заранее ознакомиться с докладами, которые вы надеюсь получите, а затем прокомментировать. Это может занять много времени. Подумайте о том, что нужно прокомментировать четыре двадцатистраничные статьи или, что ещё хуже, необходимо предоставить обратную связь в письменной форме. Но это может быть вашим шансом вовлечь докладчиков в дискуссию. У вас может быть шанс продвинуть свою работу, например, если некоторые доклады касаются того, что вы делаете. Если докладчики почувствуют, что некоторое время было потрачено на чтение их докладов, и это привело к плодотворной дискуссии, они будут довольны и будут рады поговорить с вами позже. Это особенно полезно, если вы молодой или начинающий Ученый и хотите, чтобы вас заметили или как можно больше общались.

Председатель панели меньше взаимодействует с докладчиками в интеллектуальном плане, но общается с ними. Для вас это шанс применить навыки презентации и удержания внимания аудитории, а также тайм-менеджмента и умения брать ситуацию в руки. Работа председателя панели предусматривает взаимодействие. Если в панели участвуют ваши гуру, тогда они будут общаться и проявлять уважение к вам. В конце сессии можно «злоупотребить» положением, как говорят некоторые председатели, и задать первый вопрос после дискуссанта или вместе с ним.

Председатель и дискуссант в разных культурах и научных традициях

Моё понимание роли председателя очень простое. Нужно представить каждый доклад, следить за тем, чтобы докладчики не превышали время, выделенное на презентацию доклада, и модерировать обсуждение докладов.

Дискуссант отвечает за комментирование докладов и задаёт первые вопросы, чтобы разогреть обсуждение и продолжить её с аудиторией.

Это звучит просто, но существует много культурных переменных и вариаций, что необходимо отдавать отчёт в том, что «председатель» или «дискуссант» означает многое в зависимости от контекста. Хотя я говорю о председателе и дискуссанте как о двух отдельных ролях, на некоторых конференциях эти две роли объединяются в единую фигуру председателя, который отвечает за обе функции.

Обратная связь от дискуссанта может быть в устной форме в виде одного вопроса на каждого докладчика, так и в письменной в виде доклада. Обратная связь может быть выполнена в виде устной экспертной оценки документа или в виде несколько официальных предложений или просьб о разъяснении. Как дискуссант, вы можете получить доклады заранее в формате презентации Power Point, академической статьи или одностраничного плана в самые разные сроки. Одни участники отправят свои доклады и справедливо предположат, что вы их прочитали. Другие будут надеяться, что вы прочитали их двадцатистраничный доклад, даже если он был отправлен за час до презентации. Я называю это феноменом «если понятно мне, то и остальному миру тоже» и после получения на почту статья автоматически загружается вам в мозг, и все готовы сразу её обсудить.

На мой взгляд задача председателя панели состоит в том, чтобы позволить участникам дискуссии блистать, поэтому я трачу как можно меньше времени на саморекламу. Я представляю докладчиков, предполагая, что они являются наиболее компетентными людьми, чтобы объяснить, о чем их статья, и, если им есть чем поделиться, они могут сделать это без моей помощи. Однако я оказался в неловкой ситуации, когда на меня чуть не напали за то, что я не зачитал длинную биографию, предоставленную каждым из участников дискуссии. Поскольку эти биографии были в программе, я предположил, что любой желающий может просто прочитать их. Таким образом, я не должен тратить драгоценное время, просто зачитывая то, что каждый мог бы прочитать сам. Но, похоже, я стал жертвой какого-то культурного недоразумения, поскольку должен был чётко и громко рассказать обо всех достижениях каждого из участников дискуссии. Если пойти ещё дальше, можно представить себе председателя, который восхваляет не только участников панели, но и доклады и комментирует какие-то моменты.

Кроме того, председатель сталкивается с классической дилеммой во время проведения панели: отвечать ли докладчикам на вопросы после каждой презентации или после того, как все презентации были сделаны? Вопросы после каждой презентации были бы более справедливыми. Каждый докладчик получает свою долю, и вопросы задают, когда статья ещё свежа в памяти аудитории. Напротив, сбор вопросов в конце дискуссии может означать больше внимание к последнему докладу, который более свежий в памяти аудитории, чем первый. Однако, вопросы после каждого доклада несут в себе дополнительный риск зациклиться на какой-то дискуссии, которая в какой-то момент выходит из-под контроля и даже сокращает время, отведённое на последние одну или две презентации. Я много раз видел отличное время для первых одного или двух докладов, за которыми следовали оживлённые дискуссии. Поскольку они были слишком увлекательные и интересные, чтобы прервать их, они оставляли последнему докладчику не только немного времени для вопросов, но даже на сам доклад. Поскольку это очень неприятно, особенно для председателя, мой выбор всегда заключается в том, чтобы позволить всем говорить одинаковое количество времени, а затем оставить время для общей дискуссии.

Наконец, председатель должен иметь право остановить презентацию, когда это продолжается слишком долго. Но это только теоретически. Что произойдёт, если председатель – аспирант, а докладчик, которого нужно остановить, – ведущая фигура в данной дисциплине? Или в любой гипотетической ситуации, когда спикер гораздо важнее председателя? Будет ли председатель чувствовать себя достаточно уверенно, чтобы сказать своему руководителю, консультанту, директору или просто ведущей фигуре дисциплины в своей стране: «Ваше время истекло». В конечном счёте это зависит от соотношения сил между учеными в данном контексте, но я видел много случаев, когда докладчик говорит слишком много, а председатель слишком смущён, чтобы обратить на это их внимание.

На мероприятиях, которые я организовывал, мне часто задают вопрос о том, будут ли материалы опубликованы. Конечно, это принятие желаемого за действительное, что вы куда-то идёте, выступаете с докладом, а затем практически без усилий ваша статья публикуется. Действительно, коллега недавно сказала мне, что её университет финансирует участие в конференциях только в том случае, если результатом этого является статья. Я понимаю логику: вы, как университет, рады инвестировать во что-то, что увеличит результаты ваших исследований, измеряемые письменными публикациями. Однако, если вы считаете, что самые важные конференции в мире не обязательно гарантируют публикацию, то эту стратегию можно считать недальновидной. Это в основном препятствует участию в некоторых из наиболее важных конференций по всему миру. Напротив, это поощряет участие в конференциях среднего или низкого уровня, которые обещают опубликовать какие-то материалы сомнительного качества. В любом случае, вы могли бы, по крайней мере, обратиться к своему руководителю и обещать за участие написание дополнительной публикации возможно, на английском языке, что в некоторых условиях все ещё даёт баллы.

На крупных конференциях публикация – как прямой результат презентации – зависит от индивидуальной инициативы, например, организатора панели, который предлагает опубликовать статьи, представленные в разделе; редактора, которого вы случайно встречаете на приёме, но не обязательно существует центральный механизм для публикуйте статьи. Конечно, есть некоторые исключения. Я знаю случаи, когда большая часть докладов была опубликована в сборнике, индексируемым Scopus, что радует как докладчика, так и его университет.

Небольшие семинары могут проходить в иной динамике. Возможно, семинар был профинансирован с условием публикации итогов, так что от вас не только ожидают, что вы внесёте какой-то вклад, но и фактически просят это сделать.

Спектр возможностей очень велик. Доклады конференции могут публиковаться в виде двухстраничного текста в сборнике, содержащем все абстракты или расширенные абстракты или электронной книги, содержащей все доклады. Это также может привести к созданию книги, которая затем каким-то образом будет проиндексирована в международной базе данных.

Наиболее важными и интересными являются возможности, связанные с вашими индивидуальными усилиями по налаживанию связей. Когда я ещё был докторантом, я случайно оказался на конференции, на которой одного из организаторов только что пригласили подготовить специальный выпуск ведущего журнала. Ей понравился мой материал, и она помогла мне подготовиться к презентации и подать статью, которая затем была опубликована в этом журнале. С тех пор это случалось со мной несколько раз, и я немедленно включался в работу. Когда вам предлагают написать статью в специальный выпуск журнала Q1, вы не спрашиваете, просто отправляете её, а затем спрашиваете.

Но меня также попросили представить статьи, которые затем вошли бы в некоторые сборники, и я почувствовал себя обязанным что-то предоставить. В некоторых случаях я просто адаптировал то, что уже написал раньше, в других случаях я рискнул и записал несколько необработанных идей, которым не нашлось бы места в журнальной статье. Зачем я это делал? Возможно несколько объяснений того, почему я это делал. В целом, я рассматриваю это как результат:

1. моё академическое эго – кто-то говорит вам, что они опубликуют все, что вы им пришлёте, и, как академик, я умираю от желания добавить ещё одну строчку в свой список публикаций. Это особенно экзотично, если публикация на языке, на котором я обычно не пишу;
2. своего рода моральное обязательство, которое я чувствую, когда кто-то приглашает меня куда-то и оплачивает мою поездку. Если я даю согласие на приглашение и буду знать, что они чего-то ожидают, то я не скажу, что у меня нет на это времени. Это также может быть связано с тем, что я надеюсь на какую-то видимость или, по крайней мере, иметь доказательства того, что я был частью определённой элитной группы, или потому, что ко мне хорошо относились очень гостеприимные организаторы.

Недавно меня пригласили на конференцию, финансируемую НАТО, результатом которой стала изданная книга. Я был счастлив, что смог написать главу, основанную на моих идеях в то время, но также ожидал, что участие в книге, спонсируемой НАТО, может рассматриваться как свидетельство того, что меня пригласили в какое-то важное место.

Если мне придётся сделать выбор в отношении того, отправлять или нет доклад после конференции, на которой я присутствовал, это будет моей стратегической матрицей:

Предложение	Публикация в сборнике материалов конференции	Глава в книге с малым издателем	Глава в книге с крупным издателем	Статья в специальном выпуске журнала
Отношение	Отправьте работу, если можете написать что-то за максимум 20-30 минут (есть неопубликованные наработки)	Отправьте работу, если хотите написать и опубликоваться вместе с определёнными людьми (или издателями)	Отправьте работу, если хотите написать и опубликоваться вместе с определёнными людьми (или издателями).	Рассмотрите возможность отправки работы в журнал, который входит базу, учитываемую системой

| | или хотите, что вас пригласили ещё раз | Или система оценки вашей страны учитывает это как академический результат. | оценки вашей страны |

Что-то, что стоит учитывать при всех вышеперечисленных возможностях и вообще при участии в любом коллективном проекте, так это то, что всегда стоит проверять управленческие навыки перспективных редакторов. Хотя перспектива (хорошей) публикации, безусловно, привлекательна, есть много случаев, когда: а) процесс прерывается на полпути, или публикации требуются годы, чтобы увидеть свет, или, что ещё хуже, б) редакторы настолько неорганизованны или педантичны, что в конечном итоге вы работаете в три раза больше, чем если бы вы отправили статью в стандартный выпуск журнала.

Я пишу этот раздел во время просмотра того, что я считаю академическим эквивалентом фильма ужасов. Кто-то пытается уместить целую академическую статью в 15-минутную презентацию, что и без того непросто, читая статью вслух.

Какой должна быть моя мотивация, чтобы выслушать этого человека? Я сам могу прочитать их статью. Если я иду на презентацию, то для того, чтобы насладиться ею, получить краткое изложение основных моментов другими словами, чем те, что приведены в статье. Кроме того, концентрируясь на чтении текста, человек теряет весь свой язык тела, интонацию и акцент, которые вы можете вложить в презентацию, чтобы заинтересовать свою аудиторию. В этих условиях презентация превращается в монотонную суету, в которую нужно втиснуть максимальное количество слов. Речь идёт не только о том, чтобы иметь возможность провести презентацию в установленные сроки. Презентация заключается в том, чтобы увлечь вашу аудиторию, убедить её в том, что ваша статья или вы сами заслуживаете их внимания больше, чем остальные статьи.

Я ценю тот факт, что люди обладают разными навыками, и не все являются хорошими ведущими. Но академики довольно часто оказываются в роли публичных ораторов. Почему бы не попытаться улучшить свои навыки выступления? Всегда найдётся кто-то, кто без особых усилий сможет бегать быстрее, чем вы, но, немного потренировавшись, вы можете научиться бегать быстрее, чем раньше. Точно так же всегда найдётся кто-то, кто лучше вас умеет очаровывать аудиторию. Но вам не нужно быть лучше их, вам просто нужно развивать себя, чтобы достичь более высокого или, по крайней мере, приемлемого уровня.

Существуют тренинги, курсы и руководства о том, как стать лучшим публичным оратором, убедительным оратором и так далее. Я не уверен, что все это необходимо, когда вам просто нужно представить какие-то академические результаты. Я действительно считаю, что академические презентации следует отличать от деловых или маркетинговых. Однако, в конце концов, несколько мелких деталей могут помочь вам лучше взаимодействовать с аудиторией и заставить их чувствовать себя более комфортно. Вам просто нужно обратить на них внимание, и может быть достаточно просто записать, а затем понаблюдать за собой, чтобы заметить несколько недостатков вашей презентации. Или брать уроки ораторского мастерства. Если это всегда было вашей тайной мечтой, вы могли бы мотивировать своё решение профессиональным развитием.

В конце концов, можно потратить немного дополнительного времени на доработку следующего в презентации:

Язык тела: это просто отвлекает, но в некоторых случаях также неприятно смотреть на кого-то, кто все время чешет голову или тело во время разговора.

Интонация: не все слова, которые вы произносите, имеют одинаковое значение. Вы можете сопровождать более важные утверждения или ключевые слова изменением тона вашего голоса.

Скорость: говорить быстрее, чтобы иметь возможность использовать больше слов, вероятно, снизит качество вашего сообщения. Иногда даже пауза в речи может быть полезной, поскольку она позволяет сделать дополнительный акцент на концепции, создать своего рода напряжённость.

PowerPoint: то, что люди видят на стене, следует отличать от того, что есть у вас в заметках. Презентация PowerPoint предназначена для того, чтобы дополнять или интегрировать то, что вы говорите, а не для того, чтобы ваши заметки были видны и читались из них. Чем короче сообщение на слайде, тем лучше, даже больше. Если слайд содержит визуальный материал или просто маркированные пункты, ваша презентация будет доработана в устной форме.

В презентации вы даёте представление о статье, предварительный вкус, чтобы люди заинтересовались и в конечном итоге прочитали вашу статью или, по крайней мере, процитировали ее основной посыл. Другими словами, вы рекламируете свою статью и себя. Чем яснее сообщение, тем больше людей заинтересуется. Не все обладают одинаковым терпением или способностью к концентрации. Я уверен, что даже самая плохая презентация в истории все равно могла бы получить хорошие отзывы, потому что кто-то в аудитории был полон решимости довести её до конца, какой бы хаотичной она ни была. То, о чем я здесь говорю, – это обращение к аудитории, а не к выжившим из аудитории. Лаконичное, короткое, но ёмкое сообщение, с объяснением только части статьи это может сработать лучше, чем длинный документ, в котором все помечено галочками.

Финансирование, расходы, заработок и другие денежные вопросы

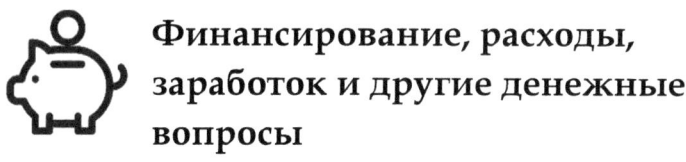

На мой взгляд, основными критериями для определения успешного фандрайзера (fundraiser) будут, во-первых, количество одобренных заявок; во-вторых, общая сумма денег, полученная за определённый период. Представьте ситуацию, когда в течение определённого года фандрайзер А получает 10 грантов на сумму 10 000 евро каждый, а фандрайзер B получает 1 грант на сумму 100 000 евро. Фандрайзер А регулярно подает заявки на финансирование и имеет хорошие шансы на получение. Фандрайзер B тратит меньше времени на написание заявок на грант, чтобы получить ту же сумму денег. Я исхожу из предположения, что административный компонент заявки на получение гранта в размере 10 000 или 100 000 евро не слишком велик. Преимущество подачи заявки на грант в размере 10 000 евро, возможно, заключается в том, что у вас будет меньше конкурентов и больше шансов на успех.

Я бы держал в уме эти два принципа при подаче заявки на грант.

Во-первых, финансирования должно хватить на желаемое и необходимое. Если вы выигрываете грант в размере 5000 евро каждые 4-5 лет, это достаточно для вас и ваш руководитель доволен вашей работой, то нет смысла утруждать себя подачей заявки на несколько миллионов. Делайте это, если вы чувствуете, что это то, что вам нужно, а не потому, что вы должны.

Во-вторых, успех в получении финансирования не обязательно зависит от того, насколько хорошо вы пишете или насколько конкурентоспособна ваша заявка. Очевидно, что, если вы подготовите ужасную заявку, вам вряд ли удастся убедить кого-либо из доноров дать вам деньги. Это не менее важно, ваш успех зависит от количества заявок, оценённых лучше, чем ваши.

За одни гранты борются большое количество исследователей и ваши шансы на победу близки к нулю. Но я также знаю гранты на несколько сотен тысяч, которые были присуждены не лучшим, а единственным заявителям. Вы никогда не будете знать заранее, сколько людей подадут заявку на данный грант. Цифры могут резко измениться, и количество заявок по данной схеме сократится наполовину или меньше в течение одного года. Я видел схемы финансирования с показателем успеха 90% в одном году. Я также видел, как отклонялись заявки, набравшие 95 из 100 баллов. Но на следующий год 85 из 100 было достаточно, чтобы получить финансирование.

Хороший фандрайзер хорош не потому, что он постоянно выигрывает или пишет лучшие заявки (в любом случае, что такое лучшая заявка?). Хорошие фандрайзеры сами создают свою удачу, оказавшись в нужном месте в нужное время. Вы не можете контролировать судьбу. Но вы можете попробовать делать прогнозы, расчёты и научиться понимать, куда обращаться за получением финансирования. Вы можете проверить статистику, показатели успеха и/или посоветоваться с коллегами. Но то, как вам нужно написать заявку, и какие у вас будут шансы на успех, зависит также от того, с кем вы соревнуетесь. Вы самый младший или старший из претендентов в пуле? Соревнуетесь ли вы с учёными из одной дисциплины или из всех дисциплин? Насколько велик грант? Это индивидуальный или коллективный исследовательский проект? Есть ли у других претендентов полномочия лоббировать донора, в то время как у вас их нет? Поддерживаются ли другие кандидаты внешними консультантами или командами?

Что определяет конкуренцию за исследовательские гранты? Вы, безусловно, можете преуспеть в выполнении задач, приобрести дополнительные навыки презентации, инструменты управления проектами и написать отличную заявку. Но чем выше вы поднимаетесь, тем труднее это становится. На национальном уровне вы конкурируете с лучшими отечественными университетами. На международном уровне вам, возможно, придётся конкурировать с лучшими университетами мира. Чем крупнее университет, тем больше денег ему приходится вкладывать во внешних консультантов и программы обучения и развития своих сотрудников. Независимо от того, насколько хорошо вы пишете, всегда найдётся кто-то, кто напишет "лучше" вас, и чья заявка наберёт больше баллов, чем ваша. Таким образом, ваша цель состоит не в том, чтобы написать лучшую заявку, а в том, чтобы она соответствовала количеству заявок, которые будут профинансированы.

Основная цель донора – это раздать те деньги, которые у него есть. Чем лучшие проекты они смогут профинансировать, тем лучше. Однако, когда у донора больше денег, чем претендентов, необходим выбор. Выделить средства тому, кто там есть, или отменить конкурс? Это решение зависит от того, насколько свободен донор в своём выборе, но имейте в виду, что бюджетные прогнозы на будущие годы составляются на основе того, что было потрачено за год. Если вы недостаточно расходуете свой бюджет, скорее всего, в следующем году вы получите меньше денег, чем в этом году.

Это, по крайней мере для меня, означает, что ваши шансы на успех определяются не только тем, как вы пишете заявку, но и тем, с кем вы конкурируете и сколько других заявок получает донор. Если у донора есть десять грантов для присуждения, а ваше предложение среднее, они, вероятно, профинансируют его, если будет ещё только девять претендентов. Альтернативой было бы не присуждать достаточно денег в этом году, и в конечном итоге их можно было бы обвинить в недостаточной рекламе своего гранта или в том, что они не сделали чего-то достаточно значимого для привлечения внимания.

Когда вы учились в школе, всегда был учитель, который терроризировал всех, ставил самые низкие оценки, и все боялись, что они не сдадут экзамен. Что ж, для учителя это было рискованное дело. В конце концов, школьного учителя, у которого процент двоек составляет пятьдесят процентов, легко можно считать плохим учителем. Они не объясняют вещи достаточно ясно, не принимают во внимание потребности своих учеников или просто выбирают тесты, которые слишком сложны для уровня учеников в классе. Аналогичным образом, донор, который отклоняет все заявки на получение грантов, является плохим донором. Вот почему в некоторых случаях донор примет несколько более слабых заявок ради достижения своей цели.

Ваши шансы на успех напрямую связаны с количеством заявок, которые получает донор по определённой программе. Чем выше это число, тем больше вероятность того, что лучшие университеты и отличные ученые подадут заявки, и, следовательно, сложнее получить грант. Теперь количество заявок, которые получит донор, и среднее качество заявок зависят от двух основных факторов: насколько привлекателен пакет, который они предлагают для главного исследователя, и насколько щедры они на накладные расходы.

Накладные расходы – это бюджетная статья в гранте, которая не предназначена для покрытия прямых расходов. Обычно они рассчитываются в процентах от общей присуждённой суммы, и победитель может распоряжаться ими неограниченно. Накладные расходы предназначены в качестве вклада в общие расходы учреждения (например, электричество, использование здания) для управления грантом на время реализации проекта. Они могут, например, учитываться в отношении аренды зданий, телефона или интернета, а также в отношении рабочего времени людей, не нанятых непосредственно через грант. Это делается потому, что было бы трудно или просто не стоило бы подсчитывать затраты для данного университета с точки зрения использования компьютера, использования офисов, рабочего времени финансового администратора, количества использованного интернет-трафика. Короче говоря, доноры предлагают процент от суммы, выделенной на прямые расходы, для покрытия некоторых расходов, понесённых в ходе предоставления гранта. В некоторых исключительных случаях этот показатель может варьироваться от 0% до 100%. Мы говорим здесь о сумме денег, которая не ограничена, не может быть проверена донором[20] и может быть потрачена на что угодно. Это включает в себя возможность использования этих денег для покрытия дефицита другого факультета, при условии, что они расходуются в соответствии с государственными правилами. Другими словами, это подарок или пожертвование университету, которое может быть использовано для покрытия любых расходов, в том числе не связанных с грантом.

Все хотят больше денег, и университеты не являются исключением. Но что вы готовы «заплатить», чтобы получить больше денег? Университеты заинтересован в инвестировании денег (или времени персонала), чтобы выиграть тендер, если:

- есть заранее определённый годовой бюджет для оплаты услуг внешних консультантов по подготовке заявок для университета.
- находятся в стране с государственным финансированием, позволяющим нанимать внешних консультантов.
- есть традиция подавать заявки на внешние гранты, и при приёме на работу нового сотрудника они будут отдавать приоритет кандидату с солидным опытом фандрайзинга.
- находятся под давлением привлечения внешнего финансирования по ряду причин. Одной из них, может быть, престиж или сокращение

---

[20] Ваше учреждение, частное или государственное, вероятно, должно проходить проверку раз в год, поэтому вы все равно должны убедиться, что тратите эти деньги в соответствии с вашими государственными правилами. Разница в том, что вы можете использовать финансирование для расходов, которые не подпадают под действие правил донора, поскольку донор не будет проводить проверку расходования этой конкретной суммы денег

финансирования из других источников, таких как регулярное финансирование, поступающее от государства. Соответственно, они оказывают большое давление на своих сотрудников, чтобы они как можно чаще писали заявки на получение гранта.

Список не является исчерпывающим, и в небольших университетах есть учёные с хорошим финансированием, которые хорошо играют в эту игру. Но если вы посмотрите на список присуждение грантов, по крайней мере, для проектов, финансируемых ЕС, вы можете заметить корреляцию между уровнем престижа и размером университетов, получающих определённые гранты, и суммами накладных расходов, включённых в этот грант.

Это не значит, что вы должны отказаться от участия в конкурсе на получение крупных грантов, если только вы не учитесь в лучшем университете. Просто имейте в виду, что чем выше уровень накладных расходов, связанных с данной схемой финансирования, тем больше вероятность того, что крупные университеты подадут на неё заявки, тем выше будет уровень заявок и тем жёстче будет конкуренция.

Противоположную тенденцию можно отметить для грантов, которые предлагают незначительные накладные расходы или вообще не требуют их, или которые даже требуют некоторого софинансирования. Крупные университеты редко попадают в число тех, кто выигрывает гранты, в которые вам приходится вносить долю (10-20%) своих собственных денег. Победителями этих грантов обычно становятся второстепенные университеты, для которых привлечение внешнего финансирования уже является успехом. Они находятся под давлением, чтобы показать свою конкурентоспособность на международных соревнованиях. Для них мало значит, что победа даётся с определёнными условиями, и они будут рады участвовать в финансировании гранта до тех пор, пока это позволяет им подниматься в национальных или международных рейтингах. В конце концов, лучшие результаты на государственном уровне могут означать получение большего объёма финансирования от государства.

Другим показателем того, с кем вам придётся конкурировать за грант, является пакет, предлагаемый главным исследователем после получения гранта. Зарплаты в Европе, да и в целом по миру, довольно сильно различаются. Можно было бы справедливо предположить, что чем успешнее академик, тем выше его зарплата. Можно также предположить, что чем больше на ученого оказывается давление (с целью найти постоянную работу или укрепить своё положение на кафедре), тем чаще он будет обращаться за внешним финансированием.

Но мало кто рад подать заявку на грант и в случае его присуждения, получить зарплату ниже той, которую имеет на данный момент. Я бы также предположил, что чем больше вы продвигаетесь по карьерной лестнице и укрепляете своё положение, тем меньше вам нужно проявлять себя, привлекая внешние деньги. Это определяет иерархию претендентов на исследовательский грант, особенно тот, который сосредоточен вокруг одного учёного. В дополнение к "правилу накладных расходов" наиболее успешные ученые пошли бы на схемы финансирования, предоставляющие им:

Больше денег. Деньги являются мотиватором только в том случае, если вы зарабатываете недостаточно, но это зависит от разных стран и дисциплин. Если ваш уровень зарплаты и так высок, то дополнительные деньги вряд ли являются мотивацией. В конце концов, мы работаем в государственном секторе, и существует ограничение на то, насколько ваша зарплата может быть увеличена после получения гранта. Но больше денег привлечёт, помимо тех, кто находится в нестабильном положении, лучших учёных из стран, где зарплаты низкие. Иногда в стране с низкой академической зарплатой работают суперзвезды, которые регулярно, если не сказать постоянно, получают какую-то внешнюю стипендию или грант.

Престиж. Некоторые схемы финансирования, особенно если они связаны с некоторыми престижными донорами, предоставляют вам дополнительный престиж или доступ к дополнительным льготам. Подумайте о кафедрах, спонсируемых всемирно известными организациями или фондами. Даже если они не приносят денег, они дают вам шанс заявить о себе. В долгосрочной и стратегической перспективе это может быть лишь первым шагом к продвижению по карьерной лестнице (т.е. быстрее просите о повышении). Затем вы также могли бы подать заявку на что-то более престижное, используя бренд, который вы только что заработали. Некоторые ученые зарабатывают достаточно, чтобы не заботиться о дополнительных деньгах. Но они могут быть мотивированы желанием обезопасить себя в рамках факультета. Я имею в виду британских ученых, у которых в некоторых случаях есть целевые показатели финансирования. Однажды я слышал, как друг признался, что его факультет ожидает, что он привлечёт около 7 миллионов евро в течение следующих шести лет, чтобы сохранить свой статус. Невыполнение этой цели означало бы, как минимум, ухудшение отношений с советом директоров, если не сказать больше.

Существует также случай с признанными учеными из стран, которые не предоставляют достаточного дополнительного финансирования исследований. Возможно, им придётся купить дорогое оборудование или дать работу людям, с которыми они хотят работать, или просто поверить, что их исследования принесут им славу и/или действительно принесут пользу обществу.

Свобода. Если ваша должность предполагает большую преподавательскую или административную деятельность, привлечение внешних средств может быть способом облегчить вашу рабочую нагрузку. В англоязычном мире говорят о спасении. Вы берете отпуск и выплачиваете свою зарплату из внешнего финансирования, при этом ваши средства используется университетом, чтобы заплатить кому-то за временное преподавание вместо вас. После завершения проекта вы возвращаетесь в свой отдел. Например, в случае получения гранта ERC (European Research Council – Европейский Исследовательский Совет) сроком на пять лет вы можете быть освобождены от преподавания на пять лет, что является длительным академическим отпуском. Другие университеты или страны не всегда институционализируют эту практику. Но у вас определённо есть больше рычагов воздействия, чтобы попросить не делать то, что вам не нравится, если вы привлекаете внешние деньги на факультет.

Программы финансирования, которые предлагают один или несколько из этих элементов, с большей вероятностью будут нацелены на авторитетных учёных. Чем ниже сумма финансирования, тем меньше вероятность того, что вам придётся конкурировать со священными монстрами академических кругов, как в вашей стране, так и на международном уровне. Неизвестный фонд, предоставляющий вам 1000 евро на проект, может не стоить усилий по подготовке документов. Тем не менее, если вы находитесь под давлением выиграть грант, это может быть вашим идеальным выбором, поскольку его не должно быть сложно получить. Те, кто находятся под большим давлением на работе, несколько раз подумают, прежде чем подавать заявку на такие незначительные гранты, поскольку все ещё предстоит выполнить некоторую административную работу, независимо от того, насколько мал грант.

Мой друг искал грант, и я предложил ему подать заявку на программу финансирования. Я не был уверен насчет качества его заявки, так как не имел опыта работы с ним. Но у меня была некоторая стратегическая информация, свидетельствующая о том, что у него были высокие шансы. В начале года, я случайно увидел веб-сайт донора, предлагающего гранты ученым с Южного Кавказа (в первую очередь, Армении и Грузии). В то время я заметил, что финансирование выделялось, в основном, для Армении и Грузии. Однако по какой-то причине финансирование шло, в основном, в Грузию.

Я предложил ему подать заявку на получение этого гранта, и он выиграл. Я исходил из того, что заявки из Армении будут иметь больше шансов на успех по двум причинам. Во-первых, если несколько армян побеждали, то это, скорее всего, было связано с тем, что среднее качество кандидатов из Армении было ниже, чем у их грузинских коллег. Во-вторых, донор намеревался финансировать Армению и Грузию, но финансирование в основном Грузии выглядело не очень хорошо на бумаге. Я полагал, что они будут более благосклонны к дополнительной армянской заявке, чем к грузинской. Если бы фонд должен был показать влияние в каждой целевой стране и Армения отставала, их приоритетом на том этапе было увеличение количества грантов, поступающих армянским организациям.

Эта логика применима не всегда, иногда географическое распределение не так важно. Но мораль этой истории такова, что стоит задуматься не только о том, чего хочет от вас донор, но и о том, чего от донора ожидают. У каждого есть кто-то выше него. Как только вы получаете финансирование, вы несёте ответственность перед донором. Но донор также откуда-то получает свои деньги (частные пожертвования, налоговые отчисления) и должен обещать потратить их таким образом, чтобы это соответствовало тому, что он заявил при получении денег. В приведённом выше случае целью была работа по наращиванию потенциала академических институтов Южного Кавказа. По техническим причинам в них не был включён Азербайджан. Но тогда они ещё больше стремились сохранить географический баланс и показать, что деньги, по крайней мере, идут в две другие страны. Это касается программ, ориентированных на определённый регион, где географическое распространение так же важно, как и научное совершенство.

Однако в некоторых случаях донор оказывается под давлением, требуя продемонстрировать, что он финансирует только лучших из лучших, без соблюдения дисциплинарного или географического баланса. Если это так, они могли бы легко предоставить несколько или все гранты учреждениям из одной страны, дисциплин или, в более крайних случаях, одному и тому же учреждению. В некоторых случаях соревнования даже не диверсифицированы по дисциплинам, и у вас есть философы, соревнующиеся с врачами, у которых очень мало шансов на успех. Есть несколько причин, по которым я предполагаю, что при одинаково хорошо написанном проекте философы (и в целом ученые-гуманитарии и социологи) находятся в более слабом положении, чем ученые из области точных наук. Во-первых, если мы возьмём раздел «влияние исследований на общество», то более вероятно, что прикладные исследования в области медицины, биологии, информационных и коммуникационных технологий (ИКТ) оказывают более непосредственное и заметное влияние на общество в целом, чем их аналоги в области социальных и гуманитарных наук. Во-вторых, если есть раздел о научных заслугах руководителя исследовательского проекта или команды, у людей, занимающихся естественными науками, с большей вероятностью будет больше публикаций, цитирований и сотрудничества, чем у людей, занимающихся гуманитарными и социальными науками.

Как донор, вы должны быть в состоянии защитить свой выбор и доказать, если вас спросят, что ваши деньги идут на проекты, которые приведут к значительным изменениям в обществе. Одним из способов оценить индекс продуктивности проекта является измерение показателей количества цитирований, которые они привлекли до сих пор. В результате, возможно, станет легче обосновать грант для кого-то, у кого есть хороший послужной список цитирования. В случае смешанной комиссии, то есть, когда любой ученый может подать заявку независимо от своей дисциплины, кандидаты из дисциплин естественных наук имеют лучшие показатели цитирования, чем кандидаты из социальных наук. Это означает, что младший научный сотрудник в области биологии, имеющий относительно мало цитирований по сравнению с другими специалистами в своей области, может иметь гораздо более высокий уровень цитирования, чем некоторые из наиболее авторитетных антропологов, подавших заявку на тот же грант. Если не предусмотрен механизм корректировки, то трудолюбивые ученые в среднем будут работать намного лучше, чем социологи, при любой междисциплинарной или смешанной схеме финансирования.

Когда вы публикуете журнальную статью с коммерческим издателем, от вас обычно требуется подписать соглашение об авторском праве. Все это слишком просто, и теперь это можно сделать онлайн. Это формально защищает вас от неправильного использования вашего материала, и это хорошо. Однако вы можете не заметить, что разрешение предоставляет издателю полные экономические права на вашу работу (однако вы сохраняете за собой моральные права). Это означает, что даже для вас существуют ограничения на переиздание вашей собственной работы.

Коллега хотел перепечатать мою статью и планировал оплатить перевод. Мы обратились к издателю, чтобы попросить разрешения перевести и напечатать работу. Они сказали, что разрешение будет предоставлено, но нам придётся заплатить 500 евро за оформление авторских прав, то есть за предоставление разрешения на перепечатку статьи на польском языке. У меня не было времени написать главу для книги, которую я редактировал, поэтому я подумал о перепечатке только что опубликованной статьи в журнале. Оформление стало очень сложным процессом, до такой степени, что мне стало проще переписать статью, чем спрашивать разрешения.

После описанных выше эпизодов я начал изучать свои права, и оказалось, что я могу бесплатно перепечатывать свои статьи только в том случае, если они войдут в монографию, автором которой я являюсь, или в книгу, которую я редактирую. В какой-то момент моей карьеры, чтобы получить профессорскую степень, мне нужно было опубликовать монографию. На том этапе моей карьеры у меня не было ни времени, ни желания заниматься этим, но я подумал, что мог бы просто потребовать разрешения и переиздать «лучшее от

Абеля» в виде монографии. В конце концов, я имел право переиздавать все свои статьи до тех пор, пока они входили в мою собственную книгу. Я спросил разрешения и получил еще один сюрприз. Я мог бы перепечатать статьи, опубликованные в данном издательстве, только в том случае, если они не составляли бы более 20% всей монографии. Другими словами, в монографии из пяти глав я не смог бы перепечатать более одной статьи от данного издателя. Остальное можно было бы перепечатать, но за отдельную плату.

Как говорит мой друг: «Академические журналы – лучшая форма эксплуатации: у вас есть люди, которые работают бесплатно и которые умирают от желания передать свои авторские права коммерческому издателю, который затем будет зарабатывать деньги на их труде».

Что также интересно, так это то, что многие академические издательства сейчас работают с моделью сокращения, которая требует, чтобы книга вышла сначала в твёрдом переплёте стоимостью более 100 евро. Одна из моих последних книг состояла из 182 страниц и была продана за 160 евро. По сути, моя книга продавалась по цене золота. Если книга будет хорошо продаваться, то через пару лет книга в мягкой обложке будет продаваться по цене 25-30 евро.

Имея в виду эти цифры, я нахожу довольно удивительным, когда встречаю коллегу, жалующегося на то, что в академических кругах нет денег. Или, когда кто-то предлагает 80 евро вместо 100 евро за кофе-брейк под предлогом того, что денег мало. Если вы этого не знаете, выясните, каков бюджет заложен вашим факультетом. Затем спросите, почему в некоторых случаях найти 500 евро кажется таким трудным. Вы также можете сравнить заработную плату по дисциплинам, на младшем и старшем уровнях или между исследователями и администраторами. Вы можете обнаружить несколько интересных особенностей этого сектора и обнаружить, что деньги есть, но в руках нескольких привратников, и они часто распределяются неравномерно. У некоторых подразделений больше денег, чем они могут потратить, но они не хотят признавать это, иначе их бюджеты будут урезаны. Некоторым другим подразделениям может не хватить или они не захотят тратить на определённые единицы. Это также может зависеть от лиц, принимающих решения, менеджеров и ключевых сотрудников данного отдела, которые придерживаются более или менее консервативной позиции. Ваша задача, если вы хотите иметь доступ к деньгам, состоит в том, чтобы выяснить, где они доступны, а затем пойти на это.

Несколько лет назад, иногда с друзьями, а иногда в одиночестве, я начал задаваться вопросом, подходит ли мне нынешняя модель карьерного роста в академических кругах. Конечно, этого не произошло, но к тому времени, когда вы будете достаточно консолидированы, чтобы сделать что-то с этим, вы также дошли до того, что теряете свою мотивацию что-либо с этим делать.

Вы мечтаете о мире, где книги доступны, где связи менее важны, чем качество, где «качество побеждает зло». Вы делаете это в сочетании идеализма и стресса от вашего руководителя, который просит вас научиться выживать в академических кругах и предоставлять свои результаты так, как это делают другие, более высокопоставленные учёные. Вы не знаете, с чего начать борьбу с системой, поэтому вы просто идёте тем же путём, что и все (за исключением некоторых закоренелых людей, к которым я испытываю все моё уважение и восхищение), и, приложив немало усилий, изучаете правила игры. В какой-то момент вы оказываетесь в состоянии очень легко угодить своему руководителю и вашему государственному учреждению по контролю качества. Вы публикуете достаточное количество книг и журналов, в основном в коммерческих издательствах, которые продают по 120 евро за экземпляр. Но для этого вам потребуется относительно немного усилий, и вы знаете, что, как только вы достигнете своей «квоты» в отношении количества публикаций, вы сможете делать все, что захотите, будь то проводить время со своей семьёй (есть ли кто-нибудь в академических кругах, действительно делающий это?) или писать вещи, которые не приносят вам ничего, кроме чистого удовольствия.

Поначалу трудно установить контакты с издателем. Я помню один ответ, который я получил: «Идея хорошая, но мы не доверяем вашей способности, как младших учёных, довести эту книгу до конца». После некоторых попыток и неудач вы в конечном итоге получите имя, и издатели свяжутся с вами. Сначала, но также и постоянно в течение вашей карьеры, мы сталкиваемся с хищническими и тщеславными издателями. Но и более уважаемые издатели, скорее всего коммерческие, также попросят вас публиковаться у них. Вы нужны им. У вас есть имя и статус, заставляющие их утверждать, что вы говорите вещи, которые имеют смысл и полезны. Они помогут вам продать своё имя, чтобы стать знаменитым, и заработают деньги в обмен на это. Это беспроигрышная ситуация для вас обоих, но не для налогоплательщиков и учёных с бедными библиотеками, которые не могут позволить себе ваши книги – и мы не говорим о незначительной доле библиотек в мире.

Однажды я спросил коммерческого редактора, теперь моего хорошего знакомого, после того, как с ними было опубликовано несколько книг: «Сколько денег вам нужно, чтобы я или мой университет заплатили, если я хочу, чтобы моя книга вышла у вас сразу в мягкой обложке, не публикуя её сначала в твёрдом переплёте, и продавалась исключительно по цене твёрдой обложки?». Я понял, что они должны были видеть прибыль и были не против этого, я просто хотел, чтобы моя книга была доступна большему количеству людей, имея при этом возможность ассоциировать своё имя с тем самым издателем, в котором я нуждался в то время. Его ответ был честным, но пугающим. Он сказал: «У меня есть принципы, по которым, я не могу просить исследователя заплатить 10 000 евро за субсидирование книги, зная, что топ-менеджеры в моей компании уже зарабатывают 100-150 000 евро в год на вашей работе».

Можем ли мы обратить вспять эту тенденцию? Как известно любому, кто достаточно долго проработал в академическом секторе, академические круги – чрезвычайно консервативная среда. Квазимонополия коммерческих издателей была оспорена некоторыми независимыми, а иногда и радикальными издателями. Однако они недостаточно велики, чтобы привлечь внимание большинства университетов и министерств, которые продолжают полагаться на более стандартные и консервативные классификации и механизмы контроля качества.

Я думаю, например, о многих странах Центральной и Восточной Европы, которые только после титанических усилий смогли создать механизм контроля качества, основанный на основных базах данных и издателях (Scopus, Web of Science). Как вы можете пойти к ним и сказать: «Все это так мило с вашей стороны, но как только вы окончательно согласуете стандарты качества, пожалуйста, создайте новую комиссию для классификации издателей с открытым исходным кодом, не индексируемых в Scopus?».

Академики, похоже, счастливы работать бесплатно, чтобы платить зарплату другим людям, а потом жалуются, что они зарабатывают недостаточно денег. Это не единственный случай. Несколько лет назад выяснилось, что в Великобритании сокращаются академические оклады младшего персонала, в то время как оклады административного персонала увеличиваются сверх всяких пределов. В принципе, это понятно. Если мне нужен человек, способный зарабатывать университету несколько миллионов в год, мне нужно выкупить этого человека из частного сектора и таким образом привлечь его эквивалентными льготами, престижем и деньгами. Но мы недалеки от ситуации, когда фабричный рабочий зарабатывает 10% от того, что зарабатывает его топ-менеджер. Почему мы упорно смотрим на академический сектор как на общественный? Корпоративная логика уже широко распространена, и там есть большие деньги. Просто подумайте о спросе на западное образование и о том, как оно росло в последние годы. И что я должен ответить, когда коллега говорит, что они хотели бы посетить конференцию, но не могут, потому что их университет не будет субсидировать

500 евро за это... в конце концов, в академических кругах не так уж много денег. Верно?

Итак, вы один из тех, кому отказали в 500 евро и не можете поехать на международное мероприятие. Что делать? Что ж, денег никогда не бывает достаточно, мы это знаем, но каково истинное значение слова «денег нет»?

Главная проблема, с которой я сталкиваюсь в связи с заявлением «нет денег», заключается в том, что, по крайней мере, в большинстве случаев, когда я это слышу, это звучит так, как будто деньги на эту конференцию не падают с неба. Но сколько стоит "конференция"? Большие конференции стоят дорого, ведутся споры о том, что они элитные и исключают большинство ученых, и я склонен согласиться. На другой стороне спектра есть электронные конференции, где вы можете выступать онлайн. Я рассматриваю конференцию как возможность встретиться с коллегами, как в официальной, так и в неформальной обстановке, так что, просто выступая онлайн, вы упускаете «большую часть удовольствия», которое включает в себя сетевые возможности. Таким образом, я предполагаю, что если вы посещаете конференцию, вы хотите быть там физически, но, если вам действительно нужно туда поехать, это вариант.

Насколько это сложно, если вы не можете заручиться поддержкой своего отдела? Во время учёбы в аспирантуре у меня не было ни институциональной поддержки, ни даже докторской стипендии, но я посетил несколько конференций. Иногда я получал какие-то единичные и ограниченные гранты на поездки, но в большинстве случаев я просто выбирал те, куда мог поехать с минимальным бюджетом. Конечно, я не мог поехать на конференции в США или Новую Зеландию. Но во время полевых работ в Украине я мог бы посещать конференции в Польше или в самой Украине. Однажды я увидел хорошую возможность в Каунасе и поехал туда на автобусе. Это заняло некоторое время, но я вижу это так: если у вас нет времени, вложите деньги, чтобы добраться туда быстро; но если у вас нет денег, то вложите время, и вы сможете поехать туда с небольшим бюджетом. Однажды на конференции я воспользовался социальными сетями (в то время такими, как Couchsurfing), чтобы найти кого-нибудь, кто мог бы принять меня где-нибудь бесплатно. Таким образом, я компенсировал нехватку денег творчеством и временем, потраченным на поиск альтернатив.

Существует несколько уровней изоляции. Этот вопрос возник у кого-то из Армении, которая находится в особенно сложной ситуации. Границы с Турцией и Азербайджаном практически закрыты, граница с Ираном открыта, но находится далеко от каких-либо крупных городов, так что единственная легко пересекаемая граница – с Грузией.

На мой взгляд, главное ограничение посещения конференций и путешествий – наша фантазия или знания. Есть несколько конференций, которые вы можете посетить практически без денег. Во-первых, есть конференции в вашей собственной стране. Поездки доступны по цене, и уровень конференции может быть лучше, чем вы думаете. Не думайте только о государственных, подумайте о международных организациях, которые хотят провести конференцию в регионе. Во многих случаях их проще и дешевле организовать, чем конференции в вашем родном университете. Местные университеты с радостью помогут с работой, предоставят помещение, а питание, скорее всего, обойдётся дешевле.

В конце концов, на мой взгляд, информация стоит больше, чем деньги. Узнать о конференции в вашей стране или даже в вашем городе, куда приезжают ученые высокого уровня, бесценно. Я ценю, что всегда трудно избавиться от рутины в том месте, где вы живёте, что во время конференции вы будете получать сотни звонков по ежедневным вопросам. Однако, если вы хотите выделить время и пространство для кого-то или чего-то, вы в состоянии это сделать. Это вопрос приоритетов и отношения. Отключите свой телефон, как если бы вы делали это на конференции за границей. Заранее предупредите коллег и близких, что будете недоступны в этот день и включите режим полёта. Это позволит почувствовать, как будто вы куда-то уехали.

Что я считаю ещё одним ограничением, так это тот факт, что мы привыкли думать, что «международная конференция равна путешествию», что в наши дни является одним из преимуществ академических кругов. Это означает, что мы расстраиваемся, если другие люди путешествуют, а мы нет. На мой взгляд, преимущество международной конференции – это возможность встретиться с хорошими учеными из других университетов. Приятнее сделать это в отеле на каком-нибудь экзотическом пляже, но при небольших деньгах место проведения конференции должно быть второстепенным.

В вашей стране могут проводиться крупные и важные конференции. В конце концов, международные конференции заинтересованы в смене мест проведения, чтобы стать более привлекательными, но также и разделить бремя организации, чтобы дать большему количеству университетов шанс стать заметными. Если вы живёте в стране с высоким уровнем дохода, статистически легче найти деньги на поездку. Но если вы живёте в стране с низким уровнем дохода, у вас может не быть денег на посещение конференций, но вы находитесь в хорошем положении для привлечения международных конференций. Еда, место проведения и общественные мероприятия намного дешевле, чем в стране с высоким уровнем дохода. В конце концов, вы могли бы даже подумать о том, чтобы найти команду и предложить провести международное мероприятие в вашем университете. Это утомительно, но вы обязательно сможете посетить международную конференцию. Вы также сможете получить признание на организацию международного мероприятия.

Путешествовать в наши дни стало проще. В пределах ЕС, а также во многих других регионах мира существует множество недорогих авиакомпаний, которые при надлежащем обслуживании могут доставить вас туда и обратно за 100 евро. В других случаях, например, на просторах бывшего СССР, поезда являются отличной альтернативой и могут доставить вас практически куда угодно. Для некоторых маршрутов автобусные компании предлагают несколько достойных вариантов. Из Кишинева вы можете легко попасть в Украину или Румынию, Минск находится относительно недалеко от стран Балтии и Польши, в дополнение к России. Не все локации предлагают одинаковые возможности. Из Баку или Еревана единственный удобный пункт назначения – Тбилиси. Однако я бы сказал, что Грузия является крупным международным центром, поскольку любой, кто занимается исследованиями в регионе, едет туда, так как там жить легче, чем в соседних странах. Из Грузии также есть несколько достойных вариантов путешествия в соседнюю Турцию, а также в ряд других мест. Это вопрос поиска хорошей комбинации и активизации вашей фантазии.

Другой возможный способ – согласовать ваше пребывание с вашим отпуском. Если вы всегда хотели поехать в Париж и узнали, что там будет проведена хорошая конференция в то время, когда вы можете поехать, тогда вы можете организовать и то, и другое. Верно, что ваш партнёр, если вы пообещали поехать с ними, может не испытывать такого энтузиазма по этому поводу, но также верно и то, что если вы не будете делать это постоянно, они могут проявить некоторое сочувствие к вашему делу и согласиться провести 2-3 дня отдельно, а затем остаться дольше, чтобы делать то, что хотят туристы делать.

Тем не менее, организаторы конференций предлагают гранты на поездки, и вы всегда можете попробовать. Но постарайтесь мыслить вне парадигмы "если я не выиграю никаких денег, то я не поеду", так как тогда вы можете оставаться дома в течение длительного периода времени. Кроме того, старайтесь не подавать заявки вслепую на все доступные туристические гранты, иначе вы можете испортить свою репутацию. С одной стороны, если я объявлю о конференции по городским исследованиям, и кто-то из специалистов в области внешней политики ЕС подаст заявку или даже спросит, есть ли деньги на их поездку, я заподозрю, что они больше заинтересованы в месте или бесплатном проезде, чем в самой конференции. Затем я мог бы сделать мысленную заметку об этом человеке, вещь, которая может заставить меня смотреть на них с подозрением в будущем, даже если конференция посвящена теме, на которой они действительно сосредоточены.

Проблема, на мой взгляд, скорее в недостатке информации или креативности, чем в нехватке денег. Есть несколько конференций, на которых большинство людей предполагают, что они должны присутствовать. Вы узнаете о них и мечтаете отправиться туда. Но вы не смотрите на то, что происходит в других местах поблизости от вас, где может проходить крупная конференция, о которой вы не знаете. Если у вас нет денег, то потратьте время на поиск в интернете, найдите коллег для работы, чем больше ваша сеть, тем больше вероятность быть приглашённым на международные конференции. Сбор информации, которая позволит вам в долгосрочной перспективе определить, лучшие возможности для карьеры, о которых вы раньше не подозревали. Можно отправиться «в глушь», где меньше людей, с которыми можно конкурировать, и доступно больше денег. Английский широко принят в качестве языка научного общения в подавляющем большинстве стран. Тем не менее, я также знаю, что некоторые коллеги из постсоветского региона, которые говорят по-немецки или, по крайней мере, работают с немецкими университетами, регулярно получают приглашения и предложения оплатить их расходы, когда они приедут и представят свой совместный проект. Скандинавские страны также имеют в среднем больше финансирования, чем другие страны мира, поэтому, если вы не можете конкурировать на рынке ЕС или США, возможно, стоит изучить альтернативные места.

Попасть на международную конференцию непросто, но и не невозможно. Вы должны спросить себя: куда я могу пойти с тем бюджетом, который у меня есть? Вы можете находиться в относительно изолированных местах с визовыми и пограничными ограничениями. Но международный не обязательно означает уехать далеко. Однажды я слышал, как режиссёр призывал своих сотрудников переехать из Германии в Австрию, если они все еще хотят выступать на немецком языке. По крайней мере, Австрию можно было бы считать «за границей2, и они могли бы заявить, что едут на международную конференцию.

Я часто вижу, как коллеги напрягаются, потому что им нужно представить статью или главу к завтрашнему дню. Некоторые могут работать всю ночь, потому что им нужно отправить статью к дедлайну. Но что такое дедлайн? И что такое академический дедлайн? И почему я задаю этот вопрос в разделе про финансирование?

Я вижу крайние сроки, относящиеся к двум категориям: императивные и нет. Сроки финансирования в большинстве случаев не подлежат обсуждению. Они решаются относительно крупными организациями со сложной бюрократической структурой, где решения принимаются правлением и не могут быть легко изменены. Способность перенести крайний срок зависит от того, перед кем организация несёт ответственность. Если я буду управлять государственными фондами, на меня будет оказываться большое давление, чтобы все было прозрачно и справедливо. Это означает, что надо показывать, что я действую в соответствии с каким-то протоколом и никого не предпочитаю и не наказываю. Если у такого крупного донора, как Европейская комиссия, нет претендентов, маловероятно, что повторная реклама будет возможна. Если крупный донор заявляет, что крайний срок – 17:00, продлить его невозможно.

Если я не управляю никакими частными фондами (моими или частного донора), то становится легче манипулировать крайними сроками. Подумайте о повторном объявлении или продлении сроков подачи заявки на должность или отправку работы. Если у меня нет ни одного претендента или недостаточно квалифицированных претендентов, я могу продлить крайний срок, если я в штате. Возможно, мне просто нужно какое-то внутреннее соглашение.

Даже некоторые частные или более мелкие доноры могут позволить себе определённый уровень гибкости и разрешить вам представить некоторые дополнительные документы через несколько дней после крайнего срока.

Если существует такая гибкость при работе с фондами, следовательно, высокие проценты, я бы предположил, что со всеми другими ситуациями должно быть легче иметь дело. Я говорю не только о том случае, когда речь не идёт о деньгах или высоких интересах. Я также имею в виду ситуации, когда отдельный человек или небольшая команда могут принимать решения в одиночку и без каких-либо ограничений со стороны вышестоящего органа.

Крайние сроки для абстрактов, статей, глав, скорее всего, определяются по усмотрению одного человека или очень ограниченной группой учёных. Это означает, что если у нас есть договорённость о том, что вы отправите свою главу к 25-му числу этого месяца, то крайне маловероятно, что 26-го мне нужно будет отправить всю рукопись целиком. Также маловероятно, что я знаю, когда отправлю рукопись. Я часто шучу, что в академических кругах нет крайних сроков. Ну, на самом деле это не шутка, и я редко сталкивался с обязательными сроками в академических кругах. Думайте в терминах вероятности. Каковы шансы на то, что, если я ожидаю 12 тезисов или, что ещё хуже, 12 глав, все представят их в оговорённый срок? Я не только мог бы договориться о разном времени с разными людьми в зависимости от их расписания (и в разное время года); также маловероятно, что все будут нарушать свои другие обязательства по представлению именно тогда, когда они должны.

Я считаю академическим сроком для книги или подобных вещей период в 2-3 месяца, в течение которого большинство – и, надеюсь, все – авторы пришлют мне свои работы. Это означает, по крайней мере для меня, что если вы опоздаете на 2-3 дня, то даже нет необходимости сообщать редактору (и я имею в виду, что даже если я редактор, мне все равно или я даже не замечу, если вы опоздаете на 2-3 дня). Вам нужно официально сообщить ему, если вы собираетесь приехать на

10-15 дней позже, и вам нужно договориться, если вы хотите ещё больше времени. Но нет необходимости проводить бессонную ночь непосредственно перед крайним сроком, так как шансы на то, что кто-то прочтёт вашу работу, когда вы её отправите, очень низки.

Я знаю, что со временем есть коллеги гораздо более строгие и серьёзные, если хотите. Но я надеюсь, что с помощью этих примеров можно снизить уровень стресса, который некоторые из нас испытывают перед подачей заявки. Если вы претендуете на 1 млн евро, то у вас нет другого выбора, кроме как напрячься и потерять сон. Но если вы отправляете статью, скорее всего, крайний срок обсуждается не один раз, а несколько.

 # ēВывод: о проблемах разработки академических стратегий

...Вывод? В стратегии нет вывода. Как и времени на обдумывание. Если только это не ваша работа. Вы думаете о том, как быстрее всего добраться домой, о лучшем соотношении цены и качества в супермаркете, как избежать ужина, на который нет желания идти. На работе мы думаем о том, как развить идею в статью или книгу для презентации на конференции, стоит ли вкладываться в посещение мероприятия.

Наш ум постоянно занят стратегическими рассуждениями, независимо от того, осознаем мы это или нет. Таким образом, нет идеального рецепта, который положил бы конец всем терзаниям и позволил бы идти дальше по жизни. Точно так же, как не существует идеального, окончательного или безошибочного выбора. Нет «правильного» или «неправильного» выбора. Лучше или хуже – это зависит от контекста, а не от абсолютности.

Однажды я отправил отклик на объявление о приёме на работу и несколько недель не получал ответа. Затем я написал главе приёмной комиссии со словами: «Я понимаю, что вы могли найти лучшего кандидата на эту должность». Мне очень понравился их ответ: «Мы не нашли лучшего кандидата, мы нашли кандидата, который больше подходит нам в данный момент». Лучшее и худшее не только субъективны, но и подвержены временному измерению. То, что лучше для вас в данный момент, не обязательно будет лучше через несколько недель или лет.

Я решил добавить заключение к этой книге после того, как за 3 месяца получил 7 писем с отказом. По сути, все гранты, на которые я подавал заявки, были отклонены. Могу ли я сказать, что потерпел неудачу? Это конец моей истории успеха получения финансирования? Это конец Абеля как стратега? Нет. Просто потому что победа в другом проекте или принятие другого «правильного решения» не сделали бы меня лучшим стратегом или фандрайзером. Несомненно, выигрыш пары миллионов повысил бы мою ценность на рынке и самооценку на некоторое время. Но моя ценность уменьшится как только кто-то другой выиграет больше, чем я в данный момент.

Стратегия, на мой взгляд, заключается не в том, чтобы сделать правильный выбор(-ы) или постоянно выигрывать. Стратегия заключается в обдумывании возможных способов, которыми вы можете продолжать делать то, что вы хотите или любите делать, просчитывая свои риски и, в конечном, итоге делая выбор, который подходит вам в данный момент времени. Вам не нужно быть успешным, чтобы быть богатым, и не нужно быть богатым, чтобы быть счастливым. У разных людей разные потребности, способы измерения вещей, навыки и амбиции. Чьим-то конечным желанием может быть провести часы в библиотеке, работая над своей рукописью. Кто-то другой мог бы мечтать стать знаменитым, написать книгу, которую все в конце концов прочитают и обсудят. Другие люди, возможно, мечтают уйти из науки или не подвергаться давлению с целью проведения исследований, поскольку им просто нравится преподавать и общаться со студентами. То, чего вы хотите на данном этапе своей карьеры, не обязательно является тем, о чем вас просят или что от вас требуется. В корпоративном секторе это как-то проще, поскольку люди заявляют, по крайней мере изначально, что они хотят иметь деньги. В конце концов, они также хотят других вещей, но часто деньги являются приоритетными и могут рассматриваться как общий знаменатель.

В конечном счёте, мы все в той или иной степени нуждаемся в деньгах. Однако мне трудно думать, что люди из науки ставят деньги во главу угла. Или они не стремились бы получить работу в научной сфере, которая в большинстве случаев даёт так мало денег после стольких лет учёбы и тренингов. Итак, чего же хотите вы?

Чего хочет ваш работодатель, ясно. Они хотят от вас просто всего: преподавание, проведение исследований, администрирование, вовлечение в общественную жизнь, фандрайзинг, публикации, (желательно в топовых журналах, но топовые журналы являются топовыми, потому что не все попадают в них), получение Нобелевской премии, выступление на лучших конференциях (при этом не прося денег у факультета), привлечение денег из бизнес-сектора и многое другое. Но сколько вы можете дать? Сколько часов вы готовы тратить на работу в день или в неделю? Сколько часов вы можете проработать, прежде чем полностью перегорите? И что вы можете предложить своему работодателю без ущерба для своего здоровья, семьи, личных амбиций, чтобы оставить свои силы на другие вещи, которые вам нравятся?

В этом смысл стратегии, которую я использую в этой книге: нахождение компромисса между тем, что от вас требуется, и тем, что вы хотите делать. Рискуйте и работайте бесплатно, если понимаете, что это вам что-то даёт, терпите неудачу и снова терпите неудачу, возможно, потому что это единственный способ понять, что на самом деле стоит работать и вкладывать своё время в это. Пусть все это даст вам понимание, что вы делаете то, что вам нравится делать на данном этапе вашей жизни или карьеры. Если на вас давит груз большого количества задач, и вы теряете концентрацию, то у вас не будет времени заниматься тем, что вам действительно нравится делать. В этом случае вам нужно пересмотреть свою стратегию.

Это была секретная даже для меня идея, лежащая в основе этой книги. Я вложил свои время и усилия во многие вещи, некоторые из которых привели меня далеко, а некоторые в никуда. Но я не мог знать, чего это стоило, пока не попробовал. Я много раз работал бесплатно, за небольшие деньги, зная, что деньги рано или поздно придут и мне оплатят другими способами – опытом, компанией приятных людей, путешествиями, едой или пищей для размышлений. Иногда я тратил некоторое дополнительное время на работу, даже если мне приходилось жертвовать другими вещами, чтобы прийти к выводу, что это того не стоило. Но теперь я знаю это по опыту и не буду чувствовать себя виноватым из-за того, что опаздываю с докладом или заданием, потому что я знаю, что сдать его вовремя означало бы пожертвовать тем, чем я не хочу жертвовать. Я также знаю, что является приоритетом, с которым я не могу опоздать, например, крайний срок финансирования, и что может меня ждать, например, отправка рукописи этой книги, которую я несколько раз откладывал. Я не горжусь тем, что не соблюдаю сроки и стараюсь предупреждать людей или не брать на себя слишком много дел. Но я также осознаю, что самый важный человек, которого не могу подвести – это я. Чтобы сделать это, я должен все время думать о стратегии компромисса между тем, что, по моему мнению, мне нужно, и тем, что от меня требуется делать. Я также знаю, что могу что-то просчитать или неправильно понять. Но в этом случае единственное решение – быть достаточно скромным, чтобы остановиться, признать свою ошибку и пересмотреть свою стратегию. Или жизнь. Такое тоже иногда случается.

Неаполь, сентябрь 2018 год

Послесловие русской версии «Дневники Скопус»

С тех пор, как вышел первый выпуск «Дневники Скопус», я начал проводить семинары и мастер классы чаще в тех местах, где русский язык был более распространенным, чем английский. Соответственно, в аудитории часто поднимался вопрос о том, можно ли приобрести книгу на русском языке. Когда казалось, что нашлись и люди, и издательство, которые будут заниматься этим, началась мировая пандемия и все отложилось на «позже».

С открытием границ в мире я снова подумывал о том, что можно было бы перевести книгу на русский язык, но неожиданно, случилось «невозможное». Война.

До сих пор помню семейный совет на кухне в 6 утра 24-го февраля 2022 года. Я думал, что не может такого быть, это не реально, не может такое случиться. Когда собирались на кухне, чтоб решить, уехать из Киева или нет, кто-то сказал, что не надо никуда бежать, Путин никогда не будет нападать на своих братьев-украинцев. Но на улице уже были слышны взрывы и виднелись огни издалека. Я все еще не осознавал и мысли были о том, что "не может быть", а в реальности "все уже началось".

Эти события повлияли не только на меня лично и не только нам пришлось бежать из Киева под бомбами, но война, конечно же, поменяла и мое отношение к «братскому народу», который живёт в соседней стране. Война отразилась и на статус русского языка в мире и даже в тех странах, где русский язык ещё являлся языком коммуникаций помимо национального языка. С одной стороны, я подмечал необходимость различать "русскую культуру" от "культуры, которая производится на русском языке (и часто вне России)"[21]. Тем не менее, мне самому стало сложно общаться на русском языке, так как появились очень много больных ассоциаций и язык как-то был привязан к неприятным событиям или контекстам.

---

[21] https://tol.org/client/article/post-post-soviet.html; https://www.academia.edu/94687092/The_Post_Post_Soviet_on_Transitions_

Однако осенью 2022 года мне предложили приехать в Алматы преподавать студентам на русском языке. Я очень люблю этот город, там хорошие коллеги и мне было интересно работать с докторантами Казахского национального университета имени Аль-Фараби. До этого мы встречались только онлайн и хорошо сработались вместе и когда появилась возможность общаться со студентами вживую, я принял это предложение.

То пребывание в Алматы поменяло многое во мне. Во-первых, я получил огромное удовольствие работать с мотивированными студентами. Мне казалось, что мы действительно продвигались в науке, и что мой курс влиял на их профессиональное развитие, логику и понимание академического мира. Я чувствовал от них признание и благодарность и это наполняло мое сердце. Помимо этого, была еще возможность общаться и с коллегами из других университетов и даже завести новых друзей. Все эти события как-то компенсировали негатив, который у меня накопился за столько месяцев войны, позволили мне ассоциировать использование русского языка с приятными моментами. Помимо этого, я убедился, что если я хочу дальше преподавать в Центральной Азии, есть контексты, где, слабо зная местный язык, лучше работается на русском языке, чем на английском.

И вот, когда мне предложили перевести книгу, первое, что я подумал, что она может пригодиться и другим моим студентам. Что я смогу ее использовать для дальнейших семинаров и мастер классов в других местах. Грустно, конечно, думать, что скорее всего я не смогу ее использовать в Украине, но в данный момент идут переговоры о выпуске и украинской версии.

Мне кажется, что выпускать книгу на русском языке в данный момент нелегко, но я считаю, что есть разница между языком и политическим использованием этого языка. Когда одна коллега выкрикивала, что нужно деколонизировать академию и надо говорить только на английском языке, то я старался вежливо ей напоминать, что английский также является языком колонизатора, и что, если в Ирландии, где я работаю, мало говорим по-ирландски, это не из-за выбора людей, а скорее всего из-за британского колониализма. Любой распространенный язык обладает колониальным прошлым, он пережил дарвинскую селекцию и победил среди разнообразия языков, которые народ использовал в данном регионе. Только недавно стали в Европе беречь и ценить местные языки как часть нашей культуры. Но когда эти самые языки (отличные от национальных) были помехой национальному единству как опасалось в то время правительство, то они игнорировали их или даже пытались их ликвидировать. Для себя я различаю язык как средство коммуникаций от политического использования языка с целью уничтожения людей. Так что, если мои советы и мысли нужны, то вы можете читать их на любом (колониальном) языке, главное, чтобы Вам было полезно. А русскую версию этой книги я посвящаю всем тем, кто против этой войны (и вообще любого вида насилия как способа добиваться чего-либо). Может вы уже заметили или нет, но выбор цвета обложки для русской версии совсем не случайный. бело-лазо́рево-белый, цвета протестов против вторжения России на Украину.

Спасибо всем, кто как-то участвовали в этом проекте, начиная с Гульнар Насимовой, которая предложила мне работать со студентами кафедры политологии и политических технологий КазНУ имени Аль-Фараби, с которыми было просто удовольствие работать, декану факультета Бекжану Мейрбаеву, и всем сотрудникам и Айгуль Абжаппаровой, которые меня поддерживали во время моего пребывания в Алматы. Также выражаю благодарность коллегам из других вузов - КазУМОиМЯ имени Абылай хана (Эльмире Кагазбаевой, Бекзату Бактыбековой, Самату Уралбаеву), КИМЭП (Жамиле Утарбаевой), Университета Сулеймана Демиреля (Талшын Токыжановой, Гульнуре Арзанбековой), которые проводили время со мной, приглашали меня читать лекции или просто беседовали по поводу академической карьеры в Казахстане.

И спасибо огромное Зумратхон Санакуловой, которая перевела книгу с английского языка, Шугыле Килыбаевой и Азамату Нуршанову, которые систематично и аккуратно прочитали весь текст и отредактировали его.

Валпараисо, июль 2023 год

ibidem.eu